Tweli
Griffiths
YN EI CHANOL HI

Tweli Griffiths

YN EI CHANOL HI

y Lolfa

Dymuna'r cyhoeddwyr gydnabod cymorth ariannol
Cyngor Llyfrau Cymru

Llun y clawr: Emyr Young
Cynllun y clawr: Y Lolfa

Rhif Llyfr Rhyngwladol: 978 1 78461 158 3

Cyhoeddwyd, rhwymwyd ac argraffwyd yng Nghymru gan
Y Lolfa Cyf., Talybont, Ceredigion SY24 5HE
gwefan www.ylolfa.com
e-bost ylolfa@ylolfa.com
ffôn 01970 832 304
ffacs 832 782

Cynnwys

Rhagair

DWI DDIM YN llenor. Dyna un rheswm pam fod y llyfr hwn wedi ei sgrifennu mewn Cymraeg syml, llafar sy'n naturiol i mi. Rheswm arall yw mai dyna'r iaith y dysgais ei defnyddio wrth sgriptio rhaglenni. Yr egwyddor oedd sicrhau cyfathrebu clir rhag colli diddordeb a dealltwriaeth y gwylwyr. I mi, mae'r un egwyddor yn bwysig wrth sgrifennu'r llyfr hwn.

A sgrifennu oddi ar dop fy mhen roddodd y pleser mwyaf imi. O'r cof yn hytrach nag o nodiadau. Dyna pam 'mod i'n aml yn neidio o un thema ac atgof i rywbeth hollol wahanol, a gobeithio bod hynny ddim yn amharu ar y darllen. Dwi'n ddiolchgar i Meleri Wyn James yn y Lolfa am ei chyngor a'i gwaith yn cyweirio'r broflen, ac i ITV Cymru am ganiatâd i gyhoeddi lluniau o'r rhaglenni.

Tra'n Teithio oedd fy nghyfrol gyntaf yn 1993 – hanes ffilmio pum gwlad yn benodol, sef Cuba, Ethiopia, yr Ariannin, Libya ac Israel a thiroedd y Palestiniaid. Yn y llyfr hwn, dwi wedi ailadrodd hanes cyfweliad Gaddafi, gan fod cymaint o bobl yn fy holi amdano. Ac mae rhywfaint o ailadrodd fy mhrofiadau yn Ethiopia, gan eu bod yn berthnasol i'r ymdrech ddiweddarach i ddod o hyd i'r plentyn amddifad, Mohamed.

Y tro hwn, dwi wedi cynnwys elfennau hunangofiannol, o ddyddiau magwraeth a choleg, fydd yn gymorth hwyrach i bobl ddeall 'o ble dwi'n dod'. Wedi newyddiadura yng Nghymru a gwledydd eraill Prydain, yn ogystal â rhyw ddeugain o wledydd tramor, does dim lle i gynnwys pob stori, pob atgof, ond mae'r rhai wnaeth yr argraff fwyaf arna i o fewn y cloriau hyn.

Bu'r gwaith yn fraint, ond roedd pris i'w dalu o ran absenoldeb o gartref, nid yn unig o ran y teithio, ond hefyd o ran y golygu wedyn. Doedd dim modd rhoi amser teilwng i deulu, perthnasau na ffrindiau.

Bûm yn ffodus i gael y golygyddion lluniau gorau yn y busnes: David Griffiths, Huw Parry, Christine Davies a Heddwyn Lewis i enwi rhai. Dwi'n ddiolchgar hefyd am gefnogaeth ac arweiniad golygyddion newyddiadurol ar hyd y blynyddoedd: Ioan Roberts yn nyddiau *Y Dydd*, Tomos Morgan a Geraint Evans ar *Y Byd ar Bedwar*, a Cenwyn Edwards ac Elis Owen. Ac, wrth gwrs, diolch i un o newyddiadurwyr gorau Cymru, Gwilym Owen, am fy rhoi ar ben ffordd yn y lle cyntaf.

Tweli Griffiths
Hydref 2015

Gaddafi

YR UN FYDDAI'R ddefod foreol ar ddiwrnod olaf y ffilmio yn Libya. Y ddau feindar yn cyrraedd y gwesty mewn bws i 'nghasglu i a'r criw, ac i ffwrdd â ni heb wybod i ble'r oeddem yn mynd na chwaith beth i'w ddisgwyl yn 'Jamahiriya' neu 'wladwriaeth y bobl'. Doedd dim llawer o drefn mewn gwlad oedd yn brolio bod heb lywodraeth swyddogol, dan arweiniad 'ci gwyllt y Dwyrain Canol', chwedl Ronald Reagan, Arlywydd America ar y pryd. Iddo fe roedd Gaddafi hefyd yn 'wallgofddyn mympwyol peryglus ac yn brif elyn gwareiddiad'. Ro'n i ar dân o hyd i gael ymateb y dyn ei hun i ddisgrifiad Reagan, ond roedd y gobeithion yn pylu. 'Yfory efallai,' fu'r ymateb bob dydd i'm cais am gyfweliad, a ro'n innau nawr ar fin mynd adref heb gael gweld tu mewn y babell Bedouin yn y barics milwrol yn Tripoli lle'r arferai Gaddafi groesawu ymwelwyr.

Mewn pabell felly y cafodd ei eni yn yr anialwch. Ei rieni yn dlawd ac anllythrennog, ond cafodd yr unig fachgen gyfle i fynd i'r ysgol. Cafodd ei enw o lwyth y Quadaffa, ac ystyr hwnnw yw 'y rhai sy'n poeri neu'n cyfogi'. Ffordd o fyw y llwythi Bedouin – dosbarthu eiddo yn ôl angen yr unigolyn – oedd y sail i agwedd sosialaidd Gaddafi. Broliai nad oedd wedi caniatáu i'w rieni adael eu pabell tan i bawb arall yn Libya gael cartref concrid. Y canlyniad doniol i hynny oedd blociau o fflatiau a geifr wedi eu clymu ar bob balconi. Fe ddechreuodd y trwbwl pan gyfunwyd ei sosialaeth gyda chrefydd, cenedlaetholdeb ac awydd y chwyldroadwr ifanc i newid y byd. A phan lwyddodd i gipio grym yn 27 oed, roedd y wlad, chwedl un sylwebydd, 'up for grabs'. Dan y brenin Idris, roedd grym gwleidyddol a chyfoeth yr olew yn nwylo lleiafrif bychan oedd allan o diwn yn llwyr â'r teimlad gwrth-imperialaidd oedd yn tyfu ymysg y werin.

Fe gyrhaeddodd y bws giât fawr gyntaf y barics yn Tripoli. Canolfan chwe milltir o hyd, a lleoliad byncar y dyn ei hun. Ai hwn fyddai'r diwrnod? Fe aethom heibio un babell ar y chwith, ac un arall ar y dde. *Decoys?* Daeth y bws i stop wrth ochr clawdd. Tawelwch am rai munudau tan i dwll ymddangos yn y clawdd ac i fraich ddod drwyddo i'n tywys i ochr arall y llwyni. I mewn â ni drwy'r twll a dyna lle'r oedd y drydedd babell Bedouin – a'r tro hwn, dyna lle'r oedd Gaddafi'n ein disgwyl.

Erbyn hyn, do'n i ddim yn pryderu am y sefyllfa roeddwn ynddi. Ro'n i wedi profi croeso twymgalon pobl gyffredin Libya fwy nag unwaith yn ystod yr ymweliad – ac wedi dod ar draws un peth roeddwn yn teimlo oedd yn glod i Gaddafi, sef ei agwedd at fenywod. Yn wahanol i'r rhan fwyaf o wledydd Arabaidd, dehongliad Gaddafi o'r Koran oedd bod dynion a merched yn gydradd. Un noson felly, cefais fy hun yn ffilmio seremoni raddio mewn coleg milwrol yn Tripoli – academi filwrol i ferched. Wedi gweld llu o ferched ifanc smart yn eu lifrai milwrol yn derbyn eu medalau, dyma'r Cadfridog wrth y llyw yn galw fy enw i. 'Hyn sydd i brofi,' meddai, 'beth bynnag y mae llywodraethau yn ei wneud i'w gilydd, y gallwn ni bobl gyffredin fod yn ffrindiau.' Gyda hynny, mi dderbyniais yr un medal â'r merched o'm blaen. Yn ogystal â bod yn brawf o gyfeillgarwch, roedd y weithred, hwyrach, yn rhyw fath o ymddiheuriad am ymddygiad Gaddafi ar y llwyfan rhyngwladol. Ar achlysur arall, wrth ffilmio milwyr yn gorymdeithio gerbron Gaddafi mewn stadiwm bêl-droed, synhwyrais fod 'na ddyn bychan wedi dod i sefyll wrth fy ochr. Neb llai na Yasser Arafat, yn wên o glust i glust, yn ôl ei arfer. Doedd dim rheswm i beidio â theimlo'n ddiogel yn Libya!

Ond roedd yn anodd gwybod pa fath o olygfa i'w disgwyl yn y babell. Roedd y CIA yn gwneud eu gorau i fychanu'r dyn – yn honni ei fod yn wrywgydiwr oedd yn hoff o wisgo dillad merched, a'i fod wedi ei weld unwaith yn gwisgo colur ac yn cario tedi. Ymgyrch i gyfleu camwybodaeth efallai, ond roedd cyn-arweinydd yr Aifft, Anwar Sadat, yn un o'r rhai call a honnodd fod Gaddafi yn 'wahanol'. A minnau wedi derbyn yr anrhydedd amheus o fod wedi graddio o'r Academi Filwrol i Ferched, siom braidd oedd gweld nad oedd rhai o raddedigion eraill y sefydliad hwnnw yn bresennol yn y babell, sef y 'lleianod chwyldroadol' mewn sgertiau byr roedd Gaddafi yn hoff o'u cwmni fel gwarchodwyr.

Yr unig bobl eraill yn bresennol oedd criw teledu o Libya yn ein ffilmio ni, a dau gyfieithydd. Safai Gaddafi yng nghefn y babell, mewn trwsus gwyn a chrys gwyrdd. Syllai ar y cynfas oedd wedi ei addurno â dyfyniadau o'r Llyfr Gwyrdd – ei faniffesto personol oedd yn esbonio'r 'drydedd ffordd' rhwng sosialaeth a chyfalafiaeth. Mae'r gyfrol yn frith o berlau megis 'dyn yw dyn a menyw yw menyw'.

Bu moment letchwith pan ofynnodd pa gwestiynau oedd gen i mewn golwg. Gan mai prif bwrpas y cyfweliad oedd holi a oedd yn rhoi arfau i'r IRA, roedd rhaid meddwl yn gyflym. Er bod ei euogrwydd yn hyn o beth wedi ei brofi – ai'r ymateb yn y cyfweliad fuasai gwadu, neu frolio? Yn sicr roedd lle i amau ei ddealltwriaeth o hanes Iwerddon. Mae yna stori am ddirprwyaeth o'r UDA Protestannaidd yn ymweld â Libya i geisio darbwyllo Gaddafi na ddylai gefnogi'r IRA. Fe welson nhw wynebau cyfarwydd amser brecwast y diwrnod cyntaf – roedd swyddogion Gaddafi wedi eu rhoi yn yr un gwesty â dirprwyaeth o'r IRA!

Rhestrais ryw bedwar neu bump o gwestiynau diniwed, gan orffen trwy ddweud, 'a dwi ishe gofyn a yw'r Cyrnol yn rhoi arfau i'r IRA'. Wedi rhai eiliadau anghyfforddus o dawelwch, lledodd gwên ddrwg ar hyd wyneb Gaddafi ac mi ddechreuodd chwerthin. Ond doedd dim chwerthin yn ystod y cyfweliad. Roedd Saesneg y ddeuawd cyfieithu yn amlwg yn ddigon prin – o dderbyn trawsgrif llawn o'r cyfweliad mewn amser, sylwais fod Gaddafi yn eu ceryddu fwy nag unwaith am fethu cyfleu union ystyr ei atebion.

Gofynnais am yr IRA. Yr ateb oedd eu bod yn ymladd dros ryddid, a byddai 'rhyddhau' Gogledd Iwerddon yn arwain at

ryddid i Gymru, yr Alban, ac am ryw reswm, Lloegr hefyd.
Gofynnais yr un cwestiwn eto, gan ychwanegu y tro hwn bod
Prydain yn honni mai arfau o Libya a ddefnyddiwyd i ladd
wyth o filwyr yng Ngogledd Iwerddon bythefnos ynghynt. Yr
ateb y tro hwn oedd mai Thatcher laddodd y milwyr ac mai
hi oedd y terfysgwr mewn gwirionedd. Tri chynnig i Gymro,
gofynnais yr un cwestiwn eto. 'Os oes 'da chi'r dystiolaeth,'
meddai, 'profwch e'.

Ac ar hynny, cododd o'i sedd i ddod â'r cyfweliad i ben. O
leiaf ni chefais yr un profiad â John Simpson rai blynyddoedd
yn ddiweddarach pan fu Gaddafi'n torri gwynt drwy'r cyfweliad
– a nid trwy ei geg chwaith. Mae disgrifiad diweddar ohono,
gan y sylwebydd Robert Fisk, yn agos at ei le, sef 'cyfuniad o
Don Corleone a Donald Duck'.

Cyn loncio i ffwrdd, daeth ataf i wneud datganiad. 'Dwi am
ichi wybod 'mod i'n cefnogi rhyddid i Gymru,' meddai. 'Ro'n
i'n amau eich bod chi,' atebais innau gyda hanner gwên.

Dywel

FY ENW I ddechrau.

Un o'r pethau cyntaf ddaw i'r cof o fy mhlentyndod yw bod yn y car. Fel arfer, yn groes i'm hewyllys. Dim byd i wneud â'r car. A35 llwyd. Tua'r un maint â *smart car* heddiw, ond ddim cweit yr un steil. I droi i'r dde neu i'r chwith, roedd trwyn mawr ar y *dashboard*. Byddai symud hwnnw yn peri i fraich fechan godi ar ochr y car. Ciwt. Na, doedd dim byd o'i le ar y cerbyd, heblaw'r amser roeddwn yn ei dreulio ynddo. Prin yr âi noson heibio heb fod fy rhieni'n mynd i rywle. I weld perthnasau neu ffrindiau fel arfer. Dyna ystyr rhyngweithio cymdeithasol yr adeg hynny.

Mae gen i gof o fod yn y cefn, ar un o'r ffyrdd y byddai'r car bach yn eu dilyn weithiau; gweld coed yn gwibio heibio drwy'r ffenest a meddwl wrthyf fy hun, 'dwi'n mynd adre'. Yn ysbrydol, fel petai, nid yn llythrennol. Roedd y ffordd dan sylw yn mynd â ni i bentref Caio ger Pumsaint. Ardal hudol. Ddim yn bell o bentref bach arall lle'r oedd un o ddynion hysbys enwocaf Cymru yn byw yn y bedwaredd ganrif ar bymtheg, Harris Cwrtycadno. Fyddai hyn ddim yn syndod imi wrth fagu diddordeb mewn consuriaeth mewn blynyddoedd i ddod. Doedd ddim yn bell chwaith o Fyddfai a'r chwedl am ddynes y llyn.

Dwi ddim yn cofio'r union reswm dros fynd i Gaio yn blentyn bach. Ond roedd fy rhieni'n gyfarwydd iawn â'r daith. Bu fy nhad-cu'n byw yno am gyfnod sylweddol o'i oes a byddai fy rhieni'n mynd ag e 'nôl i weld ei gyn-gymdogion. Byddai'n dechrau yn un pen y stryd a gorffen yn y pen arall – a chael paned ymhob tŷ ar y ffordd. Ym mynwent Caio y mae wedi ei gladdu. Cafodd fy nhad-cu (tad fy nhad) brofiad o ochr hudol

13

bywyd hefyd, neu rym natur o leiaf. Roedd ei wraig, a fu farw cyn i mi gael fy ngeni, yn fydwraig, a gallai greu meddyginiaeth naturiol o blanhigion. Pan aeth fy nhad-cu i fyw at fy nhad a 'mam am gyfnod wedi ei marwolaeth, roedd yn diflannu'n rheolaidd am awr neu ddwy ddiwedd y prynhawn. Fe ddaethon nhw o hyd iddo yn y beudy un noson, yn yfed gwydraid o hylif gwyrdd. Roedd wedi bod yn casglu planhigion o'r cloddiau i wneud diod iachus. 'Peidiwch yfed hwnna,' meddai fy nhad, 'ewch chi'n sâl'. Difyr. Dyma'r cyfnod mae'n siŵr pan oedd tabledi'r cwmnïau rhyngwladol yn dod yn fwy ffasiynol na meddyginiaeth naturiol y tir. Bellach wrth gwrs mae'r olwyn wedi troi a ffrwyth natur yn boblogaidd unwaith eto.

Beth sydd a wnelo hyn â fy enw? I gychwyn, does a wnelo fe ddim byd â'r man lle cefais fy ngeni a fy magu, sef Pencader, ddeg milltir i'r gogledd o Gaerfyrddin. Mae afonydd Talog a Gwen yn cyfarfod ar waelod y pentref i ffurfio afon Tweli, sy'n crwydro ar hyd cwm hyfryd cyn ymuno ag afon Teifi yn Llandysul. O'r afon y cefais fy enw. Cafodd rhywun arall yr un syniad am enw cyn fy rhieni i, sef rhieni Tweli Fedwen, yr unig ddyn arall, hyd y gwn i, sy'n rhannu'r enw. Clywais unwaith am ferch o'r enw Tweli, ond wn i ddim a yw hi'n bodoli ai peidio. Ddylai fod gan fy nhad-cu, a swyngyfaredd Caio felly, ddim byd yn gyffredin â fy enw.

Ond pan anwyd fy mab cyntaf, penderfynwyd cael golwg ar lyfryn y Lolfa, *Enwau'r Cymry*, i ddwyn ysbrydoliaeth. Dewiswyd Hywel Meilyr. Mae'r llyfr hynod ddifyr hwn yn esbonio ystyr a tharddiad enwau pan fo hynny'n bosib. Er mawr syndod i mi, roedd yr enw Tweli yno. Mwy o syndod fyth oedd y tarddiad. 'Dywel ab Erbin, milwr canoloesol, wedi ei gladdu yn Caio'. Dwedais wrth fy nhad, ac wrth ei frawd, Wncwl Mathew. Gwelwodd y ddau. Methais ddod o hyd i unrhyw wybodaeth bellach am yr enw Dywel tan i fwy o fanylion ymddangos ar y we. Dyma mae Wicipedia yn ei ddweud amdano:

Yn y gerdd "Ymddiddan Myrddin a Thaliesin" (*Llyfr Du Caerfyrddin*) mae Dywel yn un o'r rhyfelwyr o Dyfed [*sic*] sy'n syrthio yng nghyrch Maelgwn Gwynedd ar y dalaith honno.[2] Ceir englyn amdano yn 'Englynion y Beddau' (hefyd yn y Llyfr Du) sy'n ei gysylltu ag ardal cantref Caeo ('Caeaw'):

Bedd Dywel mab Erbin yng ngwestedin Caeaw,
ni byddai, gŵr y breinhin,
difei, ni ochelai drin.[3]

Fe'i [h]enwir yn ogystal fel un o'r marchogion yn llys Arthur yn y chwedl Culhwch ac Olwen.

Wow! Tipyn o foi mae'n amlwg, ac un na fedrai wynebu bod yn was i frenin dierth. Ac aelod o lys Arthur! Tybed a oedd yn nabod y dewin Myrddin?

Mae ffynonellau eraill yn awgrymu mai oes Dywel oedd tua'r flwyddyn 452 tan 520. Rhaid cyfaddef nad wyf wedi ymdrechu'n galed iawn i dwrio 'mhellach. Ro'n i'n gwybod ers canfod Dywel am y tro cyntaf, a gweld y cysylltiad rhwng y ddau ohonom a Chaio, fod 'na elfen o hud a lledrith, neu'r 'pethe' ysbrydol, yn rhan o fy modolaeth ar y ddaear. Ac yn gwybod mai ofer, fwy na thebyg, fasai cwestiynu'r peth yn ormodol. Nid cyd-ddigwyddiad chwaith mae'n siŵr, yw'r ffaith mai fy hoff fardd wrth astudio Llenyddiaeth Saesneg yn Ysgol Ramadeg Llandysul oedd Wordsworth, ac yn arbennig y llinellau hynny o 'Ode: Intimations of Immortality from Recollections of Early Childhood':

Not in entire forgetfulness,
And not in utter nakedness,
But trailing clouds of glory do we come
From God, who is our home:

Methais ddod o hyd i unrhyw wybodaeth am darddiad 'Tweli' fel enw'r afon ym mhentref fy ngenedigaeth, ond tybed oedd gan Dywel gysylltiad rywsut â Phencader hefyd? Ac yn naturiol, buaswn wrth fy modd yn dod o hyd i'w fedd yng Nghaio.

'Nôl at y car. Cafodd ei ddefnyddio at bwrpas arall hefyd. Dechreuodd fy nhad ei yrfa fel athro ysgol gynradd yn ysgol

New Inn. Aeth wedyn i ysgol Pencader am gyfnod byr, cyn cael ei benodi'n brifathro ysgol gynradd Alltwalis. Yno buodd am weddill ei yrfa, ac er iddo fod yn hapus iawn yno, roedd 'na dristwch i'r sefyllfa hefyd, sy'n dal i wneud i fy ngwaed ferwi. Ceisiodd fy nhad am swyddi gwell mewn ysgolion cynradd mwy o faint. I ddatblygu ei yrfa, yn naturiol, ac i gael mwy o arian. Pwrpas cymaint o'r teithiau car y dyddiau hynny oedd canfasio. Cynghorwyr lleol oedd ar fyrddau penodi'r ysgolion, ac roedd gan ymgeiswyr am swyddi yr hawl i'w canfasio. Wn i ddim sawl gwaith y buom yn galw heibio rhyw gynghorydd neu'i gilydd pan oedd fy nhad angen ei gefnogaeth. Dwi ddim yn cofio pa fath o ymateb gafodd ganddyn nhw, ond dwi'n cofio'r methiannau. Roedd fy nhad yn genedlaetholwr pybyr. Yn wahanol i gymaint o Gymry gwladgarol eraill ar y pryd, roedd e'n ddigon dewr i fod yn agored am y peth, a hynny mewn cyfnod pan oedd atgasedd tuag at aelodau o Blaid Cymru ymysg Llafurwyr ar ei anterth.

Llafurwyr oedd y bobl y bu Nhad yn eu canfasio fwyaf. Llafurwyr oedd wastad yn y mwyafrif ar y byrddau penodi. A dyna pam na chafodd fyth ddyrchafiad yn ei yrfa. Dwi'n ei gofio'n dod adref o gyfweliad unwaith gan ddweud wrth fy mam, 'eu bod wedi gwneud popeth ond poeri arna i'. Ro'n i'n rhy ifanc i ddeall pam. Deuthum i ddeall yn hwyrach, yn ystod fy arddegau. Ro'n i'n chwerw, yn grac ac yn credu mewn trais i ennill annibyniaeth i Gymru a gorchfygu'r bastards Llafur unwaith ac am byth. Wnaeth y chwerwder ddim para. Mewn blynyddoedd i ddod, dechreuodd pobl eraill ennill grym dros gynghorau, troi'r byrddau, a roedd sôn eu bod nhw'n gwneud yn union yr un peth. A doedd gen i ddim gwrthwynebiad i weld mwy o genedlaetholwyr yn rhoi arweiniad bywyd i'n plantos diniwed!

Yn y cyfamser, bwriais fy hun i ferw'r ymgyrch dros yr iaith. Roedd gennym ni gell dda o Gymdeithas yr Iaith yn Llandysul. Rhan o'r sbardun i mi, os oedd angen un, oedd gwersi hanes pan o'n i tua phymtheg oed lle'r oedd rhaid imi dynnu lluniau o Harri'r Wythfed a'i chwe gwraig. Dwi ddim yn amau bod angen imi ddysgu am hanes Lloegr, ond ddim pan oedd 'na ddim sylw o gwbl i hanes Cymru. Un o'r pethau dwi mwyaf crac amdano o hyd yw'r diffyg sylw i hanes fy ngwlad fy hun yn Ysgol Ramadeg Llandysul (fel yr oedd hi ar y pryd), er gwaethaf Cymreictod naturiol cymaint o'r staff.

Doedd bywyd chwyldroadwr iaith ifanc ddim yn un cyfforddus. Roedd Llafurwyr o bob oedran yn ein casáu ni â chasineb perffaith, ac ro'n i'n ei chael hi'n anodd delio â'r casineb tuag at yr iaith, ac felly, atom ni'r ymgyrchwyr. Ar un adeg, bûm yn dosbarthu copïau o *Iaith Sioeau Cymru* gan Robyn Léwis i aelodau Bwrdd Llywodraethol Sioe Amaethyddol Llandysul, nad oedden nhw byth yn defnyddio gair o'r Gymraeg yn y Sioe nac yn unrhyw weithgarwch arall dan eu gofal. Fel yn achos fy nhad ym maes addysg, fe wnaeth y gwŷr doeth hynny bopeth ond poeri yn fy ngwyneb i hefyd. Ar un adeg, cafodd rhywun weledigaeth am dacteg hollol newydd i wneud brwydr y Gymdeithas yn fwy derbyniol i'r werin. Un o'n cefnogwyr dewr a selog oedd Cynog Dafis, oedd ar y pryd yn athro yn Ysgol Uwchradd Castell Newydd Emlyn. Roedd yn byw ar fferm yn Nhalgarreg, a chawsom gwympo coeden ar ei dir a'i llifio'n goed tân. Dosbarthwyd y coed mewn sachau i henoed pentref Llandysul, gyda chardiau bach yn dweud 'gyda chyfarchion Cymdeithas yr Iaith'. Cafwyd ymateb da yn y pentref. Yn anffodus, ar yr un pryd, roedd ymgyrch y Gymdeithas yn erbyn Seisnigrwydd Swyddfa'r Post ar ei hanterth. Rai dyddiau wedi i Santa'r coed hudo Llandysul, cafodd yr ewyllys da ei ddadwneud wrth i'r gell falu swyddfa post y pentref a thaflu ei thaflenni uniaith Saesneg ar hyd pafin y brif stryd.

Ond yr ymgyrch sy'n aros yn y cof yw'r arwyddion ffyrdd, a hynny oherwydd un noson wyllt yn 1972. Roedd y ffaith 'mod i newydd basio fy mhrawf gyrru yn ehangu fy ngallu i danseilio'r sefydliad Seisnig. Hynny yw, roedd yn bosib imi fachu car fy rhieni – Singer Chamois erbyn hynny (enw crand, dwi'n meddwl, ar Hillman Imp) – a mynd i Ysgol Basg y Gymdeithas yng Nghrymych. Ar y nos Wener, dyna lle'r es i a

Huw Bach, a Huw Mawr, yn yr Imp. Wedi cyfarfod yn y Neuadd yng Nghrymych, lle gofynnwyd imi gyflwyno adroddiad ar weithgarwch cell Llandysul, fe gychwynnom am adref. Ar hyd ffyrdd gwledig, tawel sir Benfro a sir Aberteifi, roedd llawer, llawer gormod o arwyddion ffyrdd Saesneg. Cyn hir, roedd Huw Bach yn eistedd ar bentwr o arwyddion yn y sedd gefn, cymaint nes bod ei ben yn bwrw nenfwd y car. Wrth fynd fel y diawl heibio un groesffordd, nodwyd y cnwd cyfoethog o arwyddion arni. Brecio'n sydyn, a rifyrsio 'nôl yn gyflym, i mewn i ffos. Roedd y car yn styc, yn rhyfedd iawn, wrth ymyl ciosg ffôn. Yn y llyfr ffôn tu mewn, daethpwyd o hyd i garej, ei ffonio a chyn pen dim roedd cerbyd achub wedi'n cyrraedd, funudau yn unig wedi inni lwyddo i daflu pob arwydd oedd yn sedd gefn y car dros y clawdd. Chofia i ddim nawr a wnaethom eu hail-lwytho yn y car unwaith roedd hwnnw 'nôl ar y ffordd, ond doedd hi ddim yn hir, beth bynnag, cyn bod pen Huw Bach yn cyrraedd to'r car eto.

Ar un groesffordd roedd 'na arwydd arbennig o styfnig. Yn anodd ei falu. Defnyddiwyd un o'r arwyddion eraill o gefn y car i'w daro fwy nag unwaith cyn i'r metel styfnig hwnnw ildio i anghenion yr iaith hefyd. Mi gofia i sŵn y tolcio'n dda. Mi gofia i hefyd olau yn dod 'mlaen yn stafell wely un o'r tai gerllaw. Byddai'n llawer hwyrach yn y noson cyn imi sylweddoli pa mor anffodus oedd hynny.

Tua diwedd ein taith adref ro'n i'n mynd heibio'r sefydliad oedd, yn gam neu'n gymwys, yn rhan o'r cynllwyn yn erbyn y Gymraeg yn ein golwg ni, sef ein hysgol ar y bryn. Fe gofion ni fod arwydd cae chwarae'r ysgol yn uniaith Saesneg. I mewn ag e i'r cefn. Un o'r rhai mwyaf hawdd y noson honno – arwydd pren oedd hwn. Cyn gollwng y ddau Huw yn Llandysul, roedd 'na un gorchwyl ar ôl. Beth i'w wneud â'r llwyth? Wedi chwalu cymaint â phosib o symbolau'n gormes, oedd yna *coup de grâce* cymwys i fodloni'n hawch am gyfiawnder? Oedd, wrth gwrs. Lawr â'r Imp i bont Alltcafan. Pont hardd dros afon Teifi ym Mhentre-cwrt, gerllaw hen felin wlân. Cafodd y llwyth, a'r dystiolaeth o'n heuogrwydd, ei 'ryddhau' dros ochr y bont. Gallai Huw Bach anadlu'n gyfforddus yng nghefn y car o hyn mlaen, wrth imi fynd ag e a'm cyd-droseddwr arall adref.

A 'nôl â minnau felly i Bencader, wedi noson fuddugoliaethus i'r chwyldro. Roedd hi'n hwyr. Rhois fy nhroed lawr. Roedd y ffyrdd yn dawel, a dim ond un car i'w weld wedi ei barcio ar sgwâr Pencader wrth imi droi i'r chwith at y tŷ. Car heddlu. Hyd yn oed yr adeg honno, wnes i ddim twigio. Ond mi wnes pan ddreifiais y car i mewn i'r garej, a'r car heddlu reit tu cefn imi. Daeth dau blismon allan, a golwg hynod o hunanfodlon ar wyneb un ohonyn nhw. 'Hm,' meddai, 'mae'r car yma wedi cael cyrch heno.' ('Cyrch' yw un o eiriau'r gorllewin am stîd.) Heb oedi ymhellach, a chyda gwên fawr *dénouement* Poirot ei hun ar ei wyneb, 'Agor y bŵt,' meddai wrthyf. Mi wnes, gan odro pob eiliad o ddrama o'r weithred. Yn araf, ac yn euog, agorais y clawr. Roedd 'na dawelwch am rai eiliadau wrth i wacter y bŵt ffrio ymennydd y sarjant. Trodd e a'i gwnstabl ar eu sodlau, a bant â nhw.

Nid dyna ddiwedd y stori. Yn fuan wedyn, clywais fod helfa drysor wedi ei chynnal yn ardal Pentre-cwrt. Un o'r cliwiau oedd 'Lampeter 21'. Ac o sefyll ar bont Alltcafan, ac edrych i'r dŵr clir odditani, roedd arwydd yn pwyntio lawr yr afon yn datgan bod Llanbed 21 o filltiroedd i ffwrdd. Ond er 'mod i wedi cael dihangfa ffodus oddi wrth yr heddlu, roedd yna gosb wahanol iawn yn fy wynebu. Roedd un o 'nghymdogion yn gweithio i'r cyngor sir. Mecanic yn y depo ar gyrion Pencader. Rhaid ei fod wedi clywed y sgwrs 'da'r heddlu y noson honno, a rhaid ei fod wedi rhannu'r hanes gyda'i gyd-weithwyr yn y Cyngor. Yr haf hwnnw, cefais waith yn ystod y gwyliau yn y depo, yn helpu bois yr hewl. Ac ro'n nhw wedi paratoi un job arbennig ar fy nghyfer... sef paentio arwyddion ffyrdd newydd!

Roedd dyddiau coleg yng Ngholeg Prifysgol Cymru Aberystwyth yn gyfle gwell fyth i ymgyrchu. Treuliais y flwyddyn gyntaf yn Neuadd Ceredigion, neuadd breswyl Gymraeg y bechgyn. Roedd 'na neuadd Gymraeg i'r merched hefyd, sef Davies Bryan ar gampws Penglais. Roedd yr ymgyrch dros sianel deledu Gymraeg yn poethi ar y pryd, a hanner trigolion y neuadd yn diflannu ac yn ailymddangos mewn rhyw gell yn rhywle drwy'r amser. Wedi cinio yn y ffreutur un diwrnod, roedd y lolfa deledu yn anarferol o lawn a phawb yn gwylio rhaglen o'r enw *Pebble Mill at One*. Rhaglen fyw ddyddiol o rywle yng nghanolbarth Lloegr. Drwy'r ffenest yng nghefn y set gellid gweld prif fynedfa'r ganolfan deledu. A'r cyflwynwyr wrthi'n holi eu gwesteion, gwelsom fan yn cyrraedd drws y fynedfa, a wynebau cyfarwydd yn camu'n fras allan ohoni – rhai o breswylwr y neuadd. Ychydig funudau wedyn torrwyd ar draws y drafodaeth stiwdio gan leisiau uchel yn gweiddi slogan cyfarwydd erbyn hynny, 'Sianel Gymraeg yn awr'. Roedd 'na gymeradwyaeth frwd yn y lolfa yng Ngheredigion wrth i'r sgrin deledu dywyllu.

Tua diwedd fy mlwyddyn gyntaf enillwyd y frwydr hir i droi Neuadd Pantycelyn yn neuadd gymysg Gymraeg. Yr hanesydd Dr John Davies – John 'Bwlch-llan' – oedd y warden cyntaf. Ac yn ei araith gyntaf fel warden ymbiliodd arnom i wneud yn siŵr ein bod yn sicrhau enw da i'r neuadd 'newydd' er mwyn denu cymaint â phosib o Gymry Cymraeg i'w llenwi. Dyfynnodd Churchill, 'In defeat: defiance. In victory: magnanimity'. Bu John yn warden cydwybodol, ardderchog. Cefais innau'r fraint o fod yn Bennaeth Neuadd yn ystod ei blwyddyn lawn gyntaf fel neuadd gymysg Gymraeg yn 1974/5.

Ein tafarn 'Gymraeg' oedd y Skinners Arms, neu'r 'Blingwyr', tafarn ar y gornel tu cefn i gloc y dref. Y perchennog oedd cocni hoffus iawn o'r enw John Purcell. Roedd wrth ei fodd yn cael y pyb yn llawn dop pan oedd y Cymry Cymraeg allan am sesh, er nad oedd ganddo unrhyw ddealltwriaeth o'n hiaith na'n diwylliant. Wrth gasglu ein bod un noson yn trafod datganoli i Gymru, "Ere', meddai, 'what's this devolution lark then? I mean, in my mind, if your evolution is going forward, then your devolution must be going back.' Roedd hyd yn oed sefydlu grŵp Mynediad am Ddim – hwythau'n yfwyr selog yn y Blingwyr – yn ddirgelwch iddo. 'Wot's this Mynediad am Vim? I thought everyone was in the Broad Left.' Roedd 'na elfen o sbif yn John hefyd. Ac elfen o arbenigo yn 'y farchnad ddu'. Wedi *stop tap* unwaith, dechreuodd symud y dodrefn o'r bar i'r iard tu cefn. Codwyd yr hen garped gwlyb, drewllyd, a daeth dau ddyn drwy'r drws yn cario carped newydd. Roedd y ddau yn lletya yn y Blingwyr tra o'n nhw'n gosod carpedi newydd yn y colegau ar gampws Llanbadarn. Ymhen tua hanner awr, roedd y dodrefn i gyd 'nôl ar ben y carped 'sbâr' newydd. Pan oeddwn yn byw mewn *digs* ar ôl graddio, byddwn yn prynu cig gan John hefyd. Cig oedd wedi disgyn oddi ar gefn lori a ffindio'i ffordd i ganol y casgenni cwrw yn yr iard. Daeth gyrfa John i ben pan ddygwyd llwyth o chwisgi o un o dafarnau'r dref. 'Whoever did it has gone too far this time,' oedd ymateb John. Cafodd ei arestio pan ganfuwyd y chwisgi yng nghefn ei iard.

Gwleidyddiaeth a gwleidyddiaeth ryngwladol oedd testunau fy ngradd. Roedd gan Aber enw da am y pynciau hyn, a doedd hi ddim yn gyfrinach chwaith fod un aelod o'r staff, o leiaf, yn recriwtio i MI5 ac MI6. Roedd un o fy mherthnasau, Godfrey, a ddaeth yn frigadier yn y fyddin, yn nabod y rhan fwyaf o ddarlithwyr yr adran, gan fod y rheiny'n darlithio i'r fyddin hefyd. Ac yn y cyfnod hwn, ro'n i'n dipyn o anifail gwleidyddol. Ro'n i'n llwyr gytûn â'r strategaeth o sicrhau cymaint â phosib o gynrychiolaeth Gymraeg ar Undeb y Myfyrwyr i gynorthwyo'r achos. Dechreuais fel swyddog neuaddau, ac ar ôl graddio treuliais ddwy flynedd fel swyddog sabothol llawn amser – fel dirprwy Lywydd Urdd y myfyrwyr am flwyddyn, ac fel Llywydd y flwyddyn ganlynol. Ro'n i'n perthyn i garfan y *Broad Left* – y Chwith Gyfun. Er bod honno'n cael ei dominyddu gan y Blaid Gomiwnyddol, roedd yn eglwys ddigon eang i gynnwys cenedlaetholwyr fel fi. Yn y cyfnod hwn y sefydlwyd Undeb Cenedlaethol Myfyrwyr Cymru, neu NUS Cymru, fel uned ddatganoledig o fewn yr NUS canolog, a chanddi swyddfa yn Abertawe. Y Llywydd cyntaf oedd y diweddar Siôn Pyrs, a'r ail oedd Neil Caldwell. Bûm yn cydweithio'n agos gyda'r ddau wrth ddod yn gynrychiolydd sector y Brifysgol ar bwyllgor gwaith yr Undeb. Mae gen i falchder mawr yn y gwaith a wnaethom ni yn y dyddiau cynnar hyn, oedd yn cynnwys ffurfio a hyrwyddo polisi datganoli cynhwysfawr i Gymru. Byddai addysg uwchradd yng Nghymru yn cael ei gweinyddu gan Awdurdod Addysg Uwch a fyddai'n atebol i Gynulliad yng Nghaerdydd. Dwi'n ffyddiog fod y polisi wedi chwarae rhan flaenllaw yn y broses hir o gael pobl Cymru i dderbyn y syniad o ddatganoli yn y pen draw. Roedd yr un broses yn digwydd yn yr Alban. Hwythau wedi ennill datganoli o fewn yr Undeb hefyd, ac yn brwydro dros yr un peth i'r Alban gyfan.

Daeth pwyllgor gwaith Cymru a'r Alban at ei gilydd am benwythnos o gymharu nodiadau ym Mhrifysgol Efrog. Y Cadeirydd oedd Llywydd yr NUS ar y pryd, Charles Clarke, a ddaeth yn Ysgrifennydd Cartref yn llywodraeth Tony Blair yn y nawdegau. Un o'r Albanwyr oedd myfyriwr aeddfed o'r enw John Reid, comiwnydd ar y pryd a ddaeth hefyd yn un o weinidogion Llafur y nawdegau. Braf oedd bod yng nghwmni cyd-swyddogion undeb oedd mor alluog, a phob un ohonom yn rhannu'r un weledigaeth wleidyddol.

Ac fe gawsom un ymgyrch wefreiddiol. Ar y pryd, roedd pob Coleg Prifysgol yng Nghymru – Aber, Bangor, Abertawe a'r ddau yng Nghaerdydd – dan reolaeth un corff, sef Prifysgol Cymru. Yr enw ffurfiol ar bob un o'r sefydliadau hyn felly, oedd Coleg y Brifysgol Aberystwyth... a.y.b. Roedd gan y corff ffederal hwn strwythur rheoli tebyg i'r hyn oedd gan bob coleg unigol. Y Llys oedd y corff uchaf, wedyn y Cyngor ac wedyn llu o bwyllgorau oddi tanynt. Fel cynrychiolydd myfyrwyr Prifysgol Cymru, ro'n i'n aelod o'r Cyngor a'r Llys. Roedd y Cyngor yn cyfarfod yn rheolaidd yng ngwesty'r Great Western yng ngorsaf reilffordd Paddington yn Llundain, oedd yn golygu trip bach neis i mi bob tro y byddai 'na gyfarfod. Ond buan y sylweddolais mai gwastraff amser, mewn gwirionedd, oedd fy mhresenoldeb i ar y cyrff hyn – a phresenoldeb pawb arall o ran hynny. Anaml iawn y byddai'r aelodau eraill – nifer ohonyn nhw'n lleygwyr adnabyddus o'r tu allan i'r byd addysg – yn herio penderfyniadau'r *élite* academaidd a gweinyddol oedd yn rheoli'r Brifysgol.

Ond fe wnaethom ni herio. Canghellor y Brifysgol ers blynyddoedd mawr oedd Dug Caeredin, oedd wedi penderfynu trosglwyddo'r awenau i'r Tywysog Charles. Er mawr syndod, doedd dim modd gwneud hyn heb gynnal pleidlais yn Llys y Brifysgol – ac roedd hawl i enwebu pobl eraill i'r swydd! Etholiad democrataidd! O fewn Prifysgol Cymru! Ar gyfer swydd oedd yn nwylo'r Teulu Brenhinol! Am gyfle. Bu tipyn o drafod rhyngom ni'r rhai oedd wedi darganfod y sefyllfa ryfeddol hon, am bwy y dylem ni, fel myfyrwyr, ei gynnig ar gyfer y job. Roedd angen Cymro Cymraeg gwladgarol a fyddai hefyd yn gefnogol i bolisïau adain-chwith Undeb Cenedlaethol Myfyrwyr Cymru. Rhywun poblogaidd, a pharch ato fe neu hi, a chrebwyll a phrofiad gwleidyddol os yn bosib. Er mai swydd symbolaidd oedd hon – byddai Charles ddim yn mynychu unrhyw gyfarfodydd – gallai'r deiliad newydd newid pethau.

Dwi ddim yn cofio pwy gafodd y syniad, ond yr enw a ddewiswyd oedd Dai Francis. Roedd newydd ymddeol fel arweinydd glowyr de Cymru, yn aelod o'r Blaid Gomiwnyddol ac yn Gymro i'r carn. Roedd ei wrthwynebiad i'r sefydliad yn apelio'n fawr, wrth gwrs – i Dai, fel y dwedodd wrthyf unwaith, ystyr OBE oedd O Ben Egwan, neu *Our Bloody Enemy*. Ond a fyddai'n derbyn y cynnig? Roedd aelod arall o bwyllgor gwaith NUS Cymru yn nabod Dai, sef Brian Davies, comiwnydd arall o Aberpennar. Ond gan mai fi oedd cynrychiolydd y Colegau Prifysgol ar yr Undeb, penderfynwyd mai fi ddylai ofyn iddo. Trefnwyd i Brian a minnau ei gyfarfod yng nghynhadledd glowyr de Cymru yn y Pafiliwn, Porthcawl. Roedd Dai yn eistedd yn un o seddau'r galeri bellach, ond yn sylwebydd ar weithgareddau ei undeb. Pan ddaeth toriad, aethom i gaffi lleol. Roedd y sgwrs yn Saesneg am fod Brian yn ddi-Gymraeg. 'Have you ever been confronted by total darkness?' gofynnodd Dai imi. Doedd gen i ddim syniad beth i'w ddweud. Cyfeirio'r oedd at ei brofiad o fod dan ddaear am y tro cyntaf fel gŵr ifanc. Cefais ddisgrifiad manwl o'i ofn ar y pryd, a chaledi'r gwaith yn y pwll. Rhyw fath o gyflwyniad, hwyrach, i'r hyn oedd wedi siapio ei wleidyddiaeth.

Roedd 'na rywbeth hoffus a diffuant yn Dai. Y math o gymeriad oedd yn eich gwneud yn gyfforddus iawn yn ei gwmni. Roedd ei sylwadau ar fywyd a gwleidyddiaeth yn syml a phendant. Y gweithiwr yn erbyn y bosys. Y werin yn erbyn y cyfalafwyr. Ac roedd ei ymateb i'r cais iddo sefyll etholiad yn erbyn y Tywysog Charles yn dibynnu ar un cwestiwn syml. 'Do the young people of Wales want me to stand?' gofynnodd. Fe ddylid esbonio, wrth gwrs, nad oedd pobl ifanc Cymru wedi cael unrhyw fath o gyfle i fynegi barn ar hyn. Roedd y drafodaeth am y penderfyniad i ymladd yr etholiad, a'r ymgeisydd dewisol, wedi digwydd o fewn pwyllgor gwaith yr Undeb yn unig. Cysurais fy hun trwy feddwl fy mod i a gweddill y pwyllgor yn gynrychiolwyr etholedig, a bod gennym fandad i weithredu ar ran pobl ifanc felly, dan rai amgylchiadau, gan gynnwys yr un dan sylw. 'Yes,' atebais innau. 'Then I'll do it,' meddai Dai.

Roedd yr wythnosau nesaf yn freuddwyd o ymgyrch – ac yn wers newyddiadurol arall o ran yr hyn oedd yn apelio at y wasg a'r cyfryngau. Ro'n nhw wrth eu bodd â'r stori a chafwyd colofnau o sylw. Cynhaliwyd cyngerdd i gefnogi enwebiad Dai ym Mhafiliwn Patti, Abertawe, wedi inni ganfasio nifer o swyddogion Undeb y Glowyr i sicrhau undod rhwng y myfyrwyr a'r glowyr yn y frwydr hanesyddol hon rhwng y werin a'r sefydliad. Rhyw simsanu wnaeth y sefydliad Cymraeg dosbarth canol. Do'n nhw ddim eisiau comiwnydd fel ymgeisydd. O dderbyn ein bod ni'r myfyrwyr yn benderfynol o fanteisio ar y cyfle euraidd hwn, daeth awgrym y dylem gynnig rhywun llawer mwy parchus, saff, cymedrol, diniwed – ac felly *boring* a diwerth. Fe sticion ni 'da Dai.

Daeth diwrnod mawr yr etholiad. Roedd aelodau Llys y Brifysgol wedi pleidleisio'n gudd ar bapur cyn y cyfarfod tyngedfennol ar gampws Coleg y Brifysgol Abertawe pan fyddai'r canlyniad yn cael ei gyhoeddi. Daeth torf dda i'r cyfarfod hwnnw. Achos bod arno gynrychiolwyr o gymaint o wahanol feysydd a chyrff cyhoeddus yng Nghymru, cafodd y corff ei ddisgrifio fel y peth agosaf oedd gennym at senedd. Is-Ganghellor Prifysgol Cymru, yr Arglwydd Ustus Edmund

Davies, oedd yn cadeirio. Cyn-gadeirydd yr ymchwiliad i drychineb Aberfan. Yn wreiddiol o'r Rhondda, ond i ni'r chwyldroadwyr, bellach yn un o bileri'r sefydliad Prydeinig. Cyhoeddodd ganlyniad y bleidlais. Doedd hi ddim yn syndod bod Dai wedi colli. Safodd rhywun ar ei draed (fi o bosib), i ofyn beth oedd y ffigyrau. Gwrthododd y Cadeirydd eu datgelu nhw, oedd yn syndod ac yn siom i nifer o aelodau'r Llys, gan gynnwys Dr Meredydd Evans a safodd i brotestio. Ond doedd y sefydliad ddim am ddatgelu'r canlyniad, gan ofni'r cyhoeddusrwydd y byddai pleidlais Dai yn ei greu, mae'n siŵr. Rhuthrodd y camerâu i gartref Dai yng Nghaerdydd i gael ei ymateb. Ac roedd ymateb Dai i'r ffaith na fyddai neb yn cael gwybod faint o gefnogaeth fu iddo, unwaith eto yn syml ac yn effeithiol. 'Why must these people be so silly?'

Er imi fwynhau'r fraint a gefais o fod yn rhan o wleidyddiaeth myfyrwyr ar lefel uchel, roedd yna un elfen o'r gweithgarwch yn fy niflasu, sef y cweryla sectyddol rhwng gwahanol garfanau. I rai pobl mae ffraeo'n rhan bwysig o'r broses wleidyddol, ond i mi roedd gormod o ffraeo cas a diangen yn rhan o wleidyddiaeth myfyrwyr. Y gwrthwynebiad mwyaf i'r Chwith Gyfun oedd IS, neu'r International Socialists. Y Trots. Eithafwyr ffwndamentalaidd y chwith. Iddyn nhw, dim ond un frwydr oedd 'na mewn bywyd, sef yr un rhwng y gweithwyr a'r rheolwyr. Roedd popeth arall yn amherthnasol. Doedd dim lle o gwbl i'r holl bethau eraill hynny oedd yn bwysig i bobl, gan gynnwys y capel a'r genedl. I'r *reductionists* roedd pob un peth mewn bywyd yn tarddu o orthrwm y gweithiwr gan y cyfalafwr. Roedd yn neges syml oedd yn apelio at nifer o radicaliaid ifanc ac roedd IS yn ddraenen gyson yn ystlys y Chwith Gyfun. Ond fedrwn i ddim deall cymhellion pobl oedd yn rhoi lles eu mudiad eu hunain o flaen lles ehangach myfyrwyr. Pobl oedd yn benderfynol o fy nhanseilio i fel Llywydd y Myfyrwyr bob cyfle posib, boed yna gyfiawnhad neu beidio.

Roedd y garfan hon, felly, yr un mor niweidiol i ymdrechion y Chwith Gyfun ag oedd y Torïaid, ac yn ystod fy nyddiau olaf yn Aberystwyth, roedd yr adain dde ar gynnydd. Ac nid rhywbeth mympwyol, dros dro oedd hyn. Roedd rhywbeth llawer dyfnach ar droed. Roedd radicaliaeth yn ildio i ogwydd a naws hollol wahanol ymysg pobl ifanc. Doedd dod yn fyfyriwr ddim bellach yn basport anochel i wleidyddiaeth y chwith, fel y bu ddiwedd y chwedegau. Doedd y genhedlaeth newydd o fyfyrwyr ddim yn Dorïaid nac yn geidwadwyr yn yr ystyr traddodiadol – ond do'n nhw'n sicr ddim yn sosialwyr. Canlyniad hyn yn Aber oedd ffurfio grŵp newydd o'r enw 'Moderate Action Group'. Teitl sy'n gwrth-ddweud ei hun trwy ddiffiniad bron, ond roedd y mudiad wedi disodli apêl y Chwith Gyfun bron yn llwyr. Ac wrth gwrs, fe wnaeth y Torïaid traddodiadol elwa rywfaint ar yr ymylon a bu'r newid yn hwb i'w hyder. Bellach byddai gwleidyddiaeth myfyrwyr yn cael ei dominyddu nid gan bobl oedd eisiau newid, ond gan bobl oedd yn gweld llawer mwy o rinwedd yn y *status quo*. Erbyn canol y saithdegau – yn wir, erbyn ymgyrch Dai Francis – ro'n i fel unigolyn yn gwbl ynysig yn wleidyddol.

Y rheswm y mae hyn yn bwysig yw i'r trawsnewid agwedd hwn fynd 'mlaen i newid y byd. Yn 1979, daeth Margaret Thatcher yn Brif Weinidog mewn buddugoliaeth ysgubol, gan esgor ar ddeunaw mlynedd o lywodraethau Torïaidd a chwyldro ym Mhrydain. Chwyldro a chwalodd y dosbarth gweithiol traddodiadol.

Byth ers hynny dwi wedi gofyn i bawb a allai gynnig ateb, beth yn union oedd yn gyfrifol am y gefnogaeth syfrdanol a gafodd yr adain dde. Yr ateb, bob tro mor belled, yw'r *Winter of Discontent*, sef y gweithredu diwydiannol gan yr undebau yng ngaeaf 1978–9. Y sbwriel ddim yn cael ei gasglu o'n strydoedd, y meirw ddim yn cael eu claddu. Ie, byddai'r delweddau hyn wedi gyrru nifer fawr o bobl i freichiau'r Torïaid. Ond dwi'n gwbl argyhoeddedig nad ffenomenon dros dro oedd buddugoliaeth y Torïaid. Ro'n i wedi gweld y newid yn dod – a hynny ymysg pobl ifanc – ers canol y saithdegau. Ond beth oedd ar waith ar y lefel ddofn hon? Beth oedd wedi ysbrydoli newid mor sylfaenol o fewn cenhedlaeth gyfan o bobl?

Roedd yr esboniad mwyaf tebygol yn dipyn o syndod. Yn

ôl academydd adain dde o America o'r enw Drucker, roedd ceidwadaeth y saithdegau yn ymateb naturiol i radicaliaeth y chwedegau. Roedd Drucker o'r farn fod y radicaliaeth hwnnw wedi dod i ben y diwrnod y daeth reiats Paris i ben yn 1968. O edrych yn ôl, hwyrach ei fod yn iawn. Mae ei ddamcaniaeth yn gwneud synnwyr o ran yr amserlen y bûm i'n rhan ohoni yn Aber. Roedd dechrau'r saithdegau yn gyfnod o newid lle'r oedd yr hen radicaliaeth yn dal yn boblogaidd, ond ar y ffordd allan. Erbyn canol y saithdegau, roedd y newid yn dod yn fwyfwy i'r amlwg. Erbyn diwedd y saithdegau, byddai'n arwain at fuddugoliaeth Thatcher – a'r buddugoliaethau eraill i ddod. Roedd hyn yn golygu wrth gwrs 'mod i wedi taflu fy hun i mewn i waddol gwleidyddol oedd eisoes ar ei wely angau. Roedd yn siom ac yn ddadrithiad.

Ac yn wers hefyd. Erbyn gwanwyn 1977, a minnau'n dal yn Llywydd y Myfyrwyr, ro'n i wedi cael llond bol ar wleidyddiaeth ac wedi dod i'r casgliad nad dyna oedd fy nyfodol. Daeth cadarnhad o hynny mewn sgwrs bersonol gydag aelod o'r Moderate Action Group. Roedd am imi wybod am ddioddefaint un o aelodau pwyllgor gwaith yr Undeb. Merch o swydd Efrog oedd honno. Doedd ganddi ddim llawer o glem na diddordeb mewn gwleidyddiaeth, ond roedd ganddi bersonoliaeth hyfryd, ac roedd y ddau ohonom yn cyd-dynnu'n iawn. Ei chariad oedd wedi ei pherswadio i sefyll etholiad i'r Undeb – clamp o Dori mawr, barfog, hyll, oedd ei hun ar y pwyllgor i danseilio fy ngwaith i fel Llywydd. Byrdwn y stori oedd bod y ferch yn crio cyn pob cyfarfod pwyllgor, am fod ei chariad yn mynnu mai ei job hi oedd gwneud pethau mor anodd ag oedd yn bosib i mi. Teimlais drueni drosti, a mwy o ddadrithiad fyth ynghylch natur gwleidyddiaeth. Gwyddwn na faswn yn gallu dioddef ffordd o fyw oedd yn troi pobl yn erbyn ei gilydd dim ond achos eu bod yn gwisgo labeli pleidiol gwahanol.

Wrth raddio, a chyn cael fy ethol i'r Undeb, ro'n i wedi dilyn y llwybr traddodiadol i bobl fel fi oedd heb fagu unrhyw grefft broffesiynol fasai'n cynnig gyrfa, sef gwneud cais am gwrs ymarfer dysgu. Cefais fy nerbyn ar gyfer blwyddyn o gwrs cyn cael achubiaeth rhag hwnnw gan Undeb y Myfyrwyr. Ond ddwy flynedd yn ddiweddarach, roedd yr un gwagle'n codi eto. Beth nesaf, os oedd diflastod y byd gwleidyddol wedi cau'r drws ar y cyfeiriad hwnnw?

Gwelais hysbyseb HTV Cymru am swydd gohebydd yn y gorllewin ar raglen newyddion teledu *Y Dydd*. Mi wnes gais a chael cyfweliad yng Nghaerdydd, ond ches i ddim mo'r swydd. Dim syndod efallai, tra bod fy ngwallt yn dal i gyrraedd at fy ysgwyddau mewn talp o gyrls hir, crwn. Ond yn fuan wedyn daeth neges trwy law un a ddaeth yn gyd-weithiwr agos am ddegawdau wedyn, a hynny dan yr amgylchiadau mwyaf rhyfedd. Fy nirprwy fel Llywydd oedd y brawd Dafydd Raw-Rees. Daethom yn ffrindiau er ei fod wedi ei ethol i'r swydd fel Ceidwadwr, oedd yn gwneud ein perthynas waith yn ddigon anesmwyth. Fe oedd testun cwyn Cymdeithas Anarchwyr y Coleg, pan ddaeth un o'u haelodau i'm gweld. Roedd Dafydd wedi ei atal rhag defnyddio adnoddau'r Undeb i argraffu taflen yn esbonio shwt i wneud *Molotov cocktail*, hynny yw, bom betrol. Darllenais y daflen a phenderfynu y byddai pobl yn ei gweld fel jôc ddiniwed, ac wedi'r cyfan, onid ni'r myfyrwyr oedd pencampwyr rhyddid barn a.y.b.? Mi rois ganiatâd i'r daflen gael ei chyhoeddi.

Dyna'r tro cyntaf – a diolch byth y tro diwethaf – imi gyrraedd tudalennau pob un o bapurau newydd Ynysoedd Prydain. Daeth y diwydiant cyfathrebu cyfan i lawr ar fy mhen fel malet. Doedd dim cyfiawnhad posib dros fy mhenderfyniad, felly cyhoeddwyd fy ngeiriau ar dudalen flaen y *Western Mail*, 'I'm prepared to say I may have made a mistake.' Faint yn waeth allai pethau fynd?

Daeth y goleuni ar ffurf dyn camera HTV Cymru yn y gorllewin, Neil Hughes. Fe ddaeth gyda gohebydd *Y Dydd*, Emlyn Lewis, i wneud cyfweliad am fy nghefnogaeth anffodus i'r diwydiant bomiau. Wedi imi wingo'n anghyffordus dan gwestiynau Emlyn, daeth pen Neil o'r tu ôl i'r camera, a chyda gwên fawr ar ei wyneb dywedodd fod ganddo neges imi gan

Bennaeth Newyddion HTV Cymru, Gwilym Owen. Byddai hwnnw'n cysylltu'n fuan gyda chynnig o waith. A'r gwaith oedd ymuno â thîm *Y Dydd* yng Nghaerdydd fel gohebydd fasai'n canolbwyntio ar wleidyddiaeth. Anghofia i fyth swyddog personél y cwmni'n datgelu ar y ffôn mai'r cyflog oedd tair mil a dau gant y flwyddyn. Ffortiwn ar y pryd, ac yn arbennig i rywun mewn dyled. Y drafferth oedd bod angen imi ddechrau ar 2 Mai – rhyw ddau fis cyn i fy nhymor fel Llywydd ddod i ben. Trwy lwc, nid yn unig roedd yr etholiad ar gyfer y Llywydd nesaf wedi ei gynnal eisoes, ond roedd y buddugwr, Jim O'Rourke, yn rhydd i gymryd yr awenau'n syth.

Ac felly y bu. Er gwaetha'r unigrwydd gwleidyddol ar y pryd, teimlais y fath dristwch llethol wrth adael Aber, ac roedd y dagrau'n llifo wrth groesi Pont Trefechan. Diolch byth y byddwn, o fewn ychydig ddyddiau, yn gorfod canolbwyntio ar fyd hollol newydd.

Hud a lledrith

SAFAI'R PERFFORMIWR LATHENNI'N unig oddi wrtha i, mewn siwt wen smart. Yn ei law, potel laeth babi. O gefn y llwyfan, llamodd teigr gwyn i'r golwg, rhedeg at y dyn, gosod dwy bawen ar ei ysgwydd ac yfed y llaeth, cyn rhedeg 'nôl eto i gefn y llwyfan, o'r golwg.

Theatr gwesty'r Mirage yn Las Vegas. Y perfformiwr oedd Roy, o'r deuawd consurio enwog Siegfried & Roy. Fedrwn i a fy ffrind John Watcyn ddim bod yn agosach at y sioe. Nid yn unig yn y ffrynt, ond mewn *pit* yn y llwyfan ei hun – y tocynnau drutaf. Ble mae'r gerddorfa fel arfer. Wedi dod mor bell i weld y sioe hon, do'n i ddim am ei slymio hi yng nghefn y theatr.

A minnau bron yn hanner cant oed erbyn hyn, roedd bod yma'n brawf na fedrwn osgoi'r dynfa at hud a lledrith a fu'n rhan fawr o 'mywyd i ers plentyndod, diolch yn y lle cyntaf i berthnasau oedd yn byw yn Llundain. Roedd fy Wncwl Mathew'n ficer yn Eglwys Gymraeg Dewi Sant yn Paddington. Roedd ei fab, Siôn, flwyddyn yn hŷn na mi. Aeth fy rhieni a fi i aros gyda nhw sawl gwaith. Byddai'r eglwys yn llawn ar gyfer y gwasanaeth nos Sul, a nifer fawr o'r gynulleidfa wedyn yn clwydo'n gynnar gan eu bod yn gweithio yn y diwydiant llaeth, y diwydiant oedd wedi denu cymaint o Gymru i Lundain ers bron i ganrif. Bûm yn ddigon ffodus felly, ddiwedd y pumdegau, i gael profiad helaeth o gyffro canol dinas Llundain. Mi gofia i ddwy o'r siopau enwog, Selfridges a Gamages. Yn Gamages, roedd 'na stondin gwerthu triciau ac fe brynwyd un neu ddau o bethau imi. A dyna shwt ddechreuodd y diddordeb mewn consurio sy'n parhau hyd heddiw.

Erbyn cychwyn yn Ysgol Ramadeg Llandysul, ro'n i'n perfformio'n achlysurol mewn nosweithiau llawen lleol.

Rywsut deuthum i sylw *Hobbyhorse*, rhaglen deledu Saesneg ar BBC Cymru am bobl ifanc a'u diddordebau. Y cyflwynydd oedd y cyn-chwaraewr rygbi rhyngwladol Cliff Morgan. Fi fasai'r cyntaf i gyfaddef nad oedd fy nhriciau'n ddigon da i'w dangos ar deledu ond doedd dim llawer o gonsurwyr fy oed i yn y dyddiau hynny, a doedd dim hyfforddiant ar gael, neb i gywiro fy nghamgymeriadau lu, neb mewn sefyllfa i gynnig cyngor o unrhyw fath. *Sink or swim* ac mi wnes i suddo o flaen cynulleidfa sawl gwaith. Ond roedd Cliff a'i griw, chwarae teg, mor hapus â fy ymddangosiad ar y rhaglen fel y cefais fynd arni'r eilwaith. Dwi'n cofio imi wneud tric oedd yn bodoli ers degawdau, ac sy'n dal i gael ei wneud heddiw (er nid gen i), sef y *floating ball*, ble mae pelen arian yn hofran ar ymyl hances. Ac mi wnes i gloi un o'r rhaglenni wrth i'r technegwyr ddefnyddio tric camera i beri i Cliff ddiflannu. Roedd ganddo yntau y ddawn i gyfareddu pawb yn ei gwmni. Un o'r dynion neisiaf imi gyfarfod ag ef erioed, ac fe wnaethom gadw mewn cysylltiad ar hyd ei fywyd; yn wir, mae gen i lythyr oddi wrtho rai misoedd cyn ei farwolaeth.

Ers dyddiau *Hobbyhorse* rhaid cyfaddef bod fy niddordeb yn y grefft yn fwy academaidd nag ymarferol, er imi berfformio sawl tric wrth annerch cymdeithasau Cymraeg fel Merched y Wawr a chlybiau cinio Cymraeg yn y blynyddoedd diwethaf. Ond fe wn un peth. Mae'r profiad o berfformio yn gyhoeddus yn ifanc yn baratoad perffaith ar gyfer y byd darlledu. Dyna pam fod gan gymaint o bobl yn y diwydiant yn fy nghyfnod i gefndir adrodd mewn eisteddfodau, neu ddysgu dosbarth o blant, neu actio mewn dramâu, neu bregethu o'r pulpud. A 'mhrofiad i oedd sefyll ar lwyfan yn gwneud triciau. Gan nad wyf yn naturiol dalentog, consurio roddodd y sgiliau angenrheidiol imi fedru cyflwyno ar deledu.

Mae'n grefft sy'n dysgu popeth sydd angen ei wybod am berfformio. Amseru, llwyfannu, cyfathrebu â'r gynulleidfa ac actio, wrth gwrs. Fel y dywedodd y dyn sy'n cael ei gydnabod fel tad consuriaeth fodern, Robert-Houdin, 'a magician is an actor playing the part of a magician'. Fe fyddech yn meddwl felly y byddai'r grefft gynhwysfawr, hynafol hon yn ddefnyddiol ar gwrs actio neu ddrama – ond caiff ei hanwybyddu'n llwyr, sy'n golled enfawr. Ac mae digon o lyfrau wedi eu sgrifennu gan gonsurwyr profiadol sy'n canolbwyntio nid ar driciau, ond ar yr elfennau perfformio – sy'n llawer pwysicach na'r triciau eu hunain.

Houdin oedd y cyntaf i wneud imi werthfawrogi rôl consurio yn y byd ehangach. Yn 1856, a Houdin wedi ymddeol, cafodd ei berswadio gan lywodraeth Ffrainc i helpu achub rhan o'i hymerodraeth, sef Algeria. Roedd yr ymgyrch dros annibyniaeth yn cryfhau yno, dan ddylanwad y Marabouts, carfan o broffwydi ffug oedd yn defnyddio triciau syml i ddarbwyllo pobl eu bod wedi cael eu hanfon i'r ddaear gan Dduw i achub eraill rhag gormes Cristnogol. Cafodd Houdin ei hurio i brofi bod gan Gristnogion Ewrop bwerau goruwchnaturiol llawer cryfach. A dyna a wnaeth, mewn perfformiad arbennig gerbron pwysigion y wlad. Trodd wrthryfel yr Arabiaid yn barch at eu meistri Ffrengig. Tawelwyd y gwrthryfel.

'Dewin y rhyfel' oedd ffugenw Jasper Maskelyne, consuriwr llwyfan o Lundain fu'n gwasanaethu fel arbenigwr *camouflage* yn yr Aifft yn ystod yr Ail Ryfel Byd. Ei arbenigedd oedd creu dymis milwrol, megis tanciau cardbord yn yr anialwch, i godi ofn ar y gelyn. Ac mae sôn iddo ail-greu dymi o ddinas gyfan trwy sicrhau bod holl oleuadau Alexandria'n cael eu diffodd gyda'r nos a'r un patrwm goleuadau'n cael ei gynnau mewn lleoliad arall i dwyllo'r awyrennau bomio.

Ac wrth gwrs, cafodd y byd cyfan ei swyno gan y consuriwr enwocaf oll, Houdini. Ganwyd Erik Weisz yn Hwngari ac fe ymfudodd y teulu i America. Mabwysiadodd gyfenw Houdin ar gyfer ei bersona cyhoeddus. Mae'r cofiant diweddaraf ohono, gan William Kalush a Larry Sloman, yn awgrymu efallai iddo gael ei lofruddio, trwy wenwyn, gan ysbrydegwyr y cyfnod. Wedi'r Rhyfel Byd Cyntaf, doedd dim prinder pobl oedd yn barod i gredu bod modd cysylltu gydag anwyliaid a gollwyd yn y rhyfel. A doedd dim prinder pobl oedd yn eu twyllo i gredu bod y fath gyfathrebu'n bosib. Roedd Houdini'n gyfarwydd â'r sgiliau roedd eu hangen i gyflawni'r twyll, a threuliodd flynyddoedd olaf ei fywyd yn mynd i gyfarfodydd yr ysbrydegwyr a dangos i bawb pa mor ffals a chelwyddog oedd eu sioeau.

Ond mae'r cofiant hefyd yn datgelu sut y bu Houdini, ar drothwy'r Rhyfel Mawr, yn sbïwr effeithiol iawn dros America a Phrydain. Byddai'n perfformio'n aml yn Ewrop, gan gynnwys yr Almaen. Oherwydd ei broffesiwn cafodd ryddid i grwydro i lefydd y basai'n amhosib i ymwelwyr tramor eraill fynd iddyn nhw. Houdini y sbei!

Cafodd consurio hefyd ei ddefnyddio fel therapi. Dwi'n dwlu ar stori David Copperfield. Yn yr wythdegau, o'r holl bobl oedd yn ysgrifennu ato, roedd ganddo feddwl arbennig o un awdur am fod y gŵr ifanc yn disgrifio'r ffordd roedd yn datblygu ei act gonsurio. Dim ond pan anfonodd lun ohono'i hun yn perfformio hefyd, y sylweddolodd consuriwr enwocaf y byd heddiw ei fod mewn cadair olwyn. Doedd y crwt erioed wedi sôn am ei anabledd a dechreuodd Copperfield ystyried argraffiadau pobl o'r anabl, a'r ffordd y maen nhw'n gweld eu hunain. Sylweddolodd y gallai ymarfer gwneud triciau wella pobl oedd yn dioddef o anafiadau corfforol yn gyflymach na'r mathau arferol o therapi oedd yn ddiflas ac undonog – gyda'r fantais hefyd o hybu hyder a hunan-barch y sawl sy'n dioddef. Gyda chymorth therapyddion a chonsurwyr eraill, sefydlodd gynllun Project Magic. Cyhoeddwyd llawlyfr o driciau addas i therapyddion oedd yn cael ei ddefnyddio ar draws y byd o fewn dim. Profodd ymchwil feddygol bellach fod gwneud triciau'n llesol iawn i bobl sydd ag anaf neu ddolur o unrhyw fath yn eu dwylo. Mae deintyddion hyd yn oed yn defnyddio consuriaeth i dawelu plant ofnus yn y gadair!

Nid yw Cymru wedi cynhyrchu llawer o gonsurwyr nodedig. Mae'n wir bod Trefor Lewis a'r diweddar Rovi wedi gwneud eu marc yn rhyngwladol, ond ein seren fawr wrth gwrs oedd Tommy Cooper, o Gaerffili yn wreiddiol. Cyhoeddwyd ei jôcs unigryw laweroedd o weithiau, ac mae hanes ei fywyd wedi ei gofiannu'n drylwyr. Ond does dim llawer o bobl yn gwybod am un stori amdano, am ei bod wedi ei chyhoeddi yng nghofiant consuriwr arall. Roedd Wayne Dobson yn gonsuriwr teledu arbennig o dalentog yn yr wythdegau, tan iddo ddechrau dioddef o MS a arweiniodd yn gyflym at fywyd mewn cadair olwyn. Ond mae'n dal i berfformio heddiw ac yn cael ei ystyried yn drysor dyfeisgar yn y proffesiwn. Yn ei hunangofiant mae'n disgrifio bod mewn siop gonsurio yn Llundain pan oedd yn 16 oed. Daeth dyn tal i mewn trwy'r drws. Arwr Wayne, Tommy Cooper. Tynnodd becyn papur newydd o'i boced. Ynddo roedd brechdan gaws a dechreuodd ei bwyta. 'Dwi ddim yn gwbod ble mae'r wraig,' meddai, 'mae hi fod i ddod yma, ond mae'n hwyr. Paid rhegi o'i blaen hi, mae'n grefyddol iawn.' Wrth gwrs, meddai Wayne, ni fasai'n dychmygu gwneud y fath beth. Cafodd yr un neges ei hailadrodd gan Tommy ryw bedair gwaith, gyda'r pwyslais bob tro ar osgoi rhegi o flaen dynes mor grefyddol – er ei bod yn hwyr yn cyrraedd – tan i'r drws agor, a dynes yn dod i mewn. 'Fy ngwraig,' meddai Tommy wrth Wayne, cyn troi ati a gofyn, 'Where the fuck have you been?'

Mae pob gwlad yn hoff o frolio ei hunigolion talentog. Anaml y bydd unrhyw un yn cyrraedd brig ei broffesiwn a dod yn fyd-enwog heb gydnabyddiaeth yn ei wlad ei hun. Ond dyna fu hanes Cardini. Ychydig iawn o bobl yng Nghymru sydd wedi clywed am y dyn o'r Mwmbwls a gafodd ei gydnabod, yn America a thu hwnt, fel un o'r consurwyr gorau a welwyd erioed.

Yn ôl Lance Burton, un o gonsurwyr mwyaf Vegas heddiw, mae'n amhosib cymharu Cardini â pherfformwyr eraill. Roedd ei feistrolaeth o'r grefft yn profi, meddai, ei fod 'o blaned wahanol i bawb arall'. Am bron i hanner can mlynedd, o ganol y dauddegau tan ddiwedd y chwedegau, bu'n perfformio ar brif lwyfannau America a'r byd, a gwneud sioeau preifat hefyd i arlywyddion yr UD, teulu brenhinol Prydain – a hyd yn oed Al Capone!

Cafodd Richard Valentine Pitchford ei eni yn y Mwmbwls yn 1895. Yn ystod ei blentyndod bu'r teulu'n byw hefyd yn

Nhreharris a Chastell Nedd. Bu'n gweithio mewn pwll glo ac, yn wyth oed, mewn lladd-dy. Yn naw oed, cafodd swydd fel *pageboy* yn y Park Hotel yng Nghaerdydd. Dyna ble dechreuodd gymysgu gyda'r *hustlers* oedd yn aml yn aros yn y gwesty – a dysgu sgiliau drwg ganddyn nhw, gan gynnwys dwyn o bocedi ar strydoedd y brifddinas. Byddai Fagin wedi bod yn falch ohono. Ond dysgodd sgiliau hefyd fyddai'n allweddol i'w ffawd – oedd yn cynnwys trin cardiau, peli biliards a sigaréts. Un o'i hoff driciau oedd deifio i mewn i afon Taf a dod allan gyda sigarét yn ei geg – wedi ei chynnau!

Yn ystod y Rhyfel Byd Cyntaf cafodd ei anfon i ffosydd y Somme, lle bu'n trio cadw ei ddwylo'n gynnes trwy ymarfer ei sgiliau. Ond wedi sioc ac anaf difrifol mewn ffrwydriad, treuliodd flwyddyn a hanner mewn ysbytai, gan gynnwys ysbyty meddwl i drin y trawma. Unwaith eto, byddai pac o gardiau yn ei ddwylo yn y ward bron drwy'r dydd. Roedd gan yr awdurdodau gynllun i helpu cyn-filwyr i ddod o hyd i waith, ond pan ddatgelodd mai ei fwriad oedd bod yn gonsuriwr llawn amser, penderfynwyd ei fod yn wallgo a chafodd ei anfon 'nôl i'r ysbyty meddwl.

Am gyfnodau byr bu'n gweithio fel consuriwr yn Llundain, Awstralia a Seland Newydd. Yn Llundain bu'n gweithio ar stondin gonsurio yn siop Gamages – yr union siop ble dechreuodd fy niddordeb innau ychydig dros ddeugain mlynedd yn ddiweddarach. Cyrhaeddodd America yn 1925, ac yno y gwnaeth ei gartref tan iddo farw yn 1973. Anterth ei yrfa oedd cyfnod mwyaf llewyrchus Vaudeville, pan fabwysiadodd yr enw llwyfan Cardini. Ond yn 1958 fe wnaeth un ymddangosiad teledu sy'n ysbrydoliaeth hyd heddiw i gonsurwyr ar draws y byd. Yn y perfformiad hwnnw, mae'n actio rhan cymeriad oedrannus, braidd yn feddw, sy'n methu rheoli'r holl sigaréts, y peli biliard a'r cardiau sy'n mynnu llenwi ei ddwylo, er gwaethaf ei ymdrechion i gael gwared ohonyn nhw. Ei bortread o'r cymeriad hwn oedd sylfaen ei bersona llwyfan a chyfrwng ei fedrusrwydd anhygoel mewn *sleight of hand*. Yr act hon a arweiniodd ato'n cael ei ddisgrifio fel

'Cardini, the suave deceiver' – y twyllwr llyfn. Yn 1988 cafodd fideo o berfformiad 1958 ei ailddarlledu ar un o sioeau teledu Paul Daniels. Cynhyrchydd y gyfres honno, John Fisher, yw awdur yr unig gofiant i Cardini. Fe'i cyhoeddwyd yn 2007 ac mae'n olrhain ei yrfa'n fanwl.

Roedd gwraig Cardini, Swan, yn cynorthwyo yn ei berfformiadau. Fe gawson nhw ddau o blant, Richard a Carole. Mae Carole yn ei saithdegau ac yn byw yn America. Mae un o wyrion Cardini, Peter Pitchford, yn gonsuriwr hefyd ac yn cynnal gwefan er cof am ei dad-cu. Ar wahân o bosib i Houdini, ni fu'r un consuriwr arall yn y byd mor ddylanwadol yn ei faes â Cardini. Does dim un consuriwr arall wedi cael ei gopïo gan berfformwyr eraill gymaint ag ef. Wrth dderbyn gwobr unwaith, cafodd ei ddisgrifio fel 'the greatest exponent of pure sleight of hand the world has ever seen'. Ond ni fu cydnabyddiaeth o unrhyw fath iddo yng ngwlad ei febyd. Faint o bobl Cymru sydd hyd yn oed wedi clywed amdano?

'Nôl i Vegas. Mi es i yno hefyd yn 1985. Nid consurio oedd yr atyniad y tro hwn, ond crefft lwyfan arall. Roedd gen i ddiddordeb mewn hypnoteiddio erioed, diolch i raddau helaeth i sioeau Paul McKenna ar y teledu. Ond fe ddaeth awch i ddysgu mwy yn 1994 pan wnes rifyn o *Y Byd ar Bedwar* am hypnoteiddio llwyfan. Roedd amheuon bod rhai o'r bobl oedd yn gwirfoddoli i 'gysgu' a gwneud pethau gwirion yn y sioeau hyn yn gallu dioddef problemau'n hwyrach. Un o'r enghreifftiau enwocaf oedd merch o Preston a gafodd ei darbwyllo ar lwyfan fod trydan yn dod trwy ei chadair, gan beri iddi neidio. Fe'i cafwyd yn farw yn ei gwely y diwrnod wedyn.

Wrth ymchwilio ymhellach daethom ar draws teulu o'r gogledd oedd hefyd yn cwyno. Roedd y gŵr wedi bod yn ymddwyn yn rhyfedd iawn ers cymryd rhan mewn sioe, ac yn ôl ei wraig, byddai weithiau'n ceisio shagio'r peiriant golchi. Ni chawsom gyfarfod y dyn, ond mewn cyfweliad o flaen camera fe wnaeth y ddynes grio. Canolbwynt arall y rhaglen oedd y diweddar Wynne Roberts, hypnotydd llwyfan oedd yn cael ei gyflogi gan y Gwasanaeth Iechyd Cyhoeddus i wella cleifion trwy hypnotherapi. Adeg y rhaglen fe ffilmiom ddwy o'i sioeau – un yn Nhafarn y Rhos, Llangefni, ac un arall yn Theatr Gwynedd, Bangor. Mae'n rhaid imi ddweud eu bod nhw'n sioeau medrus a phwerus, a dwi erioed wedi chwerthin gymaint wrth ffilmio rhaglen. Y peth sy'n aros yn fwyaf byw yn y cof am y sioe ym Mangor yw'r hyn a ddigwyddodd wrth i'r gynulleidfa ddechrau gadael ar ôl i'r perfformiad ddod i ben. Safodd un bachgen ar ei sedd a bloeddio dros y lle i gyd – 'reit, mae rhywun wedi dwyn 'y mhidlen i a dwi ishe hi 'nôl RŴAN!'

Fe ddysgodd y rhaglen hon wers newyddiadurol inni hefyd. Rai blynyddoedd wedyn, gofynnodd S4C inni a oedd gennym hen raglen a allai gael ei hailddarlledu i lenwi twll yn yr amserlen. Hypnoteiddio ddaeth i'r meddwl yn syth ac fe gafodd ei hailddangos. Roedd swyddog o Ffederasiwn yr Hypnoteiddwyr Llwyfan ar y ffôn y bore wedyn. Oedden ni'n sylweddoli ein bod ni wedi torri'r gyfraith? Ers gwneud y rhaglen roedd y teulu o'r gogledd wedi colli achos llys am iawndal. Doedd dim amdani ond ymddiheuro trwy'r trwch a bodlonwyd ar hynny.

Er imi ddysgu mwy am hypnoteiddio wrth wneud y rhaglen, methwyd profi'n bendant nad oedd peryglon i'r perfformiadau llwyfan. Bûm yn trafod y peth droeon gydag hen berthynas i mi, sef Jack Bow a anwyd yn Llundain. Dwi'n ei gofio yn dod i'n gweld ym Mhencader pan o'n i'n blentyn, wedi dod yr holl ffordd o Lundain ar gefn moto-beic a'i fam Peg mewn *sidecar*! Roedd gan Jack ddiddordeb mewn consurio hefyd, ac fe ddysgodd rai o'i driciau i mi.

Ond yn hwyrach yn ei fywyd, pan oedd tua hanner cant oed, newidiodd Jack ei yrfa a dod yn hypnotherapydd proffesiynol. Pan fu farw yn ei wythdegau yn 2010, roedd yn byw yn Purley on Thames, ddim yn bell o Reading. Ar y wal yn ei gartref roedd tystysgrif oedd yn destun balchder mawr iddo, yn datgan ei fod wedi ennill rhyddid dinas Llundain am ei gyfraniad arloesol i hypnotherapi. Gwyddai Jack ei stwff felly, ac er iddo gynnig dysgu'r grefft i mi digwyddais ddod ar draws hysbyseb mewn cylchgrawn consurio oedd yn apelio'n

fwy ataf, sef cwrs pedwar diwrnod ar hypnoteiddio llwyfan...
yn Vegas.

Mi es ar y cwrs, oedd yn cynnwys athrawon fel Ormond
McGill, arbenigwr mwyaf America ar y grefft. Roedd safon y
dysgu'n ardderchog a'r holl brofiad yn hwyl anhygoel. Gefais i
ateb i'r cwestiwn mawr? Do. Dwi ddim yn credu bod 'na berygl
na chwaith effeithiau drwg sy'n parhau wedi'r sioeau *cyn belled
â bod yr hypnotydd yn gwneud ei waith yn iawn*, ac yn arbennig,
yn dihuno pobl yn y ffordd gywir wedi i'r perfformiad ddod i
ben. Yn bwysicach nag unrhyw beth arall, cefais dystiolaeth
ymarferol nad yw unrhyw un, dan hypnosis, yn gwneud
unrhyw beth y byddai'n well ganddo beidio â'i wneud. Pam,
felly, fod pobl yn fodlon mynd ar y llwyfan i wneud ffyliaid o'u
hunain o flaen cynulleidfa? Am eu bod nhw'n fodlon gwneud
hynny o ran hwyl. Fel y dwedodd un o'r athrawon yn Vegas:
pan fyddan nhw'n cerdded i'r llwyfan maen nhw 'hanner ffordd
yno'n barod'. Dyna pam mai cynulleidfa o fyfyrwyr yw'r un
orau posib ar gyfer y sioeau hyn – maen nhw'n fwy parod i gael
hwyl. Dwi ddim wedi ymarfer y grefft fy hun mewn unrhyw
ffordd, a does gen i ddim awydd gwneud hynny – y bwriad
oedd ceisio deall shwt yn union mae'r holl beth yn gweithio.
Fel Jack, mae gen innau bellach dystysgrif sy'n tystio fy mod
i, yn sgil yr arholiad terfynol, wedi cwblhau'n llwyddiannus
y *Masters Ultimate Stage Hypnosis Seminar, Professional Stage
Hypnotism Course, 16–19 June, 2005.*

Yn y llawlyfr llachar i sioe Siegfried & Roy, roedd 'na gwpled
hyfryd. Daw'r gwreiddiol o un o ddramâu George Bernard
Shaw lle mae'r sarff yn siarad ag Efa. Cafodd y ddwy linell
eu dyfynnu hefyd mewn araith gan yr Arlywydd Kennedy yn
Nulyn yn 1963, a dyma yn ddiweddarach oedd thema ymgyrch
ei frawd Bobby i ennill yr enwebiad arlywyddol yn 1968. Mae'n
gwpled berffaith i ddisgrifio'r byd consurio, ond yn gyngor da
ar gyfer bywyd yn gyffredinol hefyd:

> Some people see things as they are, and ask why.
> We dream of things that have never been, and ask why not.

Teledu
– ble mae dechrau?

WEITHIAU BYDD POBL yn gofyn 'beth sydd ei angen' i fod yn newyddiadurwr teledu. Fy ateb i yw, dim llawer, ond dyw hynny ddim yn golygu bod pawb yn gallu gwneud y job. Os oes rhaid crynhoi'r cymhwyster pwysicaf mewn hanner brawddeg, mae'n debyg mai 'dawn dweud stori' fyddai honno. Yn ystod fy ngyrfa, dwi ddim wedi dod ar draws unrhyw fformiwla gyfrin arall, ond dyw hynny ddim yn golygu chwaith na ddysgais sawl gwers bwysig tra 'mod i'n teithio.

Ond shwt y gellir diffinio stori? Mae'r 'hacs' mwyaf sinicaidd wrth eu bodd â'r syniad mai stori yw rhywbeth nad yw rhywun, yn rhywle, eisiau ichi ei wybod – a bod popeth arall yn perthyn i'r byd hysbysebu. A'r diffiniad o sinig, wrth gwrs, yw ymateb y golygydd pan aeth gohebydd ato i ddweud bod Duw wedi cytuno i wneud cyfweliad ecscliwsif. 'Ie,' meddai'r golygydd, 'ond beth mae e'n mynd i'w *ddweud*?'

Ond mae'r agwedd honno at y grefft wedi hen ddiflannu, wrth i brinder adnoddau wanhau newyddiaduraeth ymchwiliadol a'n cyfyngu ni, yn gynyddol, i ailadrodd datganiadau i'r wasg. Fodd bynnag, bûm yn ffodus i gael y profiad angenrheidiol ar raglen newyddion *Y Dydd* o 1977 i 1982. Dwi'n ddyledus i olygydd y rhaglen, Ioan Roberts, am gyweirio fy ngwaith a'm dysgu i sybio. A does yr un hyfforddiant gwell i newyddiadurwr a darlledwr na sybio, sef crynhoi manylion stori i fersiwn fer, syml a dealladwy. Bu'n sail amhrisiadwy i mi o ran sgriptio rhaglenni materion cyfoes a dogfen yn hwyrach, a dwi'n grediniol ei fod yn gwbl angenrheidiol i unrhyw un sydd am newyddiadura ymhob cyfrwng.

Ac ar *Y Dydd* hefyd y cefais y profiad cyntaf o'r wefr fwyaf i ddarlledwyr, sef darlledu'n fyw. Does dim amheuaeth fod yr *adrenalin* sy'n llifo ar adegau felly fel cyffur, er gwaetha'r ffaith fod siawns uchel o *cock-ups* technegol yn y dyddiau hynny – neu efallai oherwydd hynny! Wna i byth anghofio'r noson roeddwn yn cyflwyno'r rhaglen a'r adroddiadau newyddion ar ffilm heb gyrraedd yr adran drosglwyddo, ac felly, doedd gennym ddim lluniau i'w darlledu. Hynny yw, doedd gen i ddim byd i'w ddarllen – a llai fyth i'w ddangos – dim ond cwpwl o straeon newyddion byrion a lincs i'r adroddiadau ffilm oedd ddim yno. Dwi bron yn siŵr imi ddweud wrth y gynulleidfa y buaswn i'n adrodd 'Y Border Bach' gan Crwys petawn i'n ei gofio. Mae'r dyn oedd yn cyfarwyddo'r rhaglen y noson honno, David Lloyd, wedi clustnodi tair tudalen i'r digwyddiad yn ei lyfr ardderchog, *Start the Clock and Cue the Band: A Life in Television*, yr hunangofiant teledu gorau imi ei ddarllen erioed, a gyhoeddwyd gan y Lolfa yn 2015. Llyfr gwych arall am adran newyddion HTV Cymru yn y cyfnod hwn yw *Confessions of a TV Newsman – Broadcasters Behaving Really Badly in the Golden Age of ITV*, llyfr Kindle gan y gohebydd Ron Lewis. Mae'n cynnig darlun lliwgar o'r cymeriadau a'r miri y tu cefn i'r llwyfan fel petai.

Darlledu byw yw'r hyn dwi'n ei golli fwyaf am y dyddiau cynnar hyn. Unwaith, pan oedd *Y Dydd* yn dod yn fyw bob nos o'r Eisteddfod Genedlaethol, penderfynwyd agor y rhaglen mewn ffordd anarferol. Wedi'r teitlau agoriadol byddai'r camera y tu allan wedi ei anelu at ddrws cefn y Pafiliwn. Byddai hwnnw'n cael ei agor o'r tu mewn gan y Cyflwynydd – fi – a finnau'n camu allan gyda'r geiriau 'Noswaith dda...' Profiad gwefreiddiol oedd pwyso yn erbyn y wal gefn y tu mewn i'r Pafiliwn, i'r dde o'r drws, yn clywed cyfarwyddiadau galeri'r OB yn fy nghlust. Cyfrif at y teitlau... cerddoriaeth y rhaglen... '10, 9, 8, 7, 6...' Beth petai'r arweinydd yn dweud o'r llwyfan na ddylai'r drysau gael eu hagor? Beth petai'r drws yn styc? Beth petawn i'n strancio a gwrthod mynd allan? '5, 4, 3, 2, 1, cue Tweli'... 'Helo a noswaith dda ichi!'

Un o uchafbwyntiau blynyddoedd cynnar S4C i mi oedd sefydlu'r rhaglen *Ffermio* yn 1987 gyda fy nghyd-weithiwr Rhodri Williams. Cawsom gefnogaeth frwd pennaeth rhaglenni'r Sianel, Euryn Ogwen, ac ymateb anhygoel gan y gynulleidfa. Roedd gennym gystadleuaeth wythnosol, a dwi'n dal i gofio'r llond sach o lythyrau canmoliaethus a gyrhaeddodd y swyddfa wedi'r rhaglen gyntaf. Bûm yn cyflwyno'r rhaglen fy hun am dipyn, ac fe wnaeth gweddill y tîm, sef Wyn Thomas, Handel Jones, Wyn Gruffydd, Rhodri John a Catrin Evans, sicrhau mai hon oedd un o raglenni mwyaf poblogaidd y Sianel. Ergyd greulon inni i gyd oedd ei gweld yn cael ei throsglwyddo i'r BBC wedi dim ond ychydig flynyddoedd, ond mae'n braf gweld ei bod unwaith eto yn un o lwyddiannau mwyaf S4C.

Mae rheolau newyddiaduraeth yn aml yr un peth â rheolau bywyd yn gyffredinol. Dwi'n ddyledus i ddau gyn-filwr o'r Gwarchodlu Cymreig, Wil Howarth a Howard Jones, am ddatgelu bod cymaint o'r hyfforddiant milwrol gawson nhw yn berthnasol hefyd i mi. Dau o'r pethau gafodd eu pwnio i'w pennau oedd KISS a'r Saith 'P'. KISS yw 'keep it simple, stupid'. Mi ddes i sylweddoli bod berwi pob her a phroblem i lawr i'r fersiwn symlaf yn handi wrth ffilmio, ac wrth olygu rhaglen yn arbennig. Daeth yn arfer gen i ysgrifennu KISS ar ddarn o bapur a'i roi mewn lle amlwg wrth y cyfrifiadur golygu. Bob tro y byddwn yn pendroni am y cam nesaf ar gyfer rhaglen, byddwn yn edrych ar y papur. Roedd yn gweithio. Y saith 'P' yw 'Poor Prior Planning and Preparation means Piss Poor Performance'. Gwir y gair. Bob tro yr es i drafferthion, diffyg paratoi oedd un o'r rhesymau.

Dwi'n cario dau beth arall ar bob taith i rywle amheus erbyn hyn – ac i'r fyddin mae'r diolch am y rhain hefyd. Fel yn achos pawb sy'n mynd i unrhyw le lled beryglus, mae'r cwmnïau yswiriant bellach yn mynnu ein bod yn mynd ar gwrs arbennig, Hostile Environment Course. Unwaith fues i – a threulio wythnos mewn gwesty ar gyrion Bannau Brycheiniog. Cyn-aelodau'r SAS oedd y rhan fwyaf o'r tiwtoriaid, ac roedd yr hyfforddiant yn cynnwys beth i'w wneud mewn *checkpoint*

41

gelyniaethus, a beth i'w wneud wrth ddod ar draws car oedd wyneb i waered, ar dân a dwy ferch yn sgrechian y tu mewn iddo. Ac fe wnaethon nhw ail-greu'r union sefyllfa honno ar ein cyfer. Ond y ddau beth hollol ymarferol arhosodd yn y cof yw'r wedj pren a'r waled: wedj pren i'w roi dan ddrws eich stafell wely i wneud yn siŵr bod neb yn gallu dod i mewn, a waled ag ychydig o arian ynddi, ynghyd â hen gardiau credyd sydd wedi dod i ben. Dyna'r waled ry'ch chi'n ei rhoi i leidr sy'n anelu dryll atoch chi.

Cefais fy atgoffa ar y cwrs am wers arall a ddysgais yn Albania, lle bûm yn gwneud rhaglen am gynllun gwerthu pyramid oedd wedi gadael nifer fawr o bobl heb geiniog, ac wedi achosi reiats. Llwyddodd y protestwyr i gael gafael ar lwyth o ddrylliau o un o storfeydd y fyddin, ac ro'n i'n falch i weld eu bod wedi rhoi'r gorau i saethu ei gilydd erbyn i mi gyrraedd y wlad. Ond roedd gormod o bobl yn dal i gael hwyl wrth saethu i'r awyr – fel y mae'r Palestiniaid yn ei wneud pan fyddan nhw'n claddu eu harwyr.

Yn anffodus, kalashnikovs oedd y drylliau. Yr AK-47's sy'n gallu saethu bwled am bellter o filltir. Ac mae bwledi sy'n mynd lan i'r awyr yn gorfod dod i lawr. Wrth ddisgyn o uchder o filltir, mae bwledi'r drylliau hyn yn taro'r ddaear gyda bron yr un cryfder â'r ergyd wreiddiol o'r gwn. Maen nhw'n dal i ladd neu achosi anafiadau difrifol i bobl sy'n sefyll yn y man anghywir ar y pryd. Fe wnaeth fy nghyd-weithiwr, Marc Jones, ffilmio claf mewn ysbyty yn Tirana oedd â bwled yn ei ben. Roedd y bwled wedi suddo i lawr drwy'r ymennydd a'r llawfeddyg yn esbonio y byddai'n ei thynnu mas pan fyddai'n cyrraedd y gwddw. O'r diwrnod hwnnw 'mlaen, mi wnes adduned i guddio dan rywbeth caled petawn yng nghwmni pobl sy'n saethu i'r awyr.

'Os byddwch chi byth mewn trwbwl,' meddai Eirwyn Pontsiân, 'triwch ddod mas ohono fe.' Ac yn India y cefais y cyngor gorau ar sut mae cael eich hun mas o dwll. Ro'n i yn Delhi yn gwneud rhifyn o *Y Byd ar Bedwar* yn sgil llofruddiaeth Rajiv Gandhi yn 1991, yng nghwmni'r hyfryd a'r diweddar Alun Sbardun Huws, oedd yn cyfarwyddo'r rhaglen. Fe hurion ni griw lleol, cwmni teuluol yn perthyn i foi o'r enw Tom Mathra. Roedd Tom yn hen erbyn hynny, roedd yn newyddiadurwr pan gafodd India ei hannibyniaeth. Roedd y criw cyfan yn perthyn i Tom – ei fab oedd y dyn camera, ei frawd oedd y trydanwr a'i ŵyr oedd y dyn sain.

Bob bore byddai pob un ohonom yn cael ein galw i swyddfa Tom i dderbyn cyngor doeth y diwrnod. A'r cyngor un tro oedd beth i'w wneud petai'r heddlu'n rhoi loes inni ar y stryd. Gwyddai Tom nad oedd gen i'r fisa priodol ar gyfer ffilmio, felly anelodd ei gyngor yn benodol ata i. 'Now don't forget – if you get into trouble, sweet tongue better than bitter tongue.' Dwi wedi meddwl am hynny droeon wrth weld gohebwyr eraill yn gwylltio ac yn colli eu tymer mewn sefyllfaoedd lle byddai 'tafod felys' gymaint yn fwy effeithiol.

Weithiau mae'n talu ffordd i fod yn onest gyda'r awdurdodau, weithiau ddim. Roedd yn arferiad gennyf fynd â photeli chwisgi ar dripiau tramor – naill ai fel anrhegion i bobl fu'n arbennig o garedig, fel *bribes*, neu i'w hyfed fy hun os oedd pethau'n troi'n chwithig. Roedd gen i ddwy botel wrth gyrraedd India, un yn fwy nag oedd y rheolau mewnforio'n caniatáu. Roedd rhywun wedi dweud wrtha i y gallai maes awyr Delhi fod yn arbennig o lym, a do'n i ddim eisiau mynd i drwbwl dros y ddiod gadarn tra 'mod i'n teithio fel gohebydd teledu. Penderfynais fod yn onest, felly. Mi es at un o'r swyddogion tollau, dyn tal, hunanbwysig yr olwg. Sylweddolais unwaith eto pa mor gamarweiniol yw'r argraff gyntaf weithiau, wrth imi ddatgelu bod gen i ddwy botel o chwisgi a gofyn a oedd hynny'n oce. Aeth â mi naill ochr, allan o olwg pawb. Gofynnodd am weld y poteli. Gafaelodd mewn un, ei hagor ac yfed llymaid enfawr, cyn rhoi'r cap yn ôl gan ddweud, 'it's OK now, it's been opened!'.

Anonest oedd y profiad ym maes awyr Jinnah, Karachi yn 1998. Y stori oedd peli ffwtbol. Ro'n i wedi canfod bod chwe deg y cant o beli ffwtbol y byd – gan gynnwys peli ar gyfer Cwpan y Byd – yn cael eu gwneud mewn tref o'r enw Sialkot yng ngogledd orllewin Pacistan. Wrth gwrs, roedd yn broses gynhyrchu rad iawn, gan mai plant oedd yn pwytho'r peli, oedd yn achosi niwed i'w dwylo. Byddai dim gobaith cael fisa gan awdurdodau'r wlad i wneud rhaglen am lafur plant, felly i mewn â mi a Barry Davies, y dyn camera, fel twristiaid. Roedd y camera yn un bychan a allai basio fel camera twrist yn ddigon hawdd.

Wrth fynd drwy'r maes awyr, ro'n i'n dychmygu pob math o drafferthion a gwrthdaro gyda'r awdurdodau. Anghywir eto. Wrth gasglu'n bagiau dyma sylweddoli bod ciw anferth i fynd drwy'r broses ddiogelwch. Dyn gwyn wrth fy ochr yn awgrymu ein bod yn cerdded heibio'r ciw a oedd, meddai e, 'just for the locals'. A dyna wnaethom ni. Barry a minnau'n gwthio'n troli heibio'r 'locals', ac wrth gyrraedd y bwa diogelwch, dyma law dyn mewn iwnifform yn disgyn ar y troli. Y swyddog yn edrych lan, gweld ein bod yn wynion Ewropeaidd ac yn ein chwifio ni heibio'r bwa ac i mewn i Bacistan. Cyrraedd y gwesty a gweld pennawd papur dyddiol Saesneg yn y dderbynfa yn cyfeirio at gyfres o fomiau ym meysydd awyr y wlad. Y pennawd oedd 'Security Tightened at all Airports'!

Droeon, bu ymdrechion pobl i wneud y mwyaf – a'r gorau – o'r ychydig sydd ganddyn nhw yn y byd hwn yn ysbrydoliaeth. Ar gyrion Sialkot, er enghraifft, roedd tyddynnau bychain, tai mwd â tho gwellt a rhyw fuwch neu ddwy'n crwydro tu allan. Ar wal pob tyddyn roedd patrymau crwn rhyfedd oedd yn ddirgelwch tan imi weld un ddynes yn eu paratoi. Byddai'n rhowlio llond llaw o'r hyn a edrychai fel mwd i siâp pancosen, yna'n ei slapio'n galed ar wal ei chartref a'i adael yno i sychu yn yr haul. Deuthum i wybod nad mwd ydoedd, ond tail gwartheg neu 'ddom da'. Byddai'r bancosen yn cael ei gwerthu fel tanwydd. Ac yn wir, yn Sialkot dyna oedd pob stondin yn y stryd yn ei losgi amser coginio. Gwych – a'r union fath o ddyfeisgarwch syml y mae cymaint o asiantaethau 'cymorth' biwrocrataidd yn ddall iddo.

Dwi wrth fy modd yn y gwledydd hynny sy'n dangos dirmyg at fiwrocratiaeth – a hwnnw'n aml wedi ei orfodi ar wledydd a gafodd eu coloneiddio gan Brydain a gwledydd eraill y gorllewin. Dim rhyfedd mai ym Mhacistan y clywais y jôc orau am fiwrocratiaeth – sydd hefyd yn cynnig gwers ddefnyddiol iawn i newyddiadurwyr sy'n dod ar ei thraws. Dyn yn dihuno yn y bore yn Karachi ac wrth gerdded i'r siop leol yn pasio adeilad cyfarwydd oedd wedi ei esgeuluso ers blynyddoedd. Ond y bore hwn roedd yr adeilad wedi ei drawsnewid yn llwyr a phrysurdeb mawr yn amlwg wrth i bobl gerdded i mewn ac allan ohono. Beth tybed oedd yn mynd ymlaen? Aeth at y swyddog diogelwch oedd yn gwarchod y drws ffrynt a gofynnodd a allai fynd mewn. 'Na,' oedd yr ateb. 'Dyw aelode'r cyhoedd ddim yn cael mynd mewn i'r lle 'ma.' Crafodd y dyn ei ben. 'Ond mae 'na bob math o bobl erill yn mynd mewn ac allan,' meddai. 'Oes,' atebodd y swyddog, 'ond dy'n nhw ddim wedi *gofyn*.'

Weithiau mae'n werth trio unrhyw beth i gael y maen i'r wal. Dyna ichi'r doctor o'r Almaen wnes i ei gyfarfod yng nghefn gwlad De Affrica yn 1993. Roedd yn hoff o grwydro o un wlad i'r llall ar y cyfandir hwnnw, ond wrth gyrraedd y ffin ag un ohonyn nhw, fe sylweddolodd iddo adael ei basport gartref. Wrth i'r doctor agor ffenest y car, estynnodd milwr arfog ei law am y ddogfen golledig. Dangosodd ei drwydded yrru. Edrychodd y milwr arni, ei stampio a'i wafio dros y ffin.

Ond mewn llawer o wledydd mae biwrocratiaeth yn aml yn mynd law yn llaw â dirmyg at iechyd a diogelwch. Teithiais unwaith ar awyren Pakistan Airways o Karachi i Moscow. Roedd hyn yn y dyddiau pan oedd hi'n dal yn bosib i smygu ar awyren, fel arfer tuag at y cefn. Ond doedd fy sedd i ddim ymhell o'r ffrynt. Gofynnais i stiward ble faswn i'n gallu smygu a'i ateb oedd 'ble bynnag rych chi ishe'. Roedd hynny'n annhebygol, felly es i gyfeiriad cefn yr awyren, lle'r oedd tipyn o dorf wedi ymgasglu ynghanol cwmwl o fwg. Wrth i minnau danio, sylwais fod chwe rhes o seddau yr ochr arall i'r lle'r o'n i'n sefyll wedi eu plygu i lawr i wneud gwely ar gyfer claf oedd yn amlwg yn wael iawn ac ar *drip*. Os na fyddai salwch yn ei ladd cyn diwedd y dydd, byddai'r mwg yn siŵr o wneud.

Ac yn 1984, wrth hedfan gyda Tarom, cwmni awyrennau Romania, doedd dim modd imi symud o'm sedd gan fod yr unig eil yn llawn teithwyr oedd yn eistedd ar ben eu cesys!

Hwyrach mai eu seddau nhw oedd y rhai yng nghefn yr awyren oedd wedi eu llenwi â miloedd ar filoedd o bacedi sigaréts Kent. Wedi cyrraedd Romania sylweddolais fod y ffags hyn yn cael eu defnyddio'n aml yn lle arian, ac yn wir, prynais bryd o fwyd i dri gyda dau becyn ohonyn nhw.

Mae'r rhai sy'n teithio'n aml yn gwybod bod rhaid bod yn barod am unrhyw beth ar awyren. Y daith fwyaf anarferol i mi yn sicr oedd honno o Gaerdydd i dref Mwanza yn Tanzania. Awyren gargo oedd hon, yn cludo offer puro dŵr i wersyll ffoaduriaid o Rwanda oedd wedi ffoi dros y ffin. Oxfam Cymru oedd yn anfon yr offer yno, a'r swyddog cyhoeddusrwydd ddaeth gyda ni ar y daith oedd Alun Davies, Aelod Llafur Cynulliad Cymru y dyfodol. Hen awyren oedd hon, y seddau i gyd wedi eu hepgor er mwyn gwneud lle i gargo. Enw'r cwmni oedd Das Air. Dim ond chwech ohonom oedd ar yr awyren – y peilot a'i ddirprwy yn y *cockpit,* wedyn fi, Alun, Barry y dyn camera a rhyw fath o stiward i'n bwydo unwaith neu ddwy – y pedwar ohonom mewn stafell fechan rhwng y *cockpit* a'r cargo.

Bob hyn a hyn byddai'r stiward yn ymweld â'r peilotiaid a gofynnais a fedrwn innau wneud yr un peth. Dywedodd fod hynny yn groes i'r rheolau. Ond tua hanner ffordd drwy'r daith, a'r stiward yn cysgu, llithrodd y drws i'r *cockpit* yn gilagored a mentrais gymryd cip sydyn. Roedd y peilot a'i ddirprwy yn rhochian cysgu hefyd. Roedd yr awyren yn hedfan ei hun a fedrwn i ond gobeithio nad oedd honno'n cysgu hefyd. I fod yn deg, dwi ddim erioed wedi bod mewn awyren wnaeth lanio mor esmwyth â hon. Doedd y grisiau arferol ddim yn ein disgwyl yn y maes awyr a daethpwyd ag ysgol inni fedru gadael yr awyren. Pan nad oedd neb ond y peilot a minnau ar ôl, awgrymais ei fod yn mynd gyntaf. 'No way,' meddai, 'I'm scared of heights!'. A dyna lle'r arhosodd tan ei bod yn bryd iddo hedfan i rywle arall.

Tref ar lan llyn Fictoria yw Mwanza. Roedd rhaid inni aros yno am noson cyn dal awyren fechan i wersyll y ffoaduriaid. I swper y noson honno y cefais un o'r pysgod mwyaf blasus erioed, tilapia o Fictoria. Mi rois y gorau i ganmol y bwyd wedi imi sefyll ar bont dros afon oedd yn rhan o'r ffin rhwng Tanzania a Rwanda. Roedd cyrff y rhai na fu'n ddigon ffodus i gyrraedd y gwersyll mewn pryd yn cael eu cario gan y llif i mewn i Fictoria. Roedd tua chan mil o ffoaduriaid yn y gwersyll ei hun. Yn ei ganol, llyn bychan, brwnt a dwy fuwch yn ymdrochi ynddo. O fewn dyddiau, roedd arbenigwyr dŵr Oxfam wedi codi tanciau puro wrth ei ochr ac yn darparu dŵr i'r gwersyll cyfan. Dros swper un noson, dwedais 'mod i'n rhyfeddu at lendid y dŵr wedi iddo lifo drwy'r tanciau. 'Dyna'r dŵr wyt ti'n ei yfed nawr,' meddai un o weithwyr Oxfam.

Pan fydd trwbwl mewn gwledydd tramor, mae'n aml yn dod o gyfeiriad annisgwyl. Do'n i ddim yn disgwyl trafferthion yn un o westai gorau Genefa wrth wneud rhaglen yn edrych ymlaen at gyfarfod hanesyddol rhwng Reagan a Gorbachev yn 1985. Byddai rhai o'r trafodaethau mawr yn digwydd yn y gwesty arbennig hwn ac roedd y rheolwr wedi rhoi caniatâd inni ffilmio. A dyna lle'r o'n i a'r criw yn y brif fynedfa, yn ffilmio'r cyntedd crand o'n cwmpas. Beth allai fynd o'i le? Fe agorodd drws y lifft a daeth rhes o ryw hanner dwsin o fenywod allan, wedi eu gorchuddio'n llwyr gan eu gwisgoedd du Moslemaidd. Yn anffodus, roedd y camera'n digwydd anelu'n syth tuag atyn nhw. Fe stopiodd y gyntaf yn stond, gan achosi i bump arall fwrw i mewn i'w gilydd fel dominos, cyn sgathru 'nôl i ddiogelwch y lifft. Yn sydyn, roedd dau ddyn Arabaidd yr olwg yn cerdded atom, un llaw y tu mewn i'w siacedi a llaw arall yn ymestyn am y ffilm. Doedd neb wedi dweud wrtha i bod Swltan Abu Dhabi, ei *harem* a'i warchodwyr yn aros yn y gwesty. Cawsom ein hachub yn y diwedd gan berchennog y gwesty a lwyddodd i drafod yr argyfwng gyda'r Swltan. Bodlonodd hwnnw ar lythyr gen i yn addo nad oedd gennym luniau o'r menywod ac fe gawsom gadw'r ffilm.

Mae angen hiwmor, a diolch i'r drefn mae'n amhosib ei osgoi. Cefais flas arbennig ar glyfrwch a chynildeb hiwmor yn y dwyrain canol, ac yn India a Phacistan. 'Oeddwn i'n gwybod y gwir am stori Noa?' oedd y cwestiwn ofynnwyd imi yn yr Aifft.

'Dair wythnos wedi i'r Arch ddechre hwylio, mi sylweddolodd
Noa fod 'na broblem fawr, sef y domen o faw anifeiliaid oedd
yn tyfu'n frawychus o fawr. "Os na chawn ni wared ar hon,"
meddai wrth ei wraig, "ni'n mynd i suddo". Aeth y ddau ati i
rofio'r cyfan dros yr ochr – a dwy fil o flynyddoedd wedyn, mi
wnaeth Columbus ei ddarganfod.'

Yn India, pleser o'r mwyaf oedd cyfweld Kushwant Singh,
sikh, gwleidydd, nofelydd, cyfreithiwr, newyddiadurwr a dyn
oedd yn enwog am ei ffraethineb miniog. 'Did you know that
Rajiv Gandhi was a test tube baby?' gofynnodd. 'No,' atebais
innau, mewn anghredinedd. 'Yes, it was obvious from the day
he was born that he wasn't worth a fuck.'

Yn India hefyd y profwyd unwaith eto mor allweddol yw
hi i feithrin cysylltiadau da – ac yn enwedig rhai dylanwadol.
A dyna shwt gafwyd cyfweliad gyda Maneka Gandhi, gwraig
Sanjay Gandhi, (brawd Rajiv), a gafodd ei ladd mewn damwain
awyren. Roedd Maneka yn weinidog dros yr amgylchedd yn y
llywodraeth, a chymaint oedd ei hymrwymiad ewn i'r achos
hwnnw fel y'i hadwaenid fel 'The Green Lady of India'. Pan
ffoniais y dyn camera i ddweud bod Maneka wedi cytuno i
gyfweliad, roedd tawelwch ar ben arall y ffôn, cyn iddo ddweud
y byddai'n ffonio 'nôl. Cyfaddefodd yn hwyrach ei fod wedi
ffonio swyddfa Maneka i weld a o'n i'n dweud y gwir. Doedd
Maneka byth yn cytuno i gael ei chyfweld gan newyddiadurwyr
tramor, ac roedd newydd wrthod cais gan David Frost. I Sam
roedd y diolch am iddi gytuno i'm cais i. Yn wreiddiol o Delhi,
roedd Sam yn ddyn busnes oedd yn byw yng Nghaerdydd.
Bu'n ffrind i Indira Gandhi ers ei chyfarfod ar ei hymweliad â
Chymru, a Sam a berswadiodd Maneka i siarad. Ond ail wers y
profiad oedd nad ydy enwogrwydd yn arwain at deledu da bob
tro. Er gwaethaf ei holi hi am hanner awr, doedd ganddi ddim
byd o sylwedd i'w ddweud, ac fe aeth y cyfweliad i'r bin.

Un o rwystredigaethau mawr fy nhripiau tramor oedd dod
ar draws straeon fyddai'n gwneud rhaglenni dogfen difyr,
a methu cael comisiwn i'w gwneud nhw. Bûm yn ffilmio yn
Moscow yn 2001 ar gyd-gynhyrchiad o'r enw *Nos Da Llundain*,

rhaglen yn dangos pa mor hawdd fyddai gwneud bom niwcliar (cyn belled â bod gennych rywfaint o blwtoniwm!). Roedd yn golygu ffilmio yn Moscow, oherwydd y pryder bod Rwsia yn lle da i gael deunydd niwcliar. Mewn parc mawr ynghanol y ddinas roedd 'na sied a'r drws ar agor. I mewn drwy'r drws, i lawr y grisiau a dyna lle'r oedd gorsaf niwcliar Magnox. Dan ddaear ynghanol y brifddinas! Roedd caniatâd ffilmio wedi ei drefnu o flaen llaw, felly doedd hwn ddim yn lle cyfrinachol – sut gallai fod, beth bynnag, tra bod y drws ffrynt ar agor? Testun dogfen ynddo'i hun, ddwedwn i. Droeon hefyd, profwyd yr hen ddywediad, 'news is where the crew is'. Hynny yw, mae cymaint o straeon sydd byth yn gweld golau dydd achos nad oes criw ffilmio yn digwydd bod yno i'w cofnodi. Ble mae pobl, mae 'na stori.

Dwi wedi colli cownt ar y nifer o weithiau y bu defnydd o'r Saesneg yn rhaglenni S4C yn bwnc trafod a dadlau – fel arfer wedi i ryw raglen ei defnyddio'n ormodol. Fy ymateb i bob tro oedd pwysleisio mai'r canllaw bwysicaf i'w ddilyn yw synnwyr cyffredin, yn hytrach nag unrhyw fformiwla ystadegol ffurfiol. I mi, y prawf terfynol ar ddefnydd o'r Saesneg oedd yr ateb i un cwestiwn syml. Oedd y defnydd o'r Saesneg gymaint fel nad oedd modd disgrifio'r rhaglen fel un 'Gymraeg'? Os felly, roedd angen torri'r Saesneg. Ysgrifennais yn helaeth ar hyn yn 1988, mewn pennod o'r enw 'Broadcast Welsh' yn llyfr Martin J Ball, *The Use of Welsh: A Contribution to Sociolinguistics*.

Dwi'n arbennig o falch 'mod i wedi datblygu techneg effeithiol iawn o ddysgu iaith dramor. Methodd Ysgol Ramadeg Llandysul ddod o hyd i athro Ffrangeg ac felly fe ddysgais Sbaeneg hyd at lefel O. Camgymeriad oedd peidio â pharhau i'w dysgu, o ystyried yr adegau hynny y byddai'n ddefnyddiol, megis yng nghwmni Ramón Castro, brawd hynaf Fidel, yn 1984, a Carlos Menem, Arlywydd Ariannin, yn 1990. Ond mi oeddwn wedi paratoi ar gyfer y cyfweliadau hynny trwy gyfarfod athro Sbaeneg yng Nghaerdydd am awr yr wythnos i wella fy nefnydd o'r iaith. Dim byd anarferol yn hynny, heblaw'r ffordd roeddwn yn paratoi, sef cyfansoddi stori. Cyn pob gwers byddwn yn ychwanegu cwpwl o baragraffau i'r stori yn Sbaeneg a'r athro yn eu cywiro. Byddwn wedyn yn recordio'r fersiwn newydd a gwrando arno yn y car. Cyfrinach effeithiolrwydd y dull hwn oedd y ffaith 'mod i'n dysgu trwy gyfrwng stori roeddwn *i* yn ei chreu, gan ddefnyddio sefyllfaoedd a geiriau roeddwn yn gwybod fyddai'n ddefnyddiol wrth ffilmio. Profodd dipyn yn haws a chyflymach i gofio geirfa a gramadeg na'r dulliau arferol o ddysgu iaith.

Yn ystod degawd cyntaf *Y Byd ar Bedwar*, roedd yn fraint cael cydweithio'n agos gyda WTN, Worldwide Television News. Cafodd deunydd llawer o'r rhaglenni tramor roeddwn yn gyfrifol amdanyn nhw eu defnyddio mewn fersiynau o raglenni a ddosbarthwyd ar hyd a lled y byd ganddyn nhw. Mae'n galondid meddwl bod deunydd S4C wedi cael marchnad mor eang, ond mae'n eironi trist hefyd mai'r unig bobl na chawsant gyfle i'w fwynhau yn eu hiaith gyntaf oedd y di-Gymraeg yng Nghymru.

Brwydr Plogoff

ROEDD Y FRWYDR ar fin cychwyn. Disgynnodd rhyw dawelwch anesmwyth dros y ddwy ochr: y milwyr â'u gynnau a'u tariannau reiat ar un ochr, a'r pentrefwyr yr ochr arall, mygydau'n cuddio'u hwynebau a bomiau petrol yn eu dwylo. Yn sydyn, roedd y poteli'n glanio wrth draed y milwyr, fflamau'n ffrwydro ohonyn nhw, a'r milwyr yn ymateb trwy saethu nwy dagrau gwyn, trwchus. Y math o beth fyddech chi'n ei ddisgwyl yng Ngogledd Iwerddon, efallai, ond roedd hyn yn digwydd yn Plogoff, pentref bach tawel, diarffordd yn Llydaw.

Roedd hi'n stori ddelfrydol i deledu Cymru. Gwrthdaro gweledol a lliwgar (ond ddim yn rhy beryglus!), a brwydr ein cyd-Geltiaid yn erbyn gormes llywodraeth ganolog, bellennig – ac ynddi adlais o frwydrau tebyg yng Nghymru ar y pryd. Roedd golygfa agoriadol rhaglen *Yr Wythnos – Brwydr Plogoff* yng ngwanwyn 1980 yn esbonio'r pwnc. I gyfeiliant cerddoriaeth Lydewig draddodiadol, roedd y camera'n cychwyn ar donnau'r môr ac yn graddol ddatgelu harbwr pentref bychan. Glanfa garreg hir yn yr harbwr ac ar ei hochr, mewn paent gwyn llachar, y geiriau 'non au nucléaire'. Daeth helynt y pentref i'n sylw ni yn HTV pan dderbyniodd y diweddar Gwyn Erfyl lythyr gan ei gyfaill Per Denez, ysgolhaig a weithiodd yn galed i ennill cydnabyddiaeth i'r iaith Lydewig. Byrdwn y llythyr oedd bod pethau ofnadwy yn digwydd yn Plogoff a bod milwyr yn gormesu'r bobl leol.

Roedd y rhaglen yn dilyn hynt a helynt un diwrnod o'r dechrau i'r diwedd. Pan gyrhaeddom gyrion Plogoff tua saith y bore, roedd y ffordd i'r pentref ar gau. Bob nos, byddai'r trigolion lleol yn gosod pob rhwystr posib ar ei hyd: sgrap, sbwriel, coed, hen geir, cerrig, tarmac, sment. Bob bore, byddai milwyr yn dod i glirio. Roedd hi'n allweddol bwysig i lywodraeth Ffrainc gael mynediad i Plogoff bob dydd dros gyfnod yr ymchwiliad cyhoeddus.

Roedd y llywodraeth honno eisiau adeiladu gorsaf niwcliar newydd yn agos i'r pentref, ar y Point du Raz, penrhyn hardd ar arfordir Llydaw. Hon fyddai'r orsaf fwyaf o'i math yn hanes Ffrainc, ac roedd rhaid cynnal ymchwiliad i'r cynllun fel bod pawb yn cael cyfle i fynegi barn amdano. Yn ôl y gyfraith, roedd rhaid hysbysu'r ymchwiliad ar wal y Mairie yn Plogoff. Methwyd cael mynediad i'r pentref i wneud hynny a defnyddiwyd un o longau'r llynges i lanio'r papur ar yr arfordir a'i gludo i'r Mairie ym mherfeddion nos.

Erbyn i ni gyrraedd, roedd yr ymchwiliad wedi ei gynnal ers chwech wythnos a bron â dod i ben. Nid yn y pentref y cafodd ei gynnal, ond mewn *lay-by* ar y cyrion: felly'r ddefod foreol o glirio'r ffordd er mwyn i garfan estynedig y fyddin a'r awdurdodau gyrraedd y safle. Roedd y rhan fwyaf o'r garfan yn filwyr mewn lorïau a bysys glas. Do'n nhw ddim yn filwyr cyffredin ac yn sicr ddim yn lleol. Y rhain oedd *Gendarmerie Mobile* Ffrainc, milwyr oedd wedi eu hyfforddi i dawelu reiats. Byddai'r faniau'n parcio yn y *lay-by*, ar eu hochrau y geiriau 'Bureau Annexe de la Mairie'. Yn y faniau y 'cynhaliwyd' yr ymchwiliad cyhoeddus.

Y nesaf i gyrraedd oedd yr iâr, y ffugenw a roddwyd i'r hofrennydd oedd yn sicrhau bob bore nad oedd unrhyw arwyddion o fwy o drwbwl nag arfer ar y ddaear islaw. Dydd Sul oedd y diwrnod mwyaf peryglus, pan fyddai Llydawyr o bob cwr o'r wlad yn dod i gefnogi protest Plogoff. Nesaf, eto dan warchodaeth y milwyr, byddai Llywydd yr Ymchwiliad, Monsieur Le Commissaire Georgelin, yn cyrraedd. Boi oedrannus oedd bob amser yn gwenu ac yn codi ei het yn barchus at y protestwyr. A bu llywodraeth Ffrainc yn ddigon cyfrwys i sicrhau Llywydd oedd yn siarad Llydaweg. Wnaeth hynny ddim argraff ar neb. Wrth i'r ymchwiliad 'agor' am naw o'r gloch, dechreuodd y pentrefwyr gyrraedd – ond i weiddi a rhegi, nid i gynnig tystiolaeth.

Ffars oedd yr ymchwiliad iddyn nhw. Profodd ymchwiliadau mewn llefydd eraill fod y llywodraeth yn anwybyddu barn pobl leol ac yn bwrw 'mlaen â'u cynlluniau doed a ddelo. Doedd neb yn fodlon mynd i mewn i'r fan, a doedd y Comisiynydd ddim yn dod allan yn aml chwaith, ond byddai weithiau'n gwthio'i ben rownd y drws i ateb y protestwyr, neu ambell i newyddiadurwr fel fi. 'The door is open,' meddai. 'I have no opinion.' 'Beth am fy nheulu a 'mhlant?' gwaeddodd un o'r gwragedd. 'Dwi'n hollol ddiduedd,' meddai eto. Ychwanegodd y byddai Ffrainc yn dychwelyd i Oes y Cerrig pe bai pawb yn ymddwyn fel y protestwyr hyn.

Wrth i'r bore fynd yn ei flaen, cynyddu wnaeth nifer y pentrefwyr a dwysáu wnaeth y gwatwar. 'Ewch 'nôl i'ch baracs a gadewch lonydd inni,' gwaeddodd dynes arall, cyn i gôr benywaidd ddechrau udo fel y maen nhw'n gwneud yn Affrica. Y gwŷr yn cyrraedd wedyn, pob un yn cario croes bren, ac yn herio'r rhes o filwyr oedd bellach yn amgylchynu'r ymchwiliad. Nesaf, côr cymysg yn canu un o emynau'r pysgotwyr:

Cwyd, cwyd, Lydaw, wlad ger y lli.
Mae'r haul yn disgleirio ar y ddaear,
Dwi'n clywed yr adar bach yn canu o'm cwmpas.

Ni fu fawr o bysgota ers wythnosau. Roedd 'na bryder y gallai gorsaf niwcliar gynhesu'r môr a'i lygru ag ymbelydredd gwenwynig. Dwedodd un pysgotwr wrtha i fod naw o'i ffrindiau mewn celloedd am brotestio.

Tua hanner ffordd drwy'r rhaglen, fe ddwedais mewn sylwebaeth, 'pe bai bom niwcliar ar fin ffrwydro yn Plogoff, bydde'r Llydawyr yn siŵr o fynd i ginio 'run fath'. A dyna ddigwyddodd nesaf. Nid bom, ond cinio. Defod arall roedd y ddwy ochr yn hen gyfarwydd â hi. M. Le Commissaire yn gwisgo'i got a'i het ac yn cerdded i'w gar, yna'n cael ei hebrwng gan filwyr i gael cinio cyfforddus mae'n siŵr, mewn bwyty da yn ddigon pell i ffwrdd. Mi welwn i ddwy botel o win coch yn diflannu i gefn un o lorïau'r milwyr. Ac i'r pentrefwyr, cyfle nid yn unig i fwyta a chael nap, ond i gasglu cerrig a gwneud bomiau petrol ar gyfer defod fwyaf y dydd.

Fe fanteision ni ar y cyfle i gael rhywbeth i fwyta ein hunain, a mynd i'r dref agosaf, sef Quimper, neu Kemper yn Llydaweg, prifddinas hanesyddol Llydaw, ryw ddeugain milltir i ffwrdd. Yno roedd tystiolaeth pa mor eang oedd y gwrthwynebiad i'r orsaf niwcliar erbyn hyn. Yn Eglwys Gadeiriol y dref bu Vincent, aelod o'r Blaid Werdd, yn ymprydio ers wythnos, ac roedd yn bwriadu parhau heb fwyd tan y byddai saith o'i ffrindiau'n cael eu rhyddhau o'r celloedd – ro'n nhw yno am wneud dim byd, meddai, dim ond tynnu lluniau o'r protestio. Yma hefyd y clywsom am y canghennau oedd yn cael eu sefydlu ar hyd a lled Llydaw i gefnogi Plogoff, ac am y datganiad a gafodd ei arwyddo gan dri chant o wyddonwyr a meddygon yn amlinellu peryglon gorsafoedd niwcliar. Ychydig iawn o sylw gafodd Plogoff ar deledu Ffrainc a oedd, mae'n siŵr, yr un mor ganoliaethol a gwrth-Lydewig ei agwedd â'r llywodraeth ei hun.

O bedwar o'r gloch ymlaen, roedd pawb yn Plogoff yn paratoi i newid gêr. Estyniadau pwrpasol ar ddrylliau'r milwyr bellach, er mwyn saethu nwy dagrau. Byddai'r ymchwiliad yn gorffen yn swyddogol am bump o'r gloch, a byddai angen gwarchod Le Commissaire wrth iddo adael. Doedd hynny byth yn digwydd heb ymateb mwyaf y dydd gan y pentrefwyr. Erbyn diwedd y prynhawn roedd rhyw bum cant ohonyn nhw wedi dod i ffarwelio â'r milwyr, oedd bellach hefyd yn rhyw bum cant o ran nifer. Wedyn daeth sŵn brefu. Criw o wragedd yn closio at res y milwyr, pob un ag oen yn ei breichiau. Ambell filwr yn gwenu'n anghyfforddus wrth i'r ŵyn gael eu stwffio dan eu trwynau. Wnaeth y frwydr ddim para'n hir. O du'r protestwyr, daeth y cerrig a'r bomiau petrol. Un o'u hoff arfau oedd y *lance-pierre*, sling i daflu cerrig, ac roedd y bechgyn yn feistri ar y grefft o'i ddefnyddio. Ac wrth i'r fflamau ddawnsio o gwmpas traed y milwyr daeth sŵn chwiban yn gorchymyn saethu'r nwy dagrau. Y protestwyr yn cilio gan dynnu'r mygydau'n dynnach am eu hwynebau, ond rhan o bwrpas y nwy, mae'n siŵr, oedd creu wal o fwg i guddio'r milwyr. A phan gliriodd y mwg, doedd dim un milwr ar ôl. Roedd y garfan filwrol, gan gynnwys y faniau, wedi'i heglu hi oddi yno.

Byddai'r paratoi ar gyfer yr un patrwm y diwrnod nesaf yn cychwyn yn syth. Blocio'r hewl unwaith eto i atal y milwyr fyddai'n dychwelyd yn y bore. Dim ond ychydig o ddyddiau o hyn oedd ar ôl cyn i'r ymchwiliad ddod i ben. Ac ar y diwrnod olaf, mae'n debyg bod dwy fil o brotestwyr yn y frwydr. Ond roedd y llywodraeth wedi cyflawni anghenion y gyfraith. Cafodd ymgynghoriad ei gynnal ac roedd pawb yn Plogoff yn gwybod yn iawn beth fyddai'r canlyniad.

Ond ymhen blwyddyn, roedd gan Ffrainc Arlywydd newydd. François Mitterrand. Ac mae'n debyg mai fe benderfynodd na ddylid gosod gorsaf niwcliar ger Plogoff wedi'r cyfan. Buddugoliaeth i'r pentrefwyr. Ond parhau wnaeth y nerfusrwydd am rai blynyddoedd fel y canfuais wrth ddychwelyd i'r ardal wedi tro pedol y llywodraeth. Diolch byth 'mod i, y tro hwnnw, yng nghwmni fy hen ffrind coleg, Derec ap Siôn, oedd bellach yn byw yn Llydaw. Ymweliad ymchwil oedd hwn i weld beth oedd y sefyllfa ddiweddaraf. Wrth inni grwydro'r union safle oedd wedi ei glustnodi ar gyfer yr orsaf, clywais sŵn rhywbeth yn gwibio fel bwled heibio fy nghlust. Troais ar fy sawdl i weld ffermwr yn ail-lwytho ei *lance-pierre*. Roedd wedi gweld ein car wedi ei barcio gerllaw, a hwnnw'n amlwg yn gar wedi ei hurio. Rhaid mai pobl o'r diwydiant niwcliar oedden ni. 'Non, non, Pays de Galles, Pays de Galles,' gwaeddodd Derec, gan atal ymosodiad arall.

Mae gen i gopi o'r rhaglen hon gartref, a dwi byth yn blino edrych arni. Roedd yn amserol hefyd, ar drothwy sefydlu S4C. Er ei bod yn stori dramor, roedd yn stori am ein cyd-Geltiaid hefyd, ac roedd Cymru newydd weld protestiadau tebyg yn erbyn claddu gwastraff niwcliar yn y canolbarth. Bu cryn sôn amdani, felly, fel model ar gyfer rhaglenni materion cyfoes tramor y Sianel.

Pan oeddwn yn Llydaw un haf ryw chwarter canrif wedi'r brotest, mi es 'nôl i Point du Raz. Roedd y penrhyn yn llawn twristiaid a charafanau ymhobman. Rhyfedd oedd gweld y *lay-by* unwaith eto. A fedrwn i ddim peidio â chwerthin pan welais yr harbwr. Roedd y geiriau 'non au nucléaire' wedi diflannu o wal y lanfa. Yn eu lle, 'Non Au Marina'!

Yn ei chanol hi

AMSER CINIO YNG ngwesty'r Europa yn Belfast. Y ffilmio wedi ei gwblhau, ond roedd angen mwy o luniau o filwyr. Un daith fach arall, felly, o gwmpas ardaloedd gweriniaethol y ddinas a bydden ni'n siŵr o ddod ar draws *patrol*.

Ein 'tywyswr' yn y sedd gefn, gweriniaethwr lleol, yn awgrymu ardal yr Ardoyne. Cyrraedd y *chicane*, sef dwy wal sinc enfawr ar draws y ffordd. Y gyntaf yn blocio hanner chwith y stryd, wedyn rhyw ugain llath glir cyn yr ail wal sinc ar draws yr ochr dde. Dim modd rasio heibio'r waliau hyn – a dyna pam ro'n nhw yno. Heibio'r ail wal a dod at groesffordd. Ar fin troi i'r dde, ond dau 'fochyn' yn dod o'r chwith. 'Mochyn' oedd yr enw ar y cerbydau milwrol hynny oedd yn groes rhwng *landrover* a thanc. Y mochyn cyntaf yn stopio o'n blaenau, yr ail yn sefyll 'nôl i'n dal ni yn y canol. Milwyr yn neidio allan o'r ddau gerbyd ac yn ffurfio cylch o'n cwmpas. Ro'n i wedi dweud wrth y fyddin y byddwn i'n ffilmio yn Belfast am wythnos, gan wybod y dylai hynny hwyluso pethau ar y stryd. Aeth un o'r milwyr ar ei radio i checio'n manylion gyda'r pencadlys. 'Don't move,' meddai. 'The IRA often pretend to be film crews.' Roedd amser yn llusgo yn ei flaen wrth inni ddisgwyl am ateb gan HQ. Wynebau'r milwyr yn dangos mor nerfus oedden nhw. Un yn dod i'r ffenest a gweiddi cwestiynau cyflym ata i. Enw, oedran, cyfeiriad cartref a.y.b. Minnau'n gobeithio na fyddai'n treiddio'n rhy ddwfn i gefndir y tywyswr yn y cefn gan 'mod i'n amau ei fod yn aelod o fudiad anghyfreithlon.

Ac roedd gen i a'r tywyswr broblem arall. Gormod o Guinness wedi mynd i lawr amser cinio, i fagu hyder ar gyfer yr union sefyllfa roeddem ynddi nawr. Mynnais wrth un o'r milwyr fod rhaid i'r ddau ohonom gael piso. 'Do what the rest of the fuckers do around here,' meddai, 'piss in the middle of the road.' Allan o'r car â'r ddau ohonom. Er yr angen i fod yn barod am unrhyw beth yng Ngogledd Iwerddon, do'n i ddim erioed wedi disgwyl piso mewn stryd dan warchodaeth rhyw ddwsin o filwyr arfog. Y tywyswr yn sôn am yr arfer lleol o saethu at filwyr drwy ffenestri tai. Tra 'mod innau'n dychmygu'r penawdau o gael bwled wrth biso, daeth gwaedd gan y prif filwr. Yr 'oce' wedi dod. Diflannodd y milwyr a'r ddau fochyn fel mellt, gan adael y ddau ohonom yn dal i chwistrellu Guinness ar y tarmac. Aethon ni ddim i chwilio am ragor o filwyr.

Hwn oedd fy ymweliad cyntaf â Gogledd Iwerddon. Tachwedd 1982, a'r carcharor gweriniaethol Bobby Sands a naw arall wedi ymprydio i farwolaeth yn y carchar yn ystod haf y flwyddyn gynt. Roedd yn gyfnod o reiats a thywallt gwaed a chanlyniad arall i'w gweithredoedd oedd cynnydd sylweddol yn y gefnogaeth Babyddol i adain wleidyddol yr IRA, Sinn Féin. Fe gawson nhw dros chwe deg mil o bleidleisiau yn etholiad Cynulliad Gogledd Iwerddon a chafodd pump aelod eu hethol. Dyma oedd cychwyn strategaeth ddeublyg y Gweriniaethwyr, sef yr *armalite* ar un llaw a'r blwch pleidleisio ar y llall. Dadansoddi'r datblygiadau hyn oedd pwrpas y rhaglen. Dwi ddim erioed, na chynt nac ar ôl hynny, wedi teimlo'r fath densiwn yn unrhyw le arall yn y byd. Roedd yr awyrgylch yn drydanol. Ac roedd lle i fod yn ofnus. Milwyr nerfus, a'r bobl leol yn chwarae pob math o driciau arnyn nhw – ac arnom ni hefyd weithiau. Un bore, fi a'r criw yn gyrru ein car i lawr Springfield Road a chlywed sŵn tanio. Pennau i lawr tra bod bang, bang, bang yn dod o rywle. Ond nid sŵn saethu oedd hwn, roedd y bangio'n dod o *exhaust* y car – diolch i arferiad lleol arall o roi tywod yn nhanc petrol ceir dierth. Ac roedd ein car ni'n amlwg wedi bod yn darged y noson gynt. Doedd dim byd amdani (cyn i'r milwyr feddwl ein bod yn saethu atyn nhw), ond stopio'r car, ei adael yn y fan a'r lle a'i heglu o 'na ar droed.

A doedd bod yn Gymro ddim yn helpu yn yr ardaloedd gweriniaethol, diolch i'r ffaith fod cymaint o'r milwyr ar y stryd yn perthyn i'r Ffiwsilwyr Brenhinol Cymreig. Pan wnes i gyfweliad gydag arweinydd Sinn Féin, Gerry Adams, anwybyddodd fy nghwestiwn cyntaf a datgan, 'My best friend was shot by a Taff...'

Yn y dyddiau hynny roedd ein gwesty'n rhan o'r stori fawr yng Ngogledd Iwerddon. Yn yr Europa Hotel y byddai'r rhan fwyaf o newyddiadurwyr yn aros, ac yno y byddai terfysgwyr yn aml yn cynnal cynadleddau i'r wasg, gan wisgo mygydau yn y cyfarfodydd ffurfiol a'u diosg ar gyfer cymdeithasu gyda'r wasg yn y bar. Roedd y gwesty'n cael ei fomio'n aml hefyd – wedi'r rhybudd 'tri munud' enwog wrth gwrs. Yn wir, yr Europa oedd yr adeilad a gafodd ei fomio fwyaf o weithiau yng Ngogledd Iwerddon – os nad yn y byd. Cafodd 28 o fomiau eu ffrwydro yno yn ystod y *troubles* a ffugenw'r lle oedd yr Hardboard Hotel. Ond ar draws y stryd roedd adeilad mwyaf diogel y ddinas, sef y Crown Inn. Tafarn Fictorianaidd hanesyddol oedd yn nwylo'r Ymddiriedolaeth Genedlaethol. Roedd pobl wrth eu bodd ag awyrgylch hynafol y lle ac roedd hyd yn oed y terfysgwyr yn gadael llonydd iddo.

Clywais lawer mwy yn y blynyddoedd i ddod am ddyfeisgarwch yr IRA, ac yn arbennig eu dulliau o godi arian. Am rai blynyddoedd bûm yn cydweithio'n agos gyda gohebydd materion cyfoes RTE yn Nulyn, Gary Agnew. Ar gefn ei waith ar un stori yn Iwerddon y gwnaed *Llwch yr Angel* yn 1991, rhifyn o *Y Byd ar Bedwar*.

Powdwr gwyn oedd y llwch hwn dan yr enw cemegol *Clenbuterol*. Byddai gwartheg oedd yn ei fwyta yn magu cig yn gyflym iawn, ond roedd yn beryglus i iechyd pobl, ac felly roedd yn anghyfreithlon. Er hynny, roedd magu gwartheg tewion yn golygu llawer mwy o elw i ffermwyr ac roedd 'na farchnad ddu yn Iwerddon yn y llwch peryglus hwn. Roedd amheuaeth hefyd ei fod ar gael yng Nghymru – felly'r rheswm dros wneud rhaglen. Methiant fu ein hymgais i brofi hynny, ond fe brofon ni pa mor hawdd oedd ei allforio i Gymru. Cawsom fagiaid o'r llwch gan Gary – ffrwyth ei raglen ei hun – gyda'r rhybudd i beidio â chyffwrdd â'r powdwr o gwbl, gan fod hynny wedi lladd un neu ddau o bobl yn Iwerddon. Ond fe ddaethom â'r bag llwch ar y fferi i Gymru yn ddidrafferth, gan ddangos pa mor hawdd fyddai ei allforio.

Yn ôl Gary roedd yr IRA yn rhan o farchnad anghyfreithlon y llwch gwyn – ac yn wir, yn ei gynhyrchu yng nghefn gwlad. Roedd y ffin rhwng gogledd a de'r Ynys yn mynd trwy ganol un fferm oedd yn eiddo i'r IRA, ac mewn sied fawr ar y fferm honno roedd y llwch yn cael ei greu. Yn y sied roedd traciau rheilffordd a wagen fechan arnyn nhw. Pan fyddai heddlu'r Gogledd, yr RUC (Royal Ulster Constabulary), yn dod i'r fferm, byddai'r wagen yn cael ei gwthio i ochr y Weriniaeth yn y sied. Pan fyddai'r Garda (heddlu'r Weriniaeth) yn dod, byddai'r wagen yn cael ei gwthio i ochr ogleddol y sied. Diolch i ddiffyg cydweithredu rhwng y ddau heddlu, roedd y ffatri lwch yn saff.

Ar un achlysur roedd Gary'n gwneud cyfweliad teledu ar ochr y ffordd yn agos i'r ffin. Byddai hofrenyddion milwrol yn yr awyr yn aml mewn ardal mor sensitif, yn cadw golwg ar y symudiadau rhwng y de a'r gogledd. Rhyw ganllath i lawr y ffordd, daeth lori i stop. Dringodd y gyrrwr allan, croesi'r ffordd ac anelu camera at y lori. Agorodd to'r lori ac ar *hoist* awtomatig, dyma uned *machine gun* yn esgyn i'r golwg ac yn dechrau saethu at hofrennydd, oedd yn rhy bell, fel mae'n digwydd, i gael ei tharo. Ond holl bwrpas hyn oedd gwneud ffilm i godi arian i'r IRA yn America.

Cefais gipolwg hefyd ar fywyd yr ochr arall i'r geiniog yng Ngogledd Iwerddon, diolch i Gymro o'r enw Dillwyn Williams. Roedd bywyd Dillwyn yn hollol wahanol i weddill ei deulu – un o'i frodyr, Berian, yn gynghorydd Plaid Cymru ym Mhontyberem ac un arall, Les, yn Is-lywydd Undeb Rygbi Cymru. Ond i'r fyddin yr aeth Dillwyn. Cafodd ei saethu yn ei goes yn Falls Road a bu'n rhaid iddo gael coes bren yn y diwedd. Roedd wedi priodi merch o gadarnle Protestannaidd y Shankill – a doedd hynny ddim yn boblogaidd gan ei chymdogion. Cafodd ei chlymu i bostyn a rhoddwyd tar a phlu ar ei phen. Fe ddaethon nhw i Gymru lle cafodd Dillwyn swydd fel glöwr yng nglofa Cynheidre – ar drothwy streic y glowyr! Dyna ddiwedd yr yrfa fer honno a 'nôl â'r teulu felly i'r Shankill. Bu bron iddo gael niwed difrifol eto pan daflwyd ei gar i'r awyr wedi i'r IRA ffrwydro bom mewn siop chips yn y Shankill yn 1993. Cafodd naw o bobl eraill eu lladd. Daeth Dillwyn yn foi poblogaidd yn y gymdogaeth, nid yn unig am ei fod yn dipyn o gymeriad, ond hefyd yn rhinwedd ei swydd fel swyddog lles carcharorion Protestannaidd. Rhan o'i waith oedd trefnu i wragedd ymweld â'u gwŷr yng ngharchar enwog y Maze.

Long Kesh Internment Camp oedd enw'r carchar hwn yn y saithdegau. Cyfeiriwyd at y lle hefyd fel yr 'H blocks' oherwydd siâp yr adeiladau. Yn filwr ifanc, cofiai Dillwyn olchi celloedd yn ystod 'protest front' yr IRA, pan oedd y Gweriniaethwyr yn lledaenu eu cachu eu hunain ar y waliau. Er bod ganddo ddillad arbennig ar gyfer y job, roedd y drewdod yn ddychrynllyd. Yma hefyd y bu farw Bobby Sands a'r lleill wrth ymprydio. Wedi cadoediad y 'Good Friday Agreement' yn 1998, cafodd y carcharorion eu rhyddhau yn raddol. Ddechrau 2001, fe gawsom ganiatâd i fynd â Dillwyn 'nôl i'r Maze, oedd yn wag erbyn hyn, i glywed ei atgofion am un o garchardai mwyaf dadleuol y byd. Fel eu swyddog lles, daeth Dillwyn i adnabod rhai o derfysgwyr mwyaf peryglus yr achos Unoliaethol, gan gynnwys Johnny 'Mad Dog' Adair, oedd wedi ei gyhuddo o drefnu llofruddiaeth dros 20 o Babyddion. Fe eisteddom ar y gwely yn hen gell Adair, dan boster oedd yn brolio 'Kill 'Em All, Let God Sort 'Em Out'. 'Bydde'r bois 'ma fel ti a fi oni bai am y rhyfel,' meddai Dillwyn. 'Tadau da, y rhan fwya ohonyn nhw.'

Soniodd am yr ymdrechion i ddianc o'r lle. 'Byddai Houdini ei hun yn cael trafferth i ddianc o'r lle 'ma!' Os felly roedd yr IRA yn glyfrach na Houdini. Yn 1983, llwyddodd 39 i ddianc ar ôl iddyn nhw heijacio lori fwyd. Dim ond eu hanner nhw gafodd eu hail-gipio. Ar achlysur arall llwyddodd un i ddianc wedi gwisgo fel menyw, pan gafodd perthnasau ddod mewn i barti Nadolig. A byddai nifer o rai eraill wedi mynd hefyd, oni bai i'r wardeniaid ganfod twnel oedd wedi dod yn agos i'r ffens allanol. Roedd pedair cell yn llawn pridd.

Mantais Dillwyn fel swyddog lles i ryw ddeugain o barafilwyr yr Unoliaethwyr oedd ei goes artiffisial. Cafodd goes newydd oedd yn gou – hynny yw, roedd gwagle handi y tu mewn iddi. Er y diogelwch llym wrth fynd i mewn ac allan o'r carchar, doedd gan neb yr hawl, dan gyfraith Ewropeaidd, i gyffwrdd â choes ffug Dillwyn. Y tu mewn iddi, felly, ar bob ymweliad â'r Maze, byddai pob math o ddanteithion, gan gynnwys stêcs a steroids i Johnny Adair gael magu cyhyrau – a Duw a ŵyr beth arall! 'Fi'n gwbod bod y bois 'ma wedi gwneud pethau ofnadwy,' meddai Dillwyn. 'Dwi'n credu ei bod hi'n *wrong* i gymryd bywyd, ond mae pobl y Shankill yn 'u cefnogi nhw am 'u bod nhw'n gwarchod pobl rhag ymgyrchoedd lladd yr IRA. Petai'r IRA ddim wedi lladd, bydde nhw ddim wedi lladd chwaith.'

Dangosodd fodrwy fawr ar ei fys. Modrwy oedd yn tystio iddo fod yn frigadier anrhydeddus yn yr UDA, yr Ulster Defence Association, am ei gyfraniad i'w hachos.

Fel arfer, faswn i ddim yn meiddio siarad i'r camera yn Gymraeg yn y Shankill, rhag i'r iaith gael ei chamgymryd am yr Wyddeleg. Ond roedd Dillwyn wedi ennill rhyw fath o statws iddi yn ei gymuned, diolch i gynlluniau cymuned arall – y Gymuned Ewropeaidd – i geisio helpu mentrau diwylliannol yn Belfast. I gael arian Ewropeaidd ar gyfer unrhyw gynllun, roedd yn rhaid cyflwyno achos gerbron cyfarfod cyhoeddus. Roedd yr Unoliaethwyr yn gandryll eu bod yn gorfod gwrando ar y Gweriniaethwyr yn cyflwyno eu cynlluniau trwy gyfrwng yr Wyddeleg. Un noson felly, Dillwyn aeth i'r llwyfan i ddadlau achos menter yn y Shankill. Cyflwynodd ei achos yn Gymraeg!

Un canlyniad i gadoediad 1998 oedd gwacáu'r Maze. Un arall oedd brwydro mewnol ymysg carfanau'r Unoliaethwyr – ac yn arbennig yr UDA a'r UFF (yr Ulster Freedom Fighters) – dros diriogaeth, a'r fasnach mewn cyffuriau. Y canlyniad oedd saith o lofruddiaethau yn y Shankill yn unig, a nifer fawr o bobl yn cael eu halltudio o'u cartrefi. Yn dilyn bygythiad ar ei fywyd ei hun, dychwelodd Dillwyn i Gymru am gyfnod byr. 'Gydag ond un goes dda, mi o'n i'n darged,' meddai. Cafodd lonydd wedi mynd 'nôl, diolch i'r parch ato am helpu'r carcharorion a'u teuluoedd.

Yn ei gartref stwffiodd Dillwyn hances i 'mhoced i. 'Cer â hwn o 'ma,' meddai, 'rhag ofn i'r heddlu 'i ffindio fe rywbryd'. Agorais yr hances. Yn ei chanol roedd y geiriau, 'To Del Boy with thanks'. Roedd 'Dillwyn' yn enw rhy anodd i'w ffrindiau ei ynganu. 'Del Boy' oedd ef iddyn nhw. Ar weddill yr hances roedd llofnodion y terfysgwyr unoliaethol y bu'n eu helpu yn y Maze.

Mae'n dal yn rhyfeddod i mi gymaint o Gymry Cymraeg ar hyd a lled y byd sydd 'yn ei chanol hi', fel yr oedd Dillwyn.

Dod i nabod Guinness

'DAMN HORSE GAVE me a headache this morning!'

Geiriau cyntaf Loel wrth iddo daflu ei gap stabal ar y bwrdd o'n blaen.

Yr argraff gyntaf ohono oedd ei fod yn 'toff' o'r *gentry* Seisnig, y math o ddyn oedd yn ddigon cyffredin, hwyrach, yn Henffordd. Ond doedd gen i ddim syniad yr adeg hynny nad uchelwr cyffredin mo Loel chwaith, ac y byddai'n fy nghyflwyno i fyd o fraint a chyfoeth na welais erioed ei debyg o'r blaen.

Mewn tafarn yn y dref honno roeddwn i a John Watcyn, Swyddog Busnes HTV Cymru ar y pryd, wedi trefnu ei gyfarfod. Testun y cyfarfod oedd Everest. Roedd datganiad i'r wasg wedi cyrraedd y swyddfa am ymgais i ddringo mynydd Everest ym mis Awst 1988. Dim byd newydd yn y gamp honno. Ond y tro hwn byddai tîm o ddringwyr Prydeinig yn ceisio cyrraedd y copa ar hyd llwybr oedd heb ei goncro o'r blaen, sef crib y gogledd ddwyrain. Hwn oedd yr unig lwybr i'r copa oedd heb ei ddringo am ei fod yn hir, yn galed ac yn beryglus. Yn y byd dringo, dyma'r wobr fawr oedd heb ei hennill eto. Yr her olaf a'r fwyaf. Dyma fyddai ail ymgais y tîm arbennig hwn i gyflawni'r gamp, a'r bumed gan wahanol dimau o Brydain dros y blynyddoedd. Methiant fu pob ymgais flaenorol.

Ymysg noddwyr y fenter yr oedd David Stirling, sylfaenydd yr SAS. Cyn-aelod o'r SAS oedd i arwain y dringo, Brummie Stokes, un o'r milwyr a anfonwyd i mewn i lysgenhadaeth Iran yn Llundain adeg y gwachae yno yn 1980. Ac er gwaethaf peryglon ei hen job bob dydd, wrth ddringo y cafodd ei greithiau corfforol – roedd wedi colli sawl bys troed i *frostbite*.

Ein diddordeb ni yn y fenter oedd y Cymry ymysg y dringwyr, sef Joe Brown, Bill Barker, Trevor Williams, Dave Jones a Sam Roberts. Dros gyfnod o wythnosau daethom i gytundeb gyda Loel i gael yr hawliau darlledu cyfan dros 'Everest '88' am bris o ychydig dros ugain mil o bunnoedd. Methiant fu'r ymgais i gael lluniau teledu byw o'r mynydd, ond byddai offer lloeren yn *base camp* yn gallu anfon lluniau llonydd i ni – ac i'r *Daily Mail*, oedd wedi talu saith mil i fod yn rhan o'r fenter. Ein bwriad ni oedd darlledu bwletinau rheolaidd ar S4C a HTV Cymru am hynt a helynt y dringo a chynhyrchu rhaglenni dogfen yn y ddwy iaith ar y diwedd. Penderfynwyd anfon David Williams, un o newyddiadurwyr mwyaf profiadol adran materion cyfoes HTV i *base camp* fel gohebydd a rhoddwyd camerâu i'r dringwyr fel bod 'na ddyddiadur ffilm o'u hymdrechion.

Roedd yr holl beth yn dipyn o risg, yn enwedig o gofio methiannau'r gorffennol. A methiant yn y diwedd, oherwydd tywydd drwg, fu'r ymgais hon i gyrraedd y copa. Ond fe lwyddodd dau o'r dringwyr, sef Harry Taylor a Russel Brice, i groesi'r grib beryglus. Roedd y grib wedi ei choncro, yr her olaf wedi ei chyflawni, 'hanes' yn y byd dringo wedi ei gyflawni. Moment felys, a dweud y lleiaf, oedd gwylio prif raglen newyddion ITV, *News At Ten*, ddechrau Awst 1988, a'r llwyddiant yn brif stori.

Wrth ddod yn rhan o fenter fel hon mae rhywun yn dod i nabod cymeriadau mewn byd sy'n gwbl ddierth i'r rhan fwyaf ohonom. Wn i ddim beth sy'n gwneud i bobl fentro'u bywydau i ddringo Everest ar hyd y llwybr mwyaf peryglus, ond roedd yn fraint ac yn bleser eu hadnabod. A byddai'n rhoi profiad imi o fyd cyfrin arall, byd hollol annisgwyl, byd Loel.

Daeth John, David a minnau i'w adnabod yn dda yn ystod y fenter, a'i hoffi. Doedd y ffaith mai ei gyfenw oedd Guinness ddim yn gwneud unrhyw wahaniaeth i'r cydweithio. Gwyddem ei fod yn perthyn i un o'r teuluoedd enwocaf a mwyaf cyfoethog yn y byd, ond wnaethom ni ddim twrio i'w fywyd personol – er ei bod weithiau'n amhosib peidio â chael cipolwg ar y bywyd hwnnw. Roedd ganddo, er enghraifft, rhyw fath o warchodwr personol, Albanwr oedd yn gyn-aelod o'r SAS, ac a oedd wrth ochr Loel y rhan fwyaf o'r amser, gan gynnwys yn *base camp* yn ystod y dringo.

Ac er bod gwybodaeth am gefndir Loel yn anarferol o brin, roedd yn amlwg yn rhyw fath o seleb yn llygaid rhannau o'r wasg. Daeth hynny'n amlwg pan fûm yn trafod rhannu lluniau a straeon am y dringo gydag aelod o staff y *Daily Mail*. Yr unig gwestiwn a ofynnodd i mi oedd, 'Is that man Guinness going to be on this mountain?' Roedd ganddo fwy o ddiddordeb yn Loel nag oedd ganddo yn y dringo.

Aeth rhai blynyddoedd heibio wedi'r bennod fach hon. Wedyn cefais alwad ffôn annisgwyl gan Loel. A faswn i'n hoffi penwythnos yn ei gwmni yn Ffrainc? Roedd am drafod menter arall. Ro'n i'n gwybod bod ganddo gartref yn Henffordd ac un arall yn Lausanne, y Swistir, ac mae gen i ryw gof o le yn Efrog Newydd hefyd. Tybiais ei fod wedi rhentu fila neu fwthyn yn Ffrainc am damaid o wyliau. Mi dderbyniais, gan awgrymu hwyrach y byddai'n falch o weld David eto hefyd.

Ac felly y bu. Fore'r daith, wrth gerdded allan o adeilad HTV yng Nghroes Cwrlwys, cefais wybod gan y dderbynfa fod neges newydd gyrraedd gan ryw foi o'r enw Loel yn fy atgoffa i ddod â siaced ffurfiol i Ffrainc. Cais rhyfedd braidd, efallai ein bod ni'n mynd allan am swper crand. Wrth agosáu at y cyfeiriad yn Normandi a gawsom gan Loel, dyma yrru'r car i lawr lôn oedd yn arwain at ryw fath o ystad oedd yn fy atgoffa o Southfork yn Dallas.

Nid bwthyn oedd hwn. Aethom heibio i glwstwr o stablau ceffylau: ceffylau rasio, dybiwn i. Nid casgliad o ddoncis oedd y rhain. Troi cornel a gweld plasty mawr, hardd, o fewn aceri lawer o lawntiau gwyrdd a thaclus. 'Blydi hel...' oedd ymateb David a minnau. Wrth inni barcio'r car ger y drws ffrynt, dyma ffenest loft yn agor a Loel yn ein croesawu. Yna agorodd y drws a chawsom ein tywys i mewn gan un o'r gweision, mewn siwt bwtler, gan gynnwys menig gwynion. Loel a'i fatman yn ymddangos ac yn estyn diod inni yng nghyntedd y plas. Ro'n i wedi gadael yr allweddi yn y car a thrwy un o'r ffenestri ffrynt gwelais gip o hwnnw'n llithro i ffwrdd i rywle, a bwtler arall wrth y llyw. Pan gefais fy nhywys i fy stafell wely, ebychais mewn siom o weld bod fy nillad wedi diflannu o'r cês, ac ebychais mewn embaras o ffeindio fy nhrôns a'm sanau wedi eu gosod yn daclus yn y wardrob a'r drôrs. Y bwtleri eto.

A dyna ble treuliodd David a minnau ddwy noson hyfryd. Yng nghwmni Loel, y batman a'r ddau fwtler. Yn un o ddwy (o leiaf) o stadau teuluol Guinness yn Ffrainc. Gofynnwyd inni wisgo'r siacedi cyn swper. Doedd dim angen siwt a gallem wisgo siorts os oeddem ni'n dewis, ond i gael swper yn y Plas rhaid oedd gwisgo siaced. Ac roedd yn hawdd deall pam bod Loel yn parchu'r traddodiadau teuluol wrth inni sefyll dan luniau olew anferth o'i gyndeidiau yn nheulu Guinness yn y parlwr. Yn y stafell giniawa cawsom glywed am rai o'r enwogion oedd wedi eistedd yn yr un seddau, pobl fel Henry Kissinger ac Edward Kennedy.

Ai dyma'r ffordd i fyw? Daeth yn amlwg bod ochr anghyfforddus i'r cyfan. Y ffaith bod Loel yn bwyta'r un bwyd â phawb arall, ond bod hwnnw wedi ei goginio mewn cegin wahanol. Wnaethom ni ddim holi'n rhy fanwl am y rhesymau dros hynny, ond hwyrach bod cliw yn y stori am rywun yn taflu cig i'r cŵn dros y ffens, y cig yn llawn gwenwyn a'r cŵn yn marw ar unwaith. Ai pris breintiau'r bywyd hwn oedd bygythiadau difrifol i'r bywyd hefyd?

Fedrai David na minnau ddyfalu pwy fyddai eisiau bygwth Loel. Roedd yn amlwg bod ganddo ddigon o amser i drefnu anturiaethau megis Everest, ac roedd yn awyddus i HTV fod yn rhan o fenter newydd lle byddai rhyw foi'n esgyn mewn balŵn i'r uchder mwyaf erioed, yna'n neidio allan a dychwelyd i'r ddaear mewn parasiwt. Roedd HTV ar y pryd yn paratoi i frwydro i ennill *franchise* arall ac roedd ganddo rywfaint o ddiddordeb mewn prynu'r cwmni cyfan.

Rhan o'i ddiddordeb yn HTV oedd y ffaith inni gydweithio cystal ag e a'r tîm yn ystod Everest '88. Roedd yr adroddiad terfynol ar y dringo yn llawn canmoliaeth i'r tîm yn HTV am y ffordd roeddem wedi delio â'r holl antur. Ond dwi'n credu bod rheswm arall hefyd dros letygarwch Loel yn Normandi. Wnaethom ni yn HTV ddim erioed trin Loel yn wahanol i unrhyw un arall, er gwaethaf ei gefndir breintiedig. A do'n ni ddim wedi busnesu yn ei fywyd preifat na cheisio manteisio ar ei gyfoeth. Hwyrach ein bod ni o ran hynny yn dra gwahanol i'r rhan fwyaf o bobl roedd yn dod ar eu traws, ac roedd felly'n gwerthfawrogi cwmni pobl nad oeddynt am fod yn ddim byd mwy na ffrindiau didwyll a diamod.

Y noson gynt, ar ôl swper, ac wrth suddo i mewn i'r cadeiriau esmwyth yn y parlwr, daeth un o'r bwtleri â'r Calfados. Roedd y botel wythdeg oed hon wedi ei bragu ar yr ystad ei hun, ac fe wnaethom yfed o wydrau seis powlenni pysgod. Wrth ffarwelio y diwrnod canlynol, a'r bwtleri wedi rhoi ein cesys ym mŵt y car, sylwom fod dwy botel o Calfados wedi eu gosod yno'n anrhegion.

Dwi ddim wedi gweld Loel na chlywed ganddo ers hynny, ond sylwaf erbyn hyn fod ganddo wefan lle mae'n dal i ddisgrifio'i hun fel anturiaethwr. Bu'n bleser o'r mwyaf ei adnabod.

Oes, mae 'na heddwch!

Y FLWYDDYN OEDD 1993 a daeth cyfle i ffilmio rhaglen yn Ne Affrica. Cyrhaeddais y gwesty ynghanol Johannesburg erbyn amser cinio, ac roedd angen imi wneud un peth cyn treulio'r prynhawn yn y gwely yn cael gwared o'r *jetlag*, sef mynd i orsaf fysus ganolog y ddinas i brynu tocynnau i KwaZulu-Natal ar gyfer y diwrnod canlynol.

Y peth cyntaf welais i ym mhrif fynedfa'r orsaf oedd poster mawr llachar ac arno'r pennawd 'Eisteddfod '93'. Nawr yn y cyfnod hwn ro'n i'n dal i ddioddef o beth dwi'n ei alw'n 'Steddfod-*itis* – rhyw fath o alergedd i grwydro'r Maes, ar ôl gorfod gweithio oriau hir ymhob Eisteddfod Genedlaethol am bum mlynedd ar raglen newyddion *Y Dydd*. Roedd hynny'n cynnwys y profiad digon diflas o orfod llusgo enillwyr pob cystadleuaeth o gefn y Pafiliwn i'n stiwdio ni ar y Maes er mwyn cael lluniau ohonyn nhw.

A minnau felly yn edrych ymlaen i ddathlu rhyddid newydd y dyn du – roedd apartheid newydd ddod i ben – beth gefais yn hytrach oedd gwahoddiad i 'Steddfod arall. Eisteddfod Cymry De Affrica oedd hon, ac er bod Cymreictod yr ŵyl wedi gwanhau, roedd y poster yn brolio mai hon, o hyd, oedd 'the biggest musical festival in the southern hemisphere'. Gerllaw'r poster, roedd stondin yn gwerthu rhaglenni. Wrth sathru rheg fach dan fy anadl a gwenu rhwng fy nannedd, fe brynais gopi. Prin y sylweddolais y byddai'n fuddsoddiad mor ddoeth.

'Nôl â mi i far y gwesty i ddarllen y rhaglen – a thorri syched cyn clwydo. Roedd yn far siâp pedol, ac ro'n innau'n pwyso arno pan ddaethon nhw mewn trwy'r drws. Dwy ferch ddu, ifanc, dlos, yn gigls i gyd. Fe safon nhw yn eu hunfan a'u llygaid yn sganio pawb yn y bar ac yn disgyn, yn y diwedd, arna i.

Fe sylweddolais eu bod nhw wedi clocio'r 'new boy in town'. Fe gerddon nhw ar garlam reit rownd y bedol a disgyn ar ddwy stôl wrth fy ochr. Yn bowdwr i gyd ac mewn sgertiau byr – mi o'n i nawr, wrth gwrs, yng nghwmni dwy o ferched y nos, er ei bod hi ond yn un o'r gloch y prynhawn. Fe archebon nhw goctel yr un – y rhai ag ymbaréls bach ar eu brig, ac ro'n i'n gwybod beth fyddai'n digwydd nesaf. 'Helo,' meddai'r un agosaf ata i, 'a pwy y'ch chi, 'te?'

Wedi bod mewn sefyllfaoedd tebyg o'r blaen mewn gwestai tramor, mi o'n i'n gwybod shwt i ddelio â'r sefyllfa. O ddweud yn glir o'r cychwyn fod 'na ddim busnes i fod, fel arfer mae'r merched yn symud 'mlaen at rywun arall. A dyna o'n i ar fin ei wneud y tro hwn, tan i'r merched ddatgelu eu bod nhw'n byw y tu allan i Johannesburg ac wedi dod mewn i'r ddinas am y diwrnod. A dyna pryd y cefais ysbrydoliaeth. 'Aha,' meddwn i, 'a dwi'n gwybod pam ddaethoch chi yma heddi – chi 'di dod i'r 'Steddfod!' Wrth i'w hwynebau rewi mewn annealltwriaeth, daeth ton nerthol o frwdfrydedd drosof. Dechreuais gyda'r seremoni gyhoeddi ar y maen llog oedd yn arwain yn naturiol at hanes a strwythur yr Orsedd. Ro'n i wedi codi tipyn o stêm erbyn cyrraedd y Coroni a'r Cadeirio, cynghanedd a cherdd dant. Do'n i ddim yn gwybod llawer am y Rhuban Glas ond fe deflais y wobr honno mewn yn rhywle hefyd.

Yn raddol, yn ystod y perorasiwn hwn, fe lithrodd y merched oddi ar eu stolau. Fe ballodd y gigls. Â golwg frawychus ar eu hwynebau fe gamon nhw 'nôl yn araf, ac erbyn imi gyrraedd seremoni y Cymry ar Wasgar, ro'n nhw wedi 'i heglu hi trwy'r drws.

Roedd y ddau goctel a'u hymbaréls ar y bar o hyd, heb eu cyffwrdd bron. Wrth eu hochr, fy nghopi o raglen Eisteddfod De Affrica '93. Fe'i darllenais gydag awch newydd. Pwy fasai'n meddwl y byddai'r hen Brifwyl yn dod i'r adwy i Gymro diniwed oddi cartref?

David a Barbara

MI OEDD 'NA gysylltiad Cymreig arall i'r daith i Dde Affrica yn 1993. David a Barbara Roberts. David yn feddyg teulu yn Aberaeron a Barbara'n athrawes. Y ddau wedi penderfynu bod bywyd yn rhy dawel yng ngorllewin Cymru ac wedi penderfynu symud – am gyfnod – i Newcastle yn KwaZulu-Natal. Tref y gwynion o hyd, er bod apartheid newydd ddod i ben a thref tua maint Aberystwyth a chanddi tua'r un boblogaeth. Roedd 'na gymuned o rhyw hanner cant o deuluoedd o Bort Talbot yno, y dynion wedi colli eu swyddi yn y gwaith dur ac wedi cael eu cyflogi mewn gwaith dur ger Newcastle. Ond nid yn y dref roedd ein pâr o Gymru wedi penderfynu ymgartrefu.

Hanner milltir i lawr y ffordd roedd treflan Madadeni yn gartref i ryw hanner miliwn o bobl dduon. David a Barbara oedd yr unig wynion oedd yn byw ac yn gweithio yno. David oedd pennaeth yr unig ysbyty ar gyfer y dreflan gyfan a Barbara'n athrawes ysgol. Arhosais yn eu cartref am rai dyddiau cyn i'r criw ffilmio gyrraedd o Durban. Y bwriad oedd gweld, trwy lygaid y cwpwl o Gymru, pa fath o sialens oedd yn wynebu'r De Affrica newydd, nawr bod gwahanu hiliol yn anghyfreithlon yno.

Yr argraff drawiadol gyntaf o gyrraedd Newcastle oedd y tywydd. Roedd yn heulog braf ac yn boeth a minnau'n edrych 'mlaen at y gwres a chael tamaid o liw ar fy nghroen. Ond ymysg fy rhinweddau – neu fy ngwendidau – y mae'r duedd i allforio glaw o Gymru. Roedd yr ardal hon yn Ne Affrica newydd gael un o'r cyfnodau sychaf yn ei hanes – gwlâu yr afonydd a'r gwteri yn sych gorcyn. Tan ail ddiwrnod fy ymweliad. Agorodd y nefoedd mewn storm daranau a arweiniodd at lifogydd. Parodd y glaw trwm trwy'r adeg yr oeddwn yno. Cefais fy nghyfarch fel *The*

71

Rain Man. A nid dyma'r tro cyntaf i hyn ddigwydd. Dwi wedi gweld (neu, efallai, wedi creu) stormydd glaw mewn llefydd – gan gynnwys yn Ethiopia – sydd ddim yn cael glaw fel arfer. Dwi'n cofio sefyll ar falconi gwesty yn Tripoli unwaith, yn gwylio'r strydoedd yn troi'n afonydd gan fod y gwteri'n llawn tywod, a cheir yn cael eu sgubo i bob cyfeiriad gan y llif. Tybed oes rôl imi dros y byd hwn fel un all ddyfrio'r anialwch er mwyn cael lle i dyfu bwyd i'r newynog?

Yma, nid am y tro cyntaf, y cefais fy atgoffa o wers a fyddai'n ddefnyddiol i ddeall a dehongli pob math o ddigwyddiadau eraill yn y byd. Mae pawb yn gyfarwydd â'r gwahaniaethau mwyaf amlwg rhwng pobloedd – o ran hil, lliw croen, iaith, gwleidyddiaeth, crefydd, a.y.b. Ond yn aml iawn, dy'n ni ddim yn rhoi digon o bwyslais ar wahaniaethau *diwylliannol* – meddylfryd pobl, os mynnwch chi, eu ffordd o feddwl sydd wedi ei siapio gan hanes a thraddodiadau eu cyndeidiau. Yr hyn sy'n gwneud i bobl *dicio*. Y ffordd y maen nhw'n gweld y byd, a bywyd, drwy ffenestr lwythol neu genedlaethol. Weithiau, pethau bychain yw'r rhain, ond fe allan nhw yn aml arwain at weithredoedd o bwys mawr, ac i ddeall y rheiny rhaid ceisio deall ystyr diwylliant pobl a'r ffordd y gall hynny ddylanwadu ar ymddygiad.

Dyma un enghraifft. Arab yn Saudi Arabia yn gofyn i ffrind imi a oedd e'n credu bod y Saudis yn greulon i dorri dwylo lladron i ffwrdd. 'Ydw,' oedd ateb fy ffrind. 'Wel,' meddai'r Saudi, 'ni'n credu eich bod chi yn y gorllewin yn greulon i alltudio'ch anwyliaid i gartrefi hen bobl yn hytrach na gofalu amdanyn nhw ar yr aelwyd.' A dyma enghraifft lawer mwy perthnasol. Yn Irac, fe fu milwyr America yn gwarchod y strydoedd heb wybod unrhyw beth am ddiwylliant, crefydd na thraddodiadau pobl. Ar un adeg, yn fuan wedi'r rhyfel, fe gawson nhw drafferth mawr yn Fallujah, lle bu sawl brwydr yn eu herbyn. Pan oeddwn yn Baghdad, dair wythnos wedi rhyfel 2003, cefais wybod pam. Un diwrnod, aeth milwyr America i mewn i gartref i chwilio am derfysgwyr. Cafodd gŵr y tŷ, oedd yn digwydd bod yn arweinydd un o'r llwythau lleol, ei roi ar ei gefn ar y llawr â throed milwr ar ei wddf. Beth bynnag am y bygythiad corfforol, y niwed mwyaf i'r gŵr oedd y ffaith ei fod yn teimlo cywilydd enfawr – gan fod y milwr yn ddynes. Ansensitifrwydd. Annealltwriaeth. Diffyg gwybodaeth a diffyg parch.

Pan ofynnir imi a oes yna'r fath beth â 'materion cyfoes trwy lygaid Cymreig', hwyrach bod y bregeth fach hon yn rhan o'r ateb. Oherwydd ein bod ni, fel Cymry Cymraeg, yn wahanol ac yn gyfarwydd â phobl sy'n methu neu'n gwrthod ein deall ni fel grŵp ethnig gwahanol, hwyrach ei bod yn haws inni ddeall bod cymaint o bobloedd eraill y byd yn cael yr un broblem, ac yn haws inni, felly, ddeall ffordd o feddwl y bobloedd hynny.

'Nôl at y dreflan, lle'r oedd y diwylliant lleol hefyd yn achosi problemau i dramorwyr. Ac i'r diwydiannwr oedd wedi cyfweld ag ugain o ddynion du ar gyfer swyddi yn ei ffatri. 'Faswn i ddim yn rhoi job i'r un ohonyn nhw,' meddai. 'O'n nhw'n *shifty*. Neb yn fodlon edrych yn syth i'm llygaid i.' Wel, yn y diwylliant Zulu, mae'n arwydd o ddiffyg parch at ddieithriaid i syllu'n syth i mewn i'w llygaid.

Cafodd Barbara ei dal hefyd. Ar y diwrnod cyntaf yn y dosbarth, cerddodd i mewn drwy'r drws i weld y plant i gyd yn rhuthro i eistedd. Reit, meddyliodd, rhaid dangos i'r rhain pwy yw'r bos o'r diwrnod cyntaf. 'Safwch ar eich traed,' meddai, 'a gwnewch yn siŵr eich bod yn sefyll bob tro bydda i'n dod mewn i'r dosbarth'. Yn ufudd, ond â golwg ddryslyd ar eu hwynebau, cododd y plant ar eu traed. Yn ddiweddarach cafodd Barbara wybod mai un ffordd arall o ddangos parch at rywun dierth yw edrych i fyny atyn nhw. Dyna pam fod y plant wedi eistedd!

Beth bynnag oedd maint y parch at Barbara, pa mor ddiogel oedd un ddynes wen ynghanol mil o bobl ifanc du, mewn treflan anferth lle'r oedd tlodi mawr a phob math o broblemau cymdeithasol? Weithiau byddai Barbara'n cyrraedd yr ysgol yn y bore a gweld bod coelcerth wedi ei pharatoi, gyda'r bwriad o losgi rhywun, er na welodd hynny'n digwydd. Wrth gwrs, roedd yn arferiad yn ystod y reiats a'r protestiadau i roi *necklace* ar bobl, sef teiar o gwmpas eu gyddfau, petrol drostynt ac wedyn tanio'r teiar. Ar adegau, byddai'r corff yn cael ei ferwi ar ôl cael ei losgi.

Fe gawsom ni'n hunain mewn dosbarth i ffilmio un o gorau merched yr ysgol yn canu'r anthem genedlaethol. Doedd dim angen ymarfer yn ôl Barbara – roedd y canu'n dod yn naturiol iddyn nhw. Ac fe gafwyd sawl perfformiad anhygoel o'r anthem. Ond bu'n rhaid inni gloi'r drws hefyd. Y tu allan, roedd torf o fechgyn wedi ymgasglu ac yn gwneud y *toyi-toyi*. Dawns a chorganu rhythmig sy'n cychwyn yn araf ac wedyn yn cynyddu o ran dwyster. Defod o baratoi at drwbwl yw'r *toyi-toyi* – seicio i fyny cyn y frwydr. Duw a ŵyr beth oedd ganddyn nhw mewn golwg ar ein cyfer ni. Roedd yna ffens o gwmpas yr ysgol ag un twll ynddi a ddefnyddiwyd yn aml gan ddisgyblion oedd am ffoi am y dydd. Bore'r ffilmio, gwelwyd y Prifathro yn ffoi drwy'r twll. Oedd e'n disgwyl trwbwl?

Doedd dim trwbwl, ond ro'n i'n falch o gael mynd o 'na. Roedd y dyn sain o dras Indiaidd a Peter y dyn camera yn ddyn ifanc gwyn nad oedd wedi mentro i ganol y duon erioed. Fel 'na roedd hi yn nyddiau apartheid. Doedd gan yr Afrikaners ddim syniad am fywyd y duon yn y treflannau, na dim diddordeb chwaith. Cafodd Peter agoriad llygad wrth iddo gael ei gyflwyno i fyd hollol newydd o fewn ei wlad ei hun. Er ei fod yn mwynhau'r profiad, roedd ganddo gyffesiad pan aethom 'nôl i'r gwesty yn Newcastle. Cododd ei grys ac ym melt ei drowsus roedd dryll.

Nesaf, yr ysbyty roedd David yn ei redeg. Fasai ei gleifion ddim yn mynd yno heb weld y *sangoma* – y *witch doctor* – gyntaf. A bu'n rhaid i David roi caniatâd i hwnnw grwydro'r wardiau hefyd, i wneud yn siŵr bod pobl yn gwella. Roedd y *sangoma*'n ddigon diniwed – y rhai peryg yng nghefn gwlad oedd yr *inyanga*, dynion hysbys oedd â'r gallu honedig i ddod â bywydau pobl i ben. Roedd gan yr *inyanga* y pwerau – honedig eto – i gael gwared â'ch cymydog. Am bris mawr, wrth gwrs. Roedd y rhain yn bobl gyfoethog, felly – roedd sôn bod gan un ei awyren ei hun.

Roedd David yn llawn edmygedd o'i gleifion. 'Maen nhw'n

byw mewn cabanau mwd,' meddai, 'ond pan ddaw'r gwragedd i'r ysbyty maen nhw wedi eu gwisgo mewn dillad gwyn smart heb yr un smotyn o faw arnyn nhw. Yn Aberaeron, ro'n i'n gyfarwydd â gwynto sawr corfforol wrth gerdded trwy stafell aros y syrjeri. Does 'na ddim o hynny fan hyn. Dwi ddim yn deall shwt maen nhw'n dod i ben â bod mor lân a thaclus.' Roedd nifer fawr o ddynion y dreflan yn gweithio i ffwrdd mewn pyllau cloddio neu ffatrïoedd ac yn dychwelyd am gyfnodau byr i weld eu teuluoedd unwaith y flwyddyn. Roedd naw mis ers iddyn nhw ddod adref ddiwethaf ac roedd yr ysbyty, felly, yn llawn merched oedd yn disgwyl babanod.

Disgyblion yr ysgol gaiff y gair olaf yn y bennod hon. Cyn inni ddod yma roedd ysgol Aberaeron wedi casglu llyfrau o bob math ar gyfer plant Madadeni. Y cyfan mewn llyfrgell fechan yr oedd Barbara wedi ei chreu yn yr ysgol. Y llyfr mwyaf poblogaidd, fyddai'n diflannu oddi ar y silff bob dydd, oedd... *Black Beauty*.

Y wal a'r bricis

Nos Iau ym mis Tachwedd 1989. Roedd rhifyn o *Y Byd ar Bedwar* am 9 o'r gloch, yn fyw o'r stiwdio yng Nghroes Cwrlwys. Fel pennaeth adran y dyddiau hynny, ro'n i yno i gefnogi'r tîm cynhyrchu yn unig. Tua chwarter i wyth, roedd popeth yn ei le ac i lawr â mi i'r bar felly. Daeth galwad ffôn tua wyth yn gofyn imi ddychwelyd i'r swyddfa. Roedd stori ddiddorol wedi dod i'r amlwg a byddai'n well imi gael golwg arni.

Roedd ffynonellau newyddion dipyn yn fwy prin ac araf y dyddiau hynny o gymharu â heddiw. Doedd y rhyngrwyd ddim yn bodoli eto, ac i gael y newyddion diweddaraf roeddem yn dibynnu ar wasanaeth Teletext. Roedd gan ITV Oracle a'r BBC Ceefax: sgrin deledu yn dangos penawdau, gyda'r opsiwn o wasgu botymau i gael mwy o fanylion.

Y noson honno, roedd stori am yr Almaen oedd yn amlwg wedi ei hysgrifennu'n ofalus a thrwsgwl braidd. Fel petai'r awdur yn methu credu'r hyn roedd yn ei ysgrifennu. Cyfeiriai mewn ffordd gwbl foel a ffeithiol, heb unrhyw ddadansoddiad, at benderfyniad dwyrain yr Almaen i ganiatáu i bobl groesi i'r gorllewin. Rai misoedd yn gynt, ro'n i wedi gwneud rhaglen yn yr Almaen am dwf yr adain dde eithafol, ac roedd gen i ddigon o wybodaeth a chrebwyll, felly, i ddeall arwyddocâd y stori hon. Dyma ddiwedd wal Berlin.

Trwy gyd-ddigwyddiad ffodus, roedd cyfweliad ar wleidyddiaeth yr Almaen eisoes wedi ei drefnu yn ein rhaglen y noson honno. Gyda llai nag awr i fynd, roedd gennym gyfle i drafod un o storïau mwyaf y ganrif. Pan ddychwelais i'r bar wedyn i wylio *News at Ten*, dyna lle gwelsom y lluniau cyntaf o bobl dwyrain yr Almaen yn dringo'r wal ac yn dechrau ei dymchwel â morthwylion.

O'r noson honno 'mlaen, roedd yr awyrennau i Berlin yn llenwi'n gyflym. Roedd hi'n hwyr nos Sadwrn erbyn imi gyrraedd, fi a David Williams o *Wales This Week* a Caroline Jones o Goleg Aberystwyth fel sylwebydd gwleidyddol ar gyfer rhifyn *Y Byd ar Bedwar* nos Lun. Byddai'n dalcen caled. Ychydig yn llai na dau ddiwrnod ar gyfer ffilmio a golygu pecyn o ryw bymtheg munud i'w chwarae i mewn i'r rhaglen yn fyw ar y noson. Ond wrth reswm, roedd yn gyffrous hefyd.

I Potsdamer Platz yr aethom yn gynnar fore Sul – dyma lle'r oedd y groesfan enwocaf o un ochr i'r llall cyn codi'r wal. Bu craen wrthi ers chwech o'r gloch y bore hwnnw yn codi slabs enfawr y wal o'r neilltu. Roedd toiled gerllaw, a sefais ar y to i wneud darn i'r camera, a gwylio Almaenwyr y dwyrain yn llifo drwy'r tyllau. 'Maen nhw'n amlwg yn un genedl,' meddai Caroline, 'ond mae 'na wahaniaethau, yn eu dillad – hyd yn oed eu hwynebau. Dy'n nhw ddim yn cario dim byd, maen nhw wedi dod i weld – ac wedyn mynd adre.'

Yn ystod y dydd Sul hwnnw, a'r diwrnod cynt, daeth bron i filiwn a thri chan mil o bobl y dwyrain 'i weld' y gorllewin hwnnw fu tu hwnt i'w cyrraedd ers i'r wal gael ei hadeiladu yn 1961. O'r rhai a groesodd, penderfynodd 300,000 beidio â mynd adref. Roedd y ciwiau y tu fas i'r banciau'n dyst i'r ffaith fod y gorllewin yn cynnig £30 o arian croeso iddyn nhw. Aethom i neuadd lle'r oedd milwyr o Gatrawd Frenhinol Cymru yn helpu i osod gwlâu dros dro ar gyfer y newydd-ddyfodiaid. Roedd Gisbert Storch, bachgen 25 oed, wedi penderfynu cefnu ar y dwyrain. Yn 17 oed, cafodd ugain mis o garchar wedi iddo roi cosfa i un o swyddogion y Blaid Gomiwnyddol. Roedd e'n hoff o gerddoriaeth *punk* ond doedd yr awdurdodau ddim. 'Ond mae'n amlwg hefyd,' meddai Caroline, 'bod lot ohonyn nhw'n hapus â'r system sosialaidd yn y dwyrain – mae'n rhoi sicrwydd iddyn nhw.'

Roedd pobl yn gweld eisoes fod dymchwel y wal yn codi cwestiynau mawr. Ac yn arbennig y tebygrwydd y byddai camau at ailuno'r ddwy Almaen. Roedd pryderon am y bygythiad y gallai hynny ei greu i heddwch Ewrop unwaith eto, felly datganiad un Ffrancwr, 'dwi'n caru'r Almaen gymaint, dwi'n falch bod 'na ddwy ohonyn nhw'. Diddorol oedd nodi'r hyn ddigwyddodd ar y dydd Gwener cynt. Roedd Canghellor Gorllewin yr Almaen, Helmut Kohl, yng Ngwlad Pwyl pan ddaeth y wal i lawr, a rhuthrodd adref i fynychu rali enfawr yn Berlin amser cinio ddydd Gwener. Cafodd ei araith ymateb llugoer gan y dorf wrth iddo fethu â manteisio ar y cyfle i ddatgan bod yr 'Oder-Neisse Line' yn ddiogel. Y llinell hon yw'r ffin rhwng yr Almaen a Gwlad Pwyl, a'r ffin roedd nifer yn poeni y byddai'r Almaen, rywbryd, yn ei chroesi eto i orchfygu eu cymydog, fel y gwnaeth y Natsïaid yn 1937. Byddai pryderon fel hyn yn codi'n aml o hyn ymlaen. Roedd gen i bob ffydd yn ein hymchwilydd yn Berlin, a hi ddwedodd wrtha i, ymhen rhai misoedd, fod yr ysgolion wedi cael llyfrau daearyddiaeth newydd. Yn yr hen rai, roedd y ffin rhwng yr Almaen a Gwlad Pwyl yn un llinell ddi-dor. Ond llinell o ddotiau oedd ar y mapiau newydd. Yn ôl un o haneswyr blaenllaw y gorllewin, Dr Ossip Flechtheim, y fordd orau i dawelu'r ofnau hyn oedd cynllun datganoli ar draws Ewrop i sicrhau na fyddai un rhan ohoni yn dominyddu'r gweddill. Hyd yn hyn, profodd yr ofnau am fygythiad militaraidd gan yr Almaen yn ddi-sail, ond o dro i dro mae carfan sylweddol yr adain dde eithafol yn ein hatgoffa nad yw cysgodion y gorffennol wedi diflannu'n llwyr.

Ac roedd nifer o Almaenwyr y gorllewin eu hunain yn ddigon amheus o'u brodyr dwyreiniol. Roedd pryder y bydden nhw'n cystadlu am swyddi a chartrefi ac yn eu godro'n economaidd. Un boi a gafodd flas o hynny oedd casglwr hen geir o Frechfa yn Sir Gaerfyrddin. Roedd wastad wedi bod eisiau cael gafael ar y Trabant, car bach rhyfedd a henffasiwn yr olwg a'r unig gar, bron, oedd ar y ffyrdd yn nwyrain yr Almaen. Gwelodd ei gyfle pan ddaeth y wal i lawr a rhuthrodd i ddwyrain Berlin i brynu un. Dreifiodd y car yr holl ffordd adref i Gymru ac roedd gyrrwr bron i bob car oedd yn ei basio yng ngorllewin yr Almaen yn codi dau fys arno!

Torrais ddau ddarn o garreg o'r wal a gwerthwyd un ar ocsiwn Plant Mewn Angen y BBC wedi dod adref. Ac wrth imi sôn am hynny wrth gyfaill Israeli unwaith, adroddodd ef stori am ddigwyddiad tebyg yr oedd wedi clywed amdano. Mae'n stori ddi-chwaeth mewn cwmni Iddewig yn arbennig, ond mae gan yr Iddewon ddawn hyfryd i chwerthin am eu pennau eu hunain, a chan mai Iddew piau hi, dyma'r stori:

Dyn yn torri darn o'r wal fel swfenîr yn ardal Potsdamer Platz. Y morthwyl yn taro rhywbeth rhyfedd yn y wal, ac yn sydyn, y llawr yn agor wrth ei draed. Grisiau yn estyn i lawr i'r tywyllwch. Mawredd, meddyliai, byncar Hitler! Cerddodd i lawr y grisiau'n ofalus ac ar y gwaelod roedd drws cilagored. Gwthiodd y drws ymhellach a gweld dau ddyn yn eistedd o gwmpas y bwrdd. Hitler a Himmler. 'Ond... o'n i'n meddwl eich bod chi'ch dau wedi marw,' meddai. 'Na,' meddai Hitler, 'ry'n ni'n dal yn fyw. Nid yn unig hynny, ond ni'n bwriadu lladd chwe miliwn arall o Iddewon... a chwech *scuba diver*.' 'Chwech *scuba diver*?' gofynnodd y dyn, a'r anghredinedd yn amlwg ar ei wyneb. Trodd Hitler at Himmler, 'Ddwedes i, 'do? 'Sneb yn poeni am yr Iddewon.'

Un o ganlyniadau'r symudiad at uno'r ddwy Almaen oedd cynnydd aruthrol mewn gwaith adeiladu yn y gorllewin. Ac roedd prinder gweithwyr – bricis yn arbennig. Yn 1992, penderfynodd y Gymuned Ewropeaidd fod gan unrhyw un oedd yn byw yn y GE yr hawl i weithio yn unrhyw un o'i gwledydd. Aeth cant a hanner o filoedd o Brits i weithio yn yr Almaen, oedd yn amlwg heb glywed am y rheolau newydd – a buan y sylweddolodd y bricis nad oedd porfeydd gwelltog y cyfandir mor wyrdd wedi'r cyfan...

Workin in the sun, drinkin schnapps, havin fun,
That's living alright!

Rhan o gân y gyfres deledu boblogaidd *Auf Wiedersehen, Pet*, am griw o weithwyr adeiladu o Brydain yn mynd i weithio yn yr Almaen. Yr union beth y penderfynodd Geraint Jones a Dai Lloyd o Lanybydder ei wneud yn 1994. Roedd yr hysbyseb yn y papur lleol yn addo £600 yr wythnos i fricis ac mewn sgwrs gydag asiant yn Cheltenham – oedd hefyd yn Gymro – soniwyd am fil yr wythnos. Gydag addewid o lety hefyd, aethon nhw a deuddeg arall mewn bws o Cheltenham ar daith a gymrodd dridiau i gyd, gan nad oedd y gyrrwr yn gwybod i ble'n union roedd yn mynd. Doedd dim llety, na gwaith wedi ei drefnu. Am nad oedd ganddyn nhw arian, bu'r bechgyn yn byw ar afalau o'r coed ac ŷd o'r caeau. Fe ffindion nhw waith, ond fe ddaethon nhw adref i Lanybydder ar ôl tair wythnos pan ddylen nhw fod wedi ennill hyd at dair mil o bunnoedd yr un. £60 yr un gawson nhw mewn gwirionedd.

Roedd straeon cynyddol am y Brits yn cael eu twyllo, ac mi wnes i a Geraint Evans raglen am y stori. Wrth i'r ddau ohonom ymchwilio yn Berlin, trefnwyd bod Ian, brici o Gymru, yn cael gwaith yn ardal Hamburg am gyfnod byr – ac yn adrodd 'nôl inni. Fe ddechreuodd Ger a minnau ymchwilio mewn adeilad crand ac iddo statws uchel, sef un o swyddfeydd yr Handwerkskammer, Urdd y Crefftwyr yn yr Almaen. Y sefydliad hwn oedd yn sicrhau bod gan grefftwyr y wlad y cymwysterau cywir i wneud eu gwaith, trwy drefnu arholiadau a.y.b. Fan hyn y cawsom agoriad llygad am yr hyn yr oedd brici Prydeinig ei angen i weithio'n gyfreithlon yn yr Almaen.

Yn gyntaf, roedd angen tystysgrif oddi wrth Adran Ddiwydiant a Masnach Prydain i brofi bod ganddyn nhw o leiaf chwe blynedd o brofiad gwaith. Roedd y broses o gael honno'n cymryd mis i chwech wythnos. Byddai'n rhaid i'r brici wedyn fynd â'r dystysgrif (wedi ei chyfieithu i'r Almaeneg), ei basport a ffurflen dreth E101, i un o swyddfeydd yr Handwerkskammer. A byddai'n rhaid 'cofrestru' i fyw yn yr Almaen – am ffi o £213. Wedi cwblhau hyn i gyd byddai'n rhaid talu £130 arall i gael *Handwerkskarte*, sef trwydded caniatâd i weithio yn y wlad. Gallai cael eich dal yn gweithio hebddi arwain at ddirwy o ugain mil o bunnoedd. Dyma oedd ystyr Ewrop heb ffiniau yn yr Almaen. Roedd bois Llanybydder yn gwybod dim am hyn i gyd – doedd ganddyn nhw ddim pasports hyd yn oed.

Daeth yn amlwg hefyd nad oedd yn werth y risg i anwybyddu'r rheolau. Yn Berlin fe gawsom gyfarfod difyr iawn yn swyddfa'r

Arbeitsamt, y ganolfan waith. Roedd Frank Brandes yn swyddog cyflogaeth oedd yn rhannu swyddfa gyda Winfried Scuppin, pennaeth yr Arbeitsamt Polizei, yr heddlu cyflogaeth. Eu job nhw oedd 'hela' bricis anghyfreithlon. Esboniwyd wrthym nad oedd bricis yn talu treth a bod yr Almaen felly yn colli incwm o 40 miliwn y flwyddyn. Roedd yn anghyfreithlon i gyflogwyr y wlad gynnig gwaith yn uniongyrchol i Brydeinwyr – roedd hynny'n cael ei wneud trwy asiantaethau yn yr Iseldiroedd. Y nhw fyddai'n hurio ac yn talu'r bechgyn ar ran y cyflogwyr. Ond roedd y rheiny'n pocedu o leiaf hanner y cyflogau yn gomisiwn, os oedden nhw'n talu o gwbl. Mafia oedd yr asiantaethau hyn, yn ôl Frank a Winfried. Ro'n nhw'n gweithio'n anghyfreithlon, oedd yn golygu bod y bricis yn torri'r gyfraith hefyd – hyd yn oed yn fwy nag oedden nhw, wrth gwrs, heb yr *Handwerkskarte* na neb i ddweud wrthyn nhw beth yn union oedd hwnnw.

Gan yr Arbeitsamt Polizei y cawsom y lluniau fyddai'n goron i'r rhaglen. Fe aethom ar gyrch gyda nhw. *Briefing* i rhyw ddwsin o'r plismyn cyflogaeth ar waelod y stryd cyn disgyn ar safle adeiladu oedd dan ofal cwmni o Brydain. Pob plismon yn cario holiadur gyda 24 o gwestiynau i'r bricis eu hateb. 'Dangoswch eich papurau!' oedd eu gorchymyn i bob un o'r bechgyn. Un yn esgus ei fod yn drwm ei glyw, ond Scuppin, wedi trafod gyda bos y safle, yn datgan bod y cwmni'n oce, er i ddau frici gael eu hanfon adref i Loegr am nad oedd ganddyn nhw'r 'papurau'. Gofynnais i un o'r bois am ei argraffiadau o'r Almaen. 'Maen nhw'n ddiog,' meddai, 'mae eu cwrw nhw'n dda – ac maen nhw ishe Gwlad Pwyl yn ôl!'

Roedd 200 o Arbeitsamt Polizei yn Berlin yn unig, a chwe thîm ohonyn nhw'n cynnal cyrch bob dydd. Pan gafodd Ian waith yn Hamburg, ni ofynnodd ei gyflogwyr am yr un sgrap o bapur. Clywodd fod y safle wedi cael ymweliad gan yr awdurdodau rai wythnosau ynghynt. Yr heddlu'n amgylchynu'r lle i warchod y swyddogion tollau, cyflogaeth ac iechyd a diogelwch a aeth drwy'r lle â chrib mân. Yn hytrach na'u dirwyo, bodlonodd yr heddlu ar anfon trideg o'r bricis adref.

Yeah you play the game
Then it's Auf Wiedersehen
That's livin alright!

Ie, croeso i'r Ewrop newydd bois!

Ynys y Nadolig

ROEDD Y TRI ohonom yn sefyll ar draeth godidog. Fi, Peter a'i wraig Euronwy. Cyfeiriodd Peter at lecyn ryw bymtheg milltir i lawr yr arfordir ble, yn 1958, y cafodd bomiau niwcliar eu ffrwydro. Yn 2003, 45 mlynedd yn ddiweddarach, adroddodd Peter hanes y diwrnod a effeithiodd arno am byth.

'Fan hyn o'n i'n sefyll,' meddai, 'ddeg eiliad cyn y ffrwydriad. Fe wedon nhw wrthon ni am droi ein cefne ar y bom, i gau ein llygaid ac i roi ein dwylo drostyn nhw. Hyd yn oed wedyn, pan ddaeth y fflach, o'n i'n gallu gweld esgyrn fy nwylo fel pelydr X. Wedyn o'dd rhaid inni droi rownd a gwylio'r cwmwl madarch yn codi i'r awyr.' Bu'n dioddef o broblemau iechyd byth ers hynny ac roedd wedi brwydro'n aflwyddiannus i gael iawndal.

Roedd y traeth ar Ynys y Nadolig. Christmas Island neu Kiritimati. Rhan o Weriniaeth Kiribati ydoedd, Ynysoedd y Gilbert gynt, a gafodd eu hannibyniaeth o Brydain yn 1979. Cafodd yr ynys yr enw hwn gan Captain Cook am iddo ei ddarganfod noswyl Nadolig, 1777.

Roedd America a Phrydain wedi bod yn profi bomiau niwcliar yn y Môr Tawel ers 1952. Yn ystod Operation Grapple rhwng 1958 ac 1962, cafodd 31 o fomiau eu ffrwydro yn Kiribati yn unig. 19 oed oedd Peter pan ddaeth yma gyntaf. Roedd yn gweithio ar fferm ar y pryd, ond roedd gwasanaethu yn y fyddin yn orfodol i ddynion dros 18 oed tan 1961. Roedd Peter a'i gyd-filwyr yn gweld cyfle i gael gwyliau braf ym mharadwys. Ac mae'r ynys yn baradwys – ar yr wyneb o leiaf. Mae hi'n 25 milltir o hyd a rhyw 220 milltir sgwâr. Traethau gwynion, haul tanbaid, môr glas a choed palmwydd. Deuddeg troedfedd oedd y man uchaf, a'r rhan fwyaf o'r tir yn gors – cyfran helaeth o hwnnw'n diflannu'n aml dan ddŵr.

Dyma'r lle cyntaf yn y byd i groesawu'r mileniwm newydd a go brin ei bod yn bosib mynd ymellach o Gymru ar y ddaear 'ma. Mae'n rhaid hedfan yn gyntaf i Los Angeles, wedyn i Honolulu yn Hawaii ac wedyn mynd ar daith deirawr i'r ynys, fil o filltiroedd i'r de. Un awyren oedd yn mynd a dod, unwaith yr wythnos. Doed a ddelo, byddai'r tri ohonom ar y smotyn anghysbell hwn am saith diwrnod. A byddai'r daith o Honolulu hefyd yn croesi'r Ddyddlinell, sef y llinell ddyddiad ryngwladol, oedd yn golygu gadael Honolulu amser cinio ddydd Mercher a chyrraedd amser cinio y diwrnod cynt. Tipyn o naid mewn taith o dair awr! Yr unig bobl eraill ar ein hawyren oedd criw o ryw ddwsin o Americanwyr swnllyd a'u bri ar wythnos o bysgota.

Fe wnaethom ni ddwlu ar yr ynys a'i phobl. Er bod 'na westy o'r enw Hotel Captain Cook, cawsom ein perswadio i aros gyda Momo (Mwmw ar lafar!). Dynes fawr, gron, bob amser yn gwenu ac yn gofalu amdanom fel ei theulu ei hun. Roedd hi'n byw mewn clwstwr o gabanau gwellt ar *stilts*, oedd bron ar y traeth ei hun. Mewn dau gaban, felly, roeddem ninnau'n cysgu. Unig adnoddau naturiol yr ynys oedd cnau coco a physgod a rhywfaint – ond ddim llawer – o dwristiaeth. Doedd fawr ddim gwaith, a byddai'r dynion yn treulio gormod o amser yn gwneud cwrw cryf o sudd y coed cnau coco. Roedd y bobl – Polynesiaid – yn groesawgar tu hwnt, ond yn dlawd. Cawsom ein cyflwyno i un teulu oedd yn byw dan gynfas wrth droed coeden. Fe redodd llond dwrn o blant a mochyn heibio inni, ond er ein bod mewn lle mor anghysbell, a nifer o'r bobl yn byw dan amodau cyntefig iawn, fe gawsom ein hatgoffa i ba raddau y mae globaleiddio wedi gwneud y byd yn fach i bawb, ble bynnag y maen nhw'n byw. Pan gasglodd y teulu bach hwn ein bod yn dod o Gymru, ymateb y rhieni yn syth oedd 'Princess Diana!'. Daeth yn amlwg o barhau'r sgwrs, trwy gyfieithydd, eu bod hefyd yn meddwl mai Euronwy *oedd* y Dywysoges Diana.

Un o nodweddion amlwg yr ynys yw'r crancod. Miloedd ar filoedd ohonyn nhw. Fedrech chi ddim cerdded yn unrhyw le heb fod ton o grancod yn rhedeg i mewn i'w tyllau i guddio.

Neu'n rhedeg allan o'u tyllau – fel y sylweddolodd Euronwy un bore pan ymddangosodd cranc o'r ddaear rhwng ei thraed a hithau'n eistedd ar y pryd ar orsedd y tŷ bach to gwellt yng ngwesty Momo. Mae'n siŵr i'r sgrech gael ei chlywed o un pen yr ynys i'r llall.

Roedd Peter, o Ffairfach Llandeilo, yn un o 22,000 o Brydeinwyr fu'n rhan o brofion niwcliar Prydain yn Awstralia ac Ynys y Nadolig. Roedd 'na eraill o Awstralia, Seland Newydd a Fiji. Yn syth wedi'r ffrwydriadau, fe aeth nifer ohonyn nhw at y meddygon milwrol yn cwyno am broblemau'n ymwneud â'r croen, y stumog, y llygaid a cholli gwallt – arwyddion cyfarwydd, erbyn hynny, o effaith ymbelydredd. Dangosodd ymchwil pellach fod y *veterans* wedi dioddef problemau iechyd ar hyd eu hoes, a chanser yn arbennig. Ac mae tystiolaeth i'w plant a'u hwyrion ddioddef problemau tebyg hefyd. Roedd un astudiaeth yn honni bod wyrion y fets ddeg gwaith yn fwy tebygol o gael eu geni a nam corfforol arnyn nhw.

Roedd Peter ei hun yn dioddef yn aml o flinder, gwres uchel a phroblemau croen. Fe oedd cynrychiolydd Cymru ar y BNTVA, y British Nuclear Test Veterans Association, a sefydlwyd yn 1983 i ymgyrchu am bensiynau rhyfel i'r rhai oedd wedi dioddef ers y profion, ac eisiau cydnabyddiaeth fod yr ymbelydredd wedi strywo eu hiechyd. Roedd pob gwlad arall oedd yn rhan o'r profion – America, Seland Newydd, Fiji ac Awstralia – yn talu pensiynau o fath, ond hyd heddiw dyw Prydain ddim. Yn 2003, roedd y gymdeithas yn dyfynnu'r ymchwil a wnaed gan gymdeithasegwr meddygol ym Mhrifysgol Dundee, oedd yn dangos bod y cyn-filwyr yn marw yn 56 oed ar gyfartaledd – 20 mlynedd o flaen eu hamser. Ac roedd eu plant bum gwaith yn fwy tebygol o ddatblygu spina bifida. Mewn cyfweliad i'r rhaglen, dywedodd yr ymchwilydd Sue Rabbitt Roff, fod y llywodraeth 'wedi gadael i'r pethau yma ddigwydd er eu bod yn gwybod ar y pryd y gallai'r ymbelydredd beryglu iechyd'. Mae'r gymdeithas yn mynd ymhellach ac yn honni mai dyna ran o fwriad y profion. Maen nhw'n dyfynnu un o ddogfennau cyfrinachol y llywodraeth o 1953 oedd yn esbonio mai pwrpas

y profion oedd 'darganfod effeithiau manwl gwahanol fathau o
ffrwydriadau ar offer, storfeydd a dynion, gyda, a heb, amryw
ddulliau o'u gwarchod'.

Taith fer oedd hi i safle'r ffrwydriad ei hun ym mhen pellaf
yr ynys. Teimlad rhyfedd, a phryderus braidd o gofio hir oes
ymbelydredd, oedd sefyll yn yr union fan lle cafodd chwe bom
niwcliar eu ffrwydro bedwar degawd a hanner ynghynt. Pob un
ohonyn nhw lawer gwaith mwy pwerus na'r bom a ollyngwyd
ar Hiroshima. Y cyfan oedd ar ôl ar y safle oedd polyn rhyw
ddeuddeg troedfedd o uchder, a phowlen o ryw fath ar ei ben
– edrychai'n debyg i bolyn pêl-rwyd. O'r pedair bom a welodd
Peter, ffrwydrodd dwy ar dop y polyn a gollyngwyd dwy arall
o'r awyr. Ac nid dyma'r tro cyntaf iddo sefyll ar y safle hwn.
Rhan o'i ddyletswyddau yn 1958 oedd gyrru dyn camera
i'r safle cyn y bomio i osod camerâu mewn pedwar byncar.
'Ar gyfer pob prawf,' meddai, 'ni oedd y diwethaf o 'ma, a'r
cyntaf 'nôl i gasglu'r ffilm. Wedyn, mi aeth archwiliad geiger o
'nghorff *off* y *scale*, ac ar un adeg, roedd rhaid i fi fynd i'r gawod
bump gwaith i sgrwbio'n hun yn lân cyn i'r geiger ddangos
gole gwyrdd. Does dim amheuaeth, fe gawson ni'n defnyddio
fel *guinea pigs*. Ro'n nhw am destio effeithiau ymbelydredd ar
ddynion ac offer.'

Mae llywodraethau Prydain ar hyd yr adeg wedi gwadu'r
effaith ar y milwyr. Lluniodd yr NRPB, y National Radiological
Protection Board, ddau arolwg oedd yn profi, medden nhw,
nad oedd yr achosion o ganser ymysg y cyn-filwyr damaid yn
uwch nag yn y boblogaeth gyfan.

Cyn darlledu'r rhaglen, fe gawsom gyfweliad gyda'r
gweinidog perthnasol ar y pryd, Dr Lewis Moonie, Gweinidog
Materion yr Hen Filwyr ac Ymgynghorydd Iechyd Cyhoeddus
cyn dod yn Aelod Seneddol. Meddai wrth y rhaglen, 'roedd y
dynion o fewn pellter diogel a does dim tystiolaeth o gwbl bod
unrhyw *exposure* i ymbelydredd. Roedd y profion bob amser
yn cael eu cynnal pan fyddai'r gwynt yn cario'r cwmwl i ffwrdd
o'r ynys.' Ychwanegodd y byddai wedi bod yn ddigon hapus i
sefyll bymtheg milltir o ffrwydriad niwcliar ar y pryd. 'Dwi'n

credu y buasai wedi bod yn ddiddorol iawn. Dwi'n credu ei bod yn foment ddiffiniol, os mynnwch chi, yn hanes yr hil ddynol fodern, a byddai wedi bod yn wyddonol ddiddorol i fod wedi gweld un.'

Dwi'n uffernol o edifar 'mod i wedi cael gymaint o sioc o glywed bod y 'gwynt wedi chwythu'r ymbelydredd i'r môr' nes imi fethu pwyso ymhellach arno i esbonio datganiad mor wirion. Ac roedd ei ymateb yn anghyson ag addewidion bron pob aelod arall o Gabinet Llywodraeth Blair ar y pryd. Yn 1990 roedd y rheiny, yn eu mysg Blair ei hun, John Prescott, Jack Straw, David Blunkett a Robin Cook, wedi cefnogi mesur seneddol preifat yn galw am i'r cyn-filwyr gael iawndal.

A beth am yr effaith ar drigolion yr ynys, rhyw dair mil ohonyn nhw? Fe gawson nhw loches ar longau cyfagos yn ystod y ffrwydriadau eu hunain, ond fe ddwedodd unig feddyg yr ynys, Dr Eritane Kamatie, wrtha i fod achosion o ganser yno heddiw yn uwch na'r hyn roedd wedi ei weld yng ngweddill Gweriniaeth Kiribati. A does fawr ddim gwybodaeth arall am effeithiau'r ffrwydriadau ar yr ynyswyr. Doedd neb wedi cadw cofnodion meddygol. Gan mai dim ond 55 oed yw eu disgwyliad oes, dim ond llond llaw o bobl sydd yn dal yn fyw sy'n cofio'r bomiau. Ro'n nhw'n cofio ofni bod y byd yn dod i ben ac wedi clywed eu rhieni'n sôn am 'farwolaethau rhyfedd'. Aeth rhai o'r trigolion â ni i weld coeden cnau coco a chanddi bump coes – un sydd gan y coed hyn fel arfer. Ro'n nhw o'r farn mai dim ond ymbelydredd allai greu y fath ryfeddod.

Fel pe bai styfnigrwydd Prydain ar fater yr ymbelydredd ddim yn ddigon, ro'n nhw'n gyfrifol am sgandal arall. Ar draws yr ynys, ac ar gyrion un pentref, roedd y sbwriel a adawyd ar ôl gan y Prydeinwyr yno o hyd: yn bennaf hen gerbydau, peiriannau a chasgenni tar gwag a gafodd eu defnyddio i adeiladu ffyrdd. Y cyfan bellach yn anialwch rhydlyd a oedd yn gorchuddio aceri o dir ac yn llygru'r dŵr yfed. Yn 1996 cyhoeddwyd adroddiad damniol ar y llanast gan ddirprwyaeth o Swyddfa Dramor Prydain. Yr hyn sy'n syndod yw nid y disgrifiad o'r holl geriach, ond yn hytrach, y ffaith fod yr awduron yn weision sifil nad oedden nhw fel arfer yn condemnio'u bosys gwleidyddol mewn geiriau mor gryf. Ddwy flynedd cyn inni ffilmio, roedd Llywodraeth Prydain wedi addo clirio'r sbwriel, ond doedd dim byd wedi digwydd. Cafwyd yr un addewid eto yng nghyfweliad Dr Moonie. A baswn i'n synnu dim bod pobl Ynys y Nadolig yn dal i ddisgwyl i wleidyddion Prydain brofi bod ganddyn nhw owns o foesoldeb.

Bu farw Peter yn 2005, ddwy flynedd wedi'r rhaglen. Parhau i frwydro am iawndal wnaeth Euronwy. Cafodd papurau newydd eu rhyddhau oedd yn profi'r lefelau o ymbelydredd roedd Peter wedi dioddef, ac yn 2013, enillwyd achos Peter mewn llys yn Llundain. Mae eraill yn dal i frwydro – a'r Llywodraeth yn dal i wadu cyfrifoldeb.

Indiana go iawn

DOEDD DIM GORMOD o ots gen i fod y gŵr roeddwn i'w gyfarfod ddwyawr yn hwyr yn barod. Wedi'r cyfan, dim bob dydd y cewch gynnig mynd i sefyll uwchben un o drysorau mwyaf dirgel y byd erioed. A dyna oedd addewid fy ngwestai. Ac ro'n i'n eistedd mewn bar, bar un o westai enwocaf y byd hefyd – yr American Colony Hotel yn Jerwsalem. Erbyn y noson hon yn haf 1996 ro'n i'n hen gyfarwydd â'r lle, wedi treulio sawl cyfnod ffilmio yno ers rhyfel cyntaf y Gwlff yn 1991. Mae'r rhestr westeion yn cynnwys Syr Peter Ustinov, pan gafodd yr adeilad ei ddefnyddio mewn ffilm o un o nofelau Agatha Christie, Lawrence o Arabia, Bob Dylan. A dyma lle'r oedd swyddfa Tony Blair yn y Dwyrain Canol.

Rhag i unrhyw un feddwl 'mod i wedi dewis ei 'lordio' hi tra o'n i'n gweithio yn Israel, y Colony oedd y lle i fod ar fy ymweliad cyntaf â'r wlad yn 1991, pan oedd Saddam yn tanio taflegrau Scud at Israel. Roedd y gwesty yn nwyrain Jerwsalem – y rhan Arabaidd – ac felly'n debygol o fod yn fwy diogel rhag y Scuds. Ac roedd y Colony'n cynnig disgownt mawr i newyddiadurwyr, oedd yn golygu bod y lle'n llawn ohonom y rhan fwyaf o'r amser. Ac roedd y ffaith fod llysgennad Ewrop yn Israel ar y pryd, y Cymro Gwyn Morgan o Aberdâr, yn ymwelydd cyson ac yn ffrind i berchennog y gwesty – ac i minnau – yn golygu bod pob help ar gael ar adegau rhyfelgar.

Ond nid er mwyn sgwrs am wleidyddiaeth a rhyfela roeddwn yn y bar y noson arbennig hon. Ro'n i yma ar fy ngwyliau, ond nid gwyliau ymlacio. Roedd fy ffrindiau gwaith yn Israel wedi fy niddori â sawl stori na fedrwn, yn y dyddiau hynny, eu hymchwilio o Gymru. Roedd rhaid bod yma yn Israel i wneud hynny, a doedd y gyllideb ymchwil ddim yn ddigon hael i fy anfon i'r Dwyrain Canol. Y rheswm dros dalu o fy mhoced fy hun felly oedd apêl enfawr dwy stori ryfeddol a ddaeth i'm sylw.

Un oedd yr Yemenis. Erbyn 1996 ro'n i wedi gweithio gryn dipyn gyda dyn sain o Tel Aviv o'r enw Ehud Tomalak, neu Tomi. Ro'n i'n dod 'mlaen yn dda gydag ef, a dyna'r rheswm hwyrach iddo sôn wrtha i am stori fawr fasai'n anodd dod o hyd i'r gwir yn ei chylch. Un diwrnod, cafodd yr heddlu eu galw i warchae mewn seminari, lle'r oedd y Rabbi yn dal nifer o fyfyrwyr yn wystlon. Chofia i ddim beth oedd achos y digwyddiad, ond roedd un peth ddwedodd y Rabbi wedi codi gwrychyn y sefydliad Iddewig. Pan gyhoeddodd yr heddlu eu bwriad i dorri'r drws i lawr, gwaeddodd y Rabbi, 'Peidiwch â mentro, neu mi ddweda i wrth bawb am yr Yemenis.'

Wnaeth hynny ddim achub ei groen, ond bu cryn ddyfalu beth oedd a wnelo'r digwyddiad â'r Yemenis. Wedi i ambell newyddiadurwr dwrio i'r cefndir, daeth sgerbwd y stori i'r amlwg. Wedi'r Ail Ryfel Byd, roedd nifer fawr o Iddewon o bedwar ban yn awyddus i wneud *aliyah*, hynny yw, dod i fyw i Israel. Hen wlad, ond gwlad newydd hefyd, fel petai. A gwlad oedd yn brin o ddau beth yn arbennig yn ei dyddiau cynnar, sef pobl ac arian. Cafodd pob cais am *aliyah* ei groesawu'n frwd gan yr awdurdodau, felly, er mwyn sicrhau poblogaeth gref yn Israel. A hynny er nad oedd strwythur y wlad yn barod amdanyn nhw o ran eu lleoli a sicrhau to dros eu pennau.

Yn eu mysg roedd hanner can mil o Iddewon o'r Yemen a gludwyd i Israel yn ystod Operation Magic Carpet, 1949–1950. Fe'u cadwyd mewn gwersylloedd dros dro tra bod trefniadau mwy parhaol yn cael eu gwneud ar eu cyfer. Ond roedd dygymod â'r *aliyah* yn gostus, ac felly roedd croeso hefyd i gynlluniau fyddai'n gwneud arian i'r wladwriaeth. Felly'r honiadau gan rai pobl fod yr Yemenis wedi eu cam-drin – a dyma sgerbwd y cyhuddiadau hynny. Wrth iddyn nhw gyrraedd y gwersylloedd, cafodd nifer o'r rhieni Yemeni – ychydig dros fil ohonyn nhw – eu gwahanu oddi wrth eu plant, plant na welson nhw fyth eto. Yn ôl yr awdurdodau, roedd y plant yn sâl ac angen gofal ysbyty. Yn ddiweddarach cafodd y rhieni wybod bod eu plant wedi marw, er na chawson nhw weld y cyrff. Yr amheuaeth oedd eu bod, mewn gwirionedd, wedi cael eu gwerthu i rieni maeth cyfoethog yn Israel ac America. Y cwestiwn mwyaf amlwg oedd shwt ar wyneb daear y gallai unrhyw aelod o genedl oedd wedi bod drwy'r Holocost wneud y fath beth i'w bobl ei hun yn syth wedyn.

Mae'n rhaid imi bwysleisio na lwyddais i brofi a oedd y stori hon yn wir ai peidio. Mi wnes fy ngorau i balu rhywfaint yn ystod fy ngwyliau, ond roedd yn amlwg yn dasg y tu hwnt i'r adnoddau oedd gen i. Y mwyaf o wirionedd oedd yn y stori, y mwyaf anodd y byddai ei phrofi'n wir mewn gwlad fel Israel. Yn 2001 daeth ymchwiliad cyhoeddus ar y mater i ben. Penderfynwyd nad oedd Llywodraeth Israel wedi herwgipio plant yr Yemenis, a bod dogfennau priodol yn bodoli ar gyfer mwyafrif llethol y plant hynny.

Ond y testun a ddaeth â fi i'r Colony ar y noson hon oedd archaeoleg. Ac mae 'na ddigon o hwnnw yn Israel. Mewn tomen sbwriel yn rhywle daethpwyd o hyd i ffiol win Herod. Ac mae 'na stori dda yn Bethlehem am foi o'r dref oedd yn dioddef o iselder, ac oedd wedi penderfynu cymryd ei fywyd ei hun un noson. Taflodd raff i drawst pren yn nenfwd ei gartref i geisio crogi ei hun a rhoi pwysau ei gorff arni, ond tynnodd y to am ei ben, ac i lawr ar ei ben hefyd y daeth gwerth ffortiwn o ddarnau arian Rhufeinig oedd wedi bod yn celu yn y nenfwd am ganrifoedd maith. A bûm yn ddigon ffodus yn ystod y daith hon i ymweld â safle rhyfeddol Masada, lle gwnaeth yr Iddewon eu safiad olaf yn erbyn y Rhufeiniaid yn y flwyddyn 73OC. Yn y ddinas fechan hon ar ben mynydd ger y Môr Marw y lladdodd mil o Iddewon eu hunain cyn i'r Rhufeiniaid ddod dros y muriau i'w concro.

Ond mae un trysor mawr heb ei ddarganfod. Roedd fy ngwestai, Vendyl Jones, yn honni ei fod yn gwybod lleoliad nid yn unig y trysor daearol mwyaf y mae'r byd wedi ei weld erioed, ond yr un mwyaf ysbrydol hefyd. Doedd gan Vendyl ddim gwreiddiau Cymreig. O'r Alban yr aeth ei gyndeidiau i

America ganrifoedd yn ôl. Ganwyd Vendyl yn Texas, lle daeth yn offeiriad y Bedyddwyr. Wedi astudio'r ysgrythurau Iddewig, cafodd dröedigaeth i'r ffydd honno, ond nid dyna'r prif reswm iddo symud i Israel i fyw yn 1967.

Y symbyliad i hynny oedd ei ddiddordeb yn y *Dead Sea Scrolls* – yr ysgrythurau hynny a ganfuwyd mewn ogofâu ar lannau'r Môr Marw yn 1952. Roedd un ysgrythur wedi ei hysgrifennu ar gopor a'r *Copper Scroll* yw'r mwyaf dadleuol o'r holl bethau a ddaeth allan o'r ogofâu ger Qumran. Yn ôl Vendyl, mae nid yn unig yn datgelu lleoliad yr aur, yr arian a'r diemwntiau, ond yn datgelu safle Arch y Cyfamod ei hun. Yr Arch y cadwyd tabledi'r Deg Gorchymyn ynddi – ac, wrth gwrs, yr Arch a gafodd sylw o'r newydd yn sgil poblogrwydd Indiana Jones a'i ffilm *Raiders of the Lost Ark*.

Mae'r hyn ddigwyddodd i'r Arch yn ddirgelwch. Yn ôl yr Hen Destament, Moses fynnodd iddi gael ei hadeiladu wrth droed Mynydd Sinai tua 1250 CC, yn flwch sanctaidd i gadw'r Deg Gorchymyn a dderbyniodd gan Dduw. Yn ôl yr ysgrythurau Beiblaidd, cafodd ei defnyddio am ddau gan mlynedd, trwy rinwedd ei phwerau ysbrydol, i sicrhau buddugoliaethau ar faes y gad yn erbyn gelynion Israel. Diflannodd o'i mangre yn Nheml Solomon yn Jerwsalem rywbryd rhwng y chweched a'r ddegfed ganrif cyn Crist. Efallai iddi gael ei dwyn yn y flwyddyn 925 CC pan ymosododd yr Eifftwyr ar y ddinas, neu yn 597 CC, pan gafodd Jwdea ei choncro gan y Babyloniaid dan arweiniad Nebuchadnesar.

Fel un oedd â diddordeb yn yr hudol a'r arallfydol, roedd stori'r Arch yn apelio. Ac roedd digon o dystiolaeth ei bod yn real ar un adeg. Mae'n ddigon posib mai dwli yw'r straeon am ei grymoedd goruwchnaturiol, ei gallu i ddifetha bywyd unrhyw un a ddeuai'n rhy agos ati a'r gred y byddai ei hailddarganfod yn sicrhau heddwch o'r diwedd rhwng holl grefyddau'r byd – os nad ailddyfodiad y Meseia ei hun. Ond yn sicr mae lle i gredu ei bod wedi *bodoli*, fel blwch i gadw dwy garreg hollbwysig i'r ffydd Gristnogol, yn hytrach na'r posibilrwydd arall ei bod yn ffrwyth dychymyg chwedlonol yn unig. Ro'n i'n gyfarwydd eisoes â nifer o'r theorïau am ei lleoliad heddiw. Un oedd yn apelio i mi oedd casgliad y newyddiadurwr, Graham Hancock, i'r Arch gael ei chludo i Ethiopia gan y Frenhines Sheba, a'i bod bellach mewn eglwys yn ninas Axum, yng ngogledd y wlad. Beth felly, oedd gan Vendyl i'w gynnig? Wedi dau ddegawd o dwrio archaeolegol roedd eisoes wedi profi bod rhan helaeth o ysgrif y sgrôl gopor yn gywir. Yn 1988, er enghraifft, daeth o hyd i olion yr olew iro sanctaidd a ddefnyddiwyd yn Nheml Solomôn yn ogofâu Qumran. Roedd y sgrôl hefyd yn cyfeirio at arogldarth sanctaidd a golau glas arbennig yn un o'r ogofâu oedd yn berthnasol i'r Arch. Yn 1992 daeth Vendyl o hyd i naw can pwys o'r arogldarth sanctaidd. Ond y darganfyddiad mwyaf dramatig oedd y golau glas. Aeth Vendyl i hwyl wrth ddisgrifio'r diwrnod roedd ef a chyd-weithiwr yn digwydd bod yn un o'r ogofâu am hanner dydd yn union. Dyna pryd roedd yr haul yn y man iawn uwch eu pennau i daflu pelydrau trwy dwll cyfleus yn y to, a boddi llawr yr ogof mewn golau glas. Roedd wrth ei fodd bod NASA bellach yn defnyddio technoleg y gofod i'w helpu yn ei waith.

Mae yna dystiolaeth gefndirol sy'n cefnogi damcaniaeth Vendyl mai mewn ogof, heb fod ymhell o Qumran, y mae Arch y Cyfamod. Bu llu o ymosodiadau rhyfelgar ar Jerwsalem dros y canrifoedd ac mae'n gwneud synnwyr i feddwl y byddai'r Iddewon oedd yn gwarchod Teml Solomon wedi cuddio ei thrysorau, gan gynnwys yr Arch.

A doedd dim prinder cuddfannau. O dan Temple Mount mae rhwydwaith o dwneli hynafol sy'n ymestyn i gyfeiriad y Môr Marw a thu hwnt. Dim ond cyfran fechan ohonyn nhw sydd wedi cael eu harchwilio. Bob tro y bydd ymgais i dwrio ymhellach mae archaeolegwyr yn cyfarfod â gelyniaeth o du arweinyddion y ffydd Iddewig, sy'n ofni effeithiau posib dod o hyd i'r Arch. Fwy nag unwaith mae gwaith Vendyl wedi ei rwystro gan awdurdodau sy'n derbyn gorchmynion y dynion mewn du. Heb sôn am y ffaith fod yr Arch yn debygol o fod ar y Llain Orllewinol. Hynny yw ar dir y Palestiniaid, sydd eu hunain yn benderfynol o rwystro pob ymgais i archwilio'r twneli, i'r graddau eu bod wedi codi waliau o frics dan ddaear i sicrhau nad oes neb yn crwydro'n rhy bell. Hwyrach ei bod yn well ganddyn nhw beidio â gweld gormod yn dod i'r amlwg, ac yn sicr ni fasen nhw eisiau darganfod unrhyw beth fyddai'n profi perchnogaeth hanesyddol yr Iddewon ar Temple Mount. Teml Solomon oedd yr ail i gael ei hadeiladu yno, y safle mwyaf sanctaidd yn y ffydd Iddewig. Mae'r eithafwyr crefyddol yn benderfynol o sicrhau y bydd yna drydedd deml. Yn siopau'r Hen Ddinas mae'r Iddewon eisoes yn gwerthu modelau o'r deml newydd i dwristiaid. Pwy a ŵyr beth fyddai effaith darganfod yr Arch pan fo'r hen ysgrythurau'n dal i daflu cysgodion hir dros safle sy'n sanctaidd i Iddewon, Moslemiaid a Christnogion? Folcano gwleidyddol a chrefyddol os bu un erioed.

Ond roedd Vendyl yn dal i dwrio o bryd i'w gilydd pan fyddai'r awdurdodau'n caniatáu. Roedd ganddo ddarn penodol o un ogof mewn golwg, a honno ddim yn bell o Qumran, mewn twnel oedd yn cychwyn dan Temple Mount ac yn ymlwybro at y Môr Marw. Honnai ei fod yn gwybod yn union ble'r oedd yr Arch a beth oedd ei safle – roedd hi ar ei phen, yn hytrach na'i hochr. Dyma'r union safle roedd wedi bwriadu fy nhywys i'w weld – imi 'gael sefyll ar ei phen hi'. Ond roedd yn rhy hwyr y diwrnod hwnnw. Cafodd Vendyl ei ddal mewn tagfa draffig amhosib wrth i gan mil o bobl lenwi strydoedd Jerwsalem ar gyfer angladd y prif Rabbi. Roedd wedi tywyllu erbyn iddo gyrraedd y Colony, a minnau'n dychwelyd i Gymru y diwrnod wedyn. Rhywbryd eto? Na, yn anffodus, methais argyhoeddi fy awdurdodau fy hun o werth gwneud rhaglen, a welais i 'mo Vendyl eto. Bu farw yn 2010 heb ddod o hyd i'r Arch.

Y noson honno yn y Colony, do'n i ddim am fychanu Vendyl trwy ei gymharu â Harrison Ford, sef Indiana Jones yn *Raiders of the Lost Ark*. Roedd hi'n dipyn o syndod felly i ddod ar draws tipyn mwy o'i hanes yn y llenyddiaeth a roddodd imi. Yn 1977, ac yntau'n twrio yn ogofâu Qumran, bu'n adrodd ei hanes wrth newyddiadurwr o America. Roedd un o'i daflenni'n honni mai'r sgwrs honno ddaeth yn sail i sgript *Raiders of the Lost Ark*.

Doedd y cynhyrchydd, Steven Spielberg, ddim yn hoff o'r enw Vendyl ac fe'i newidiwyd i Indi, neu Indiana.

Do, cefais swper gydag Indiana Jones. Yr un gwreiddiol.

'I'r corff y mae'r cyffion...'

CERDDAIS ALLAN TRWY ddrws y tŷ, ac i lawr y grisiau at y rhes o geir oedd yn ein disgwyl. Dwy ddynes a'u gwarchodwyr i mewn i un car, minnau a'm gwarchodwyr i mewn i un arall. Rhagor o geir a milwyr arfog y tu blaen a'r tu ôl inni. Gyrru drwy *checkpoint* cyntaf yr ystad, ac wedyn un arall eto cyn cyrraedd y ffordd fawr. Wedyn troed i lawr a'r ceir yn gwibio 'nôl ac ymlaen i ddrysu unrhyw un fasai'n dilyn neu'n disgwyl yn gudd amdanom. Cyrraedd neuadd ynghanol y dref. Y gwarchodwyr yn neidio allan cyn i'r ceir ddod i stop, yn union fel yn y mwfis. Ac i mewn â ni, i gynhadledd oedd yn trafod crefyddau lleiafrifol y wlad.

Y dref oedd Sulaymaniyah a'r wlad oedd Cwrdistan Irac. Y ddwy ddynes oedd Ann Clwyd a'i ffrind Hero Talabani. Rhagfyr 2012 oedd hi, a minnau wedi gwahodd fy hun ar daith Ann i weld teulu sy'n agos iawn at ei chalon – a theulu roeddwn i fy hun wedi ei adnabod ers dros ugain mlynedd. Hero, erbyn hyn, oedd 'Dynes Gyntaf' Irac gyfan. Ei gŵr Jalal oedd Arlywydd y wlad ers saith mlynedd. Ro'n nhw nawr yn byw mewn palas o dŷ ysblennydd ar fryn yn edrych i lawr ar Sulaymaniyah, yn nwyrain Cwrdistan Irac. Ond pam yr holl ddrama dros daith fer i gynhadledd mor ddiniwed?

Yn y rhan hon o'r byd, does neb sy'n weithgar yn wleidyddol yn ddiogel. Roedd gan y Talabaniaid elynion o bob math o hyd, a bu raid iddyn nhw ddysgu gwersi diogelwch ar hyd eu bywydau stormus – ond roedd y newid yn eu hamgylchiadau yn rhyfeddol. 'Nôl yn y cyfnod pan fûm yn eu ffilmio gyntaf,

Ar y sgwâr yn Tripoli, 1988.

Cyfweliad Gaddafi, 1988.

Gyda fy rhieni yn y pumdegau.

Gyda fy nghefnder Siôn yn y Ficerdy yn Paddington, ddiwedd y pumdegau.

Fi yng ngwisg Côr Eglwys Pencader yn y chwedegau.

Gyda Cliff Morgan ar y rhaglen *Hobbyhorse*, BBC Cymru, 1967.

Ar lwyfan Sioe Rag Coleg Aber ganol y saithdegau.

Llywydd Urdd y Myfyrwyr Aber, 1976.

THE PEOPLES CHOICE
DEWIS Y BOBL

FOR CHANCELLOR
UNIVERSITY OF WALES
YN GANGHELLOR
PRIFYSGOL CYMRU

SOCIAL EVENING, BUFFET & BAR
IN SUPPORT OF DAI FRANCIS NOMINATION
OF CHANCELLOR

NOSON O SOSIAL, BYRBRYD A BAR
I GEFNOGI ENWEBAETH DAI FRANCIS YN
GANGHELLOR

PATTI PAVILION, FRIDAY JULY 16th 7.30 p.m.

PAFILIWN PATTI, DYDD GWENER, GORFFENNAF
16 eg 7.30 p.m.

Tickets 60p available from
57, Walter Road, Swansea
Tel: Swansea 43323

Tocynnau 60c ar gael o
57, Walter Road, Swansea
Ffon: Abertawe 43323

Poster yr ymgyrch i ethol Dai Francis yn Ganghellor Prifysgol Cymru, 1976.

Yn stiwdio *Y Dydd* ddiwedd y saithdegau.

Eisteddfod olaf *Y Dydd*, 1982.

Yn stiwdio *Y Byd ar Bedwar*, 1982.

Brwydr Plogoff.

'Ymchwiliad cyhoeddus' Plogoff.

Fy hoff lun – y criw gyda Ramón Castro, brawd hynaf Fidel, Cuba, 1984 (yr hanes yn *Tra'n Teithio*, 1993).

Gyda Terry Lloyd o ITN yng Nghwrdistan Irac, 1991.

Plant Halabja, Cwrdistan Irac, 1991.

Chwilio am derfysgwyr Ansar al-Islam yn Irac, 2003.

Berlin, 1989, a'r wal yn cael ei dymchwel yn y cefndir.

Peter ac Euronwy Williams ar Ynys y Nadolig.

Arestio bricis o Brydain yn Berlin.

Y cyn-filwyr Wil Howarth a Howard Jones 'nôl ar Ynysoedd y Falklands.

Milton Rhys o Drelew, y Wladfa.

Y gofeb i'r Cymry ar Ynysoedd y Falklands.

Bomio'r *Sir Galahad* yn rhyfel y Falklands.

Ffilmio temlau'r Maya yn Guatemala a Mecsico.

Gydag I D E Thomas yn Efrog Newydd, 2001.

Gyda Christy Kenneally yn Moscow.

'Cwyd!'

Pont Idris yn Ethiopia,1990.

Idris yn Ethiopia, 1990.

Yng nghell Mandela
ar Ynys Robben.

Ar Ynys Robben,
gyda Table Mountain
yn y cefndir.

Gyda Mohamed
yn Ethiopia, 1985.

Gyda Mohamed
– bellach Joseff,
2005.

Yosef Eshetu from Awasa.
Date 8-12-05

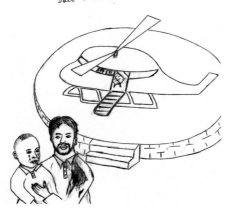

Un o luniau croeso Joseff.

Ar y ffordd
i Sekota,
Ethiopia, 2005.

Gollwng bwyd
o'r awyr yn
Ethiopia.

Gyda Negussie
a'i deulu yn
Addis Ababa,
2005.

'Bryn y Croesau'
yn Lithuania.

Croeshoelio yn
Pampanga, y
Philipinos.

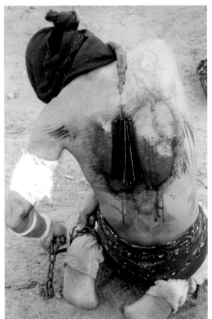

Fflangellu yn y Philipinos.

Gwobrau'r Wasg
Gymreig BT, 1997.

Gwobr BAFTA Cymru,
2005.

ffoaduriaid oedd Jalal a Hero, arweinyddion un o brif fudiadau'r Cwrdiaid yn cael eu herlid gan Saddam Hussein. Droeon bu'r ddau a'u cefnogwyr yn cuddio yn y mynyddoedd, yn gorfod cloddio am ddŵr a dim ond madarch a dail i'w bwyta. Ond nawr, Jalal oedd arweinydd Irac i gyd, tra bod gan Hero statws newydd a'r cyfle i ddefnyddio'i thalentau gwleidyddol a dyngarol i wella cyflwr pobl Cwrdistan.

Dyma'r chweched tro imi ymweld â Chwrdistan Irac. Bûm yno yn 1991, 1996 a chyn ac ar ôl y rhyfel yn 2003. Dim ond tua hanner awr y parodd yr ymweliad cyntaf yn Ebrill 1991 – wedi i Lywodraeth Iran fynd â ni i'r ffin yng ngogledd orllewin y wlad i ffilmio'r Cwrdiaid yn ffoi rhag byddin Saddam. Ond bu'r hanner awr hwnnw yn ddigon i gael prawf o'r dioddefaint. Wyddwn i ddim ar y pryd, ond tra 'mod i'n croesi i Gwrdistan Irac o Iran, roedd Ann hefyd yn y mynyddoedd yng nghwmni Jalal Talabani. Ei thystiolaeth hi o'r erlyn hwnnw berswadiodd y Prif Weinidog John Major i sefydlu hafan ddiogelwch yng Nghwrdistan Irac, hynny yw, ymosod o'r awyr pan fyddai'r Iracis yn bygwth eto. Wedi dod i adnabod Cwrdiaid yng Nghaerdydd y saithdegau, daeth Aelod Seneddol Cwm Cynon yn bencampwr eu hachos. Tachwedd 1991 oedd yr ail ymweliad, a'r cyntaf yng nghwmni Ann. Y tro hwn mi groeson ni i mewn i Gwrdistan Irac trwy Dwrci. Ac roedd milwyr Saddam yn dal i fygwth yr hafan ddiogel. Yn dal i herio'r awyrennau Prydeinig oedd yn amddiffyn Cwrdistan. Dyma'r daith y bydda i'n ei disgrifio pan fydd unrhyw un yn gofyn sut mae delio â pherygl. Am bron i ddeg diwrnod fe deithiom ar draws Cwrdistan Irac o'r gorllewin i'r dwyrain, weithiau'n chwilio am fyddin Irac, i brofi eu bod nhw'n dal i ymosod, weithiau'n eu hosgoi ar hyd llwybrau anodd. Ar un adeg bu'n rhaid i ni a'n cerbydau groesi afon ar rafft am fod yr Iracis wedi bomio'r bont. Ar adeg arall llwyddais i wneud darn i'r camera hanner milltir yn unig o linell flaen byddin Saddam. Aeth y daith â ni yn y diwedd i dref ryw ddwy awr o Baghdad ei hun, ond aeth popeth fel watsh. Fe gawsom fwyd, llety a gofal heb ei ail gan y Cwrdiaid – yn eu plith y Talabaniaid oedd yn ymladd 'nôl orau gallen nhw yn y mynyddoedd.

Ar y diwrnod cyntaf 'nôl yng Nghaerdydd cefais ddamwain car yn Heol Romilly. Chafodd neb niwed, ond mi ddechreuais feddwl am shwt mae diffinio perygl. Os nad oes dim byd yn digwydd ichi, doedd y daith ddim yn beryglus. Os oes rhywbeth *yn* digwydd, yna fe fuoch chi mewn sefyllfa beryglus. Caerdydd oedd yn beryglus i mi, felly, nid Cwrdistan Irac! Cefais fy atgoffa o'r dyn camera rhyfel o'r BBC y deuthum ar ei draws mewn rhyw drybini unwaith, y ddau ohonom yn cymharu nodiadau am wahanol lefydd yn y byd. Gofynnais iddo beth oedd y lle mwyaf peryglus roedd wedi ei ffilmio, a'r ateb a gefais yn syth oedd Brixton!

Yn 1991 cefais ddarlun brawychus o greulondeb Saddam tuag at y Cwrdiaid, a doedd dim enghraifft fwy torcalonnus o hynny na'r bachgen ifanc a gafodd ei gyflwyno inni gan Hero – bachgen 13 oed o'r enw Teimush. Deg oed yn unig oedd e pan ddaeth y milwyr i'w bentref a heidio pawb i mewn i ddeg ar hugain o lorïau. I ddechrau, aethpwyd â nhw i wersyll dros dro yn Kirkuk, lle gwelodd Teimush ei dad yn cael ei ddinoethi, ei glymu wrth Gwrdiaid eraill a'i gludo i ffwrdd.

Aethpwyd â gweddill y pentrefwyr ar draws yr anialwch mewn lorïau, heb fwyd na dŵr. Bu farw tri yn ystod y daith. Wedi cyrraedd ardal ger y ffin â Saudi Arabia, gwelodd Teimush dyllau mawr yn y ddaear. Wrth iddyn nhw gael eu gorfodi i neidio i mewn i'r tyllau, gwyddai'r pentrefwyr fod y milwyr yn paratoi i'w saethu. Yn ôl Teimush, roedd pawb yn dawel ac am weld y diwedd anochel yn dod cyn gynted â phosib.

Roedd hi'n dywyll pan ddechreuodd y saethu. Trawyd Teimush gan fwled a rhedodd at un o'r milwyr. Gan ddal ei law, ymbiliodd arno i beidio â'i ladd ond gorchmynnodd milwr arall y dylid taflu'r plentyn yn ôl i'r twll. Er bod y milwr cyntaf yn crio wrth ufuddhau, taniodd yr eilwaith at Teimush a'i glwyfo eto. O'i gwmpas roedd cyrff ei fam a'i dair chwaer. Ffugiodd yntau farwolaeth. Wrth i'r milwyr fynd i 'nôl y *bulldozers*, gwelodd symudiad trwy gil ei lygad. Roedd un groten fach hefyd wedi llwyddo i aros yn fyw, ond doedd e ddim yn gwybod beth ddigwyddodd iddi wedyn.

Llwyddodd Teimush i guddio mewn twll gwag. Ar ôl i'r milwyr orffen eu gwaith, cerddodd am oriau nes cyrraedd gwersyll un o'r llwythau Bedouin. Cafodd loches ganddyn nhw am dair blynedd cyn dychwelyd i Gwrdistan lle'r oedd yn byw dan warchodaeth ofalus. Roedd Saddam am ei lofruddio, er mwyn cael gwared ag un fu'n llygad-dyst i'r lladdfa. Roedd profiad Teimush yn awgrymu beth fu tynged degau o filoedd o'i gydwladwyr. Yn Ebrill 1988 dechreuwyd ymgyrch Anfal yn eu herbyn. Lladdwyd hyd at 200,000 o bobl, cyfran helaeth ohonyn nhw diolch i fomio cemegol o'r awyr.

'Halabja – chwaer fach Hiroshima,' meddai'r arwydd ar y ffordd sy'n arwain at y dref. Dyma lle talodd y Cwrdiaid yn ddrud am eu cefnogaeth i Iran yn y rhyfel yn erbyn Irac. Dros gyfnod o bedair awr, gollyngwyd mwy na dau gant o fomiau napalm ar Halabja. Yna, am chwech awr, cafodd dau gant o fomiau'n cynnwys cymysgedd o gemegau dieflig eu gollwng ar y gweddillion. Bu farw 5,000 o bobl ar unwaith ar ôl anadlu'r nwyon gwenwynig. Cefais gyfweliad gydag Ares Alkram, gŵr canol oed oedd wedi colli 24 aelod o'i deulu. Rhedodd i'r mynyddoedd pan ddaeth yr awyrennau, ond pan ddychwelodd i'r dref daeth ar draws cyrff ei saith chwaer, ei dri brawd, ei rieni, ei ewythrod a'i fam-gu.

Gyda ni ar y daith hon yn 1991 roedd Terry Lloyd, gohebydd ITN, y ddau ohonom yn cydweithio'n agos i gael yr adroddiadau gorau posib i S4C ac ITN. Nid dyma'r tro cyntaf iddo fod yn Halabja. Ar ddiwrnod y bomio cemegol roedd yn digwydd bod yn ffilmio dros y ffin yn Iran. Aeth rhai o filwyr y wlad ag ef i'r dref mewn hofrennydd, gan hedfan yn isel trwy'r dyffrynnoedd er mwyn osgoi awyrennau Irac. Gan Terry y cafwyd y lluniau cyfarwydd hynny o gyrff yn y strydoedd, gan gynnwys un tad a orweddai ar ei hyd a'i fab yn ei freichiau. Heddiw, ynghanol y dinistr, mae cofgolofn hardd i'r ddau. Roedd y tad wedi magu wyth o ferched cyn i'r mab cyntaf gael ei eni. Hwnnw oedd y bachgen fu farw ym mreichiau ei dad. Yn ogystal â dial ar y

Cwrdiaid, roedd Saddam wedi defnyddio'r cyrch fel arbrawf – er mwyn mesur effeithiau'r gwahanol fathau o fomiau cemegol ac i weld beth fyddai ymateb y byd. Cystal dweud na fu unrhyw newid yn y berthynas rhwng Prydain ac Irac. Yn hanner cant oed, bu farw Terry wrth ohebu ar y rhyfel i ddisodli Saddam yn 2003. Wrth deithio i Basra cafodd ef a'i ddyn camera eu saethu gan filwyr America. Mewn cwest yn 2006 dyfarnwyd iddo gael ei ladd 'yn anghyfreithlon'. Ddwy flynedd wedyn, penderfynodd gwasanaeth erlyn y Goron nad oedd digon o dystiolaeth i erlyn y milwyr.

Mae'r Cwrdiaid, wrth gwrs, yn gyfarwydd â dioddefaint. Ers pedair mil o flynyddoedd, maen nhw wedi byw yn y mynydd-dir rhwng Môr Caspia yn y dwyrain a'r Môr Canoldir i'r gorllewin. O dras Ariaidd, mae eu hiaith yn perthyn i Farsi, sef iaith Indo-Ewropeaidd Iran – ac mae ganddyn nhw ddwy brif dafodiaith. Moslemiaeth Sunni yw eu crefydd. Am eu bod ar wasgar yn Iran, Twrci, Syria a'r Undeb Sofietaidd, does neb yn siŵr beth yw eu nifer. Yn ôl un amcangyfrif, mae yna rhwng 18 miliwn a 28 miliwn – eu hanner yn byw yn Nhwrci. Ers 2,500 o flynyddoedd, maen nhw'n bobl orthrymedig.

Ond mae olion eu presenoldeb yn mynd 'nôl ymhellach na hynny. Yn yr amgueddfa yn Sulaymaniyah, cawsom esboniad o hanes cynnar gan archaeolegydd oedd wedi treulio cryn amser yn astudio ym Mhrifysgol Caerdydd. Tynnodd ein sylw at hen gerrig ag ysgrifen ryfedd arnyn nhw a ddarganfuwyd yn lleol. Dyma'r tro cyntaf imi weld *cuneiform*, un o'r dulliau cynharaf o ysgrifennu. Cafodd ei ddefnyddio gan y Sumeriaid am gyfnod, dros dair mil o flynyddoedd cyn Crist. Esboniodd yr archaeolegydd mai stori ar ffurf cerdd oedd ar un o'r cerrig, 'tebyg i'ch cerddi chi yng Nghymru,' meddai. Wedi treulio amser yn astudio ym Mhrifysgol ac Amgueddfa Caerdydd, 'roedd wedi sylwi ar y tebygrwydd, o ran strwythur metrig, rhwng ein cynghanedd ni a'r cerddi cerrig'. Oedd y Sumeriaid, tybed, yn cynganeddu?!

Tua 400 CC y mae'r sôn cyntaf am frwydrau'r Cwrdiaid, pan fuon nhw'n ymladd yn erbyn byddin y Groegiaid. Colli wnaethon nhw – yn wir, dyna fu eu hanes erioed. Y ddihareb gyntaf y maen nhw'n ei dysgu i'w plant yw, 'Does gan y Cwrdiaid ddim ffrindiau'. Un o'r Cwrdiaid enwocaf oedd Saladin a fu'n ymladd dros Islam yn erbyn Richard the Lionheart, brenin Lloegr. Yn y gobaith o guro Saddam, fe gefnogodd Cwrdiaid Irac Iran yn y rhyfel gwaedlyd rhwng y wlad honno ac Irac yn yr wythdegau – felly'r dial ofnadwy yn eu herbyn.

Ymgais ar *genocide* oedd y dial. Glanhau ethnig ar raddfa anferth. Cafodd tri chwarter pentrefi'r Cwrdiaid eu chwalu, y trigolion naill ai'n marw oherwydd bomiau cemegol, neu'n cael eu cludo i ffwrdd i gael eu saethu a'u claddu yn yr anialwch. Yn ystod ymweliad 2003, aeth Hero â ni i ddau bentref yn y mynyddoedd i weld beddau rhai o'i ffrindiau. Yn Askar, yn ôl hen foi a lwyddodd i ffoi yn ystod yr ymosodiad, effaith gyntaf y cemegau oedd dallu pobl. Wedi i'r cemegau glirio, daeth y milwyr a chipio 180 o ddynion ifanc y pentref a dyna'r tro diwethaf y gwelwyd nhw. Yn Koptape mae cerflun gwyn anferth o ddyn yn tagu. Roedd chwech awyren yn yr ymosodiad a bu farw 300 o bobl ynghanol y pentref yn syth. Wedyn daeth y milwyr eto a chludo 400 o bobl eraill oddi yno, a doedd neb wedi eu gweld ers hynny.

Ond nawr, mewn 'hafan ddiogel' ers 1991, roedd ganddyn nhw gyfle i adeiladu eu gwladwriaeth eu hunain. Cafwyd etholiad cyffredinol yn 1993 ar gyfer senedd newydd sbon yn Erbil. Ond roedd 'na broblem, sef diffyg undod ymysg y Cwrdiaid, oedd wedi eu rhannu rhwng cefnogwyr y KDP (y Kurdish Democratic Party), dan arweinyddiaeth Masoud Barzani, a'r PUK (the Patriotic Union of Kurdistan), plaid y Talabaniaid. Dwy garfan a'u *peshmerga* (lluoedd milwrol) eu hunain, a dwy ymerodraeth deuluol oedd yn casáu ei gilydd. Aeth yn rhyfel cartref rhyngddyn nhw a bu farw tua 3000 o Gwrdiaid.

Dyna pam yr aeth Ann 'nôl eto yn 1996, a minnau gyda hi. Gan ei bod yn nabod y ddau arweinydd yn dda, bwriad y daith oedd ceisio cymodi rhyngddyn nhw a goruchwylio cyfnewid carcharorion ar y ddwy ochr – nifer o'r rheiny wedi

eu harteithio lawn cynddrwg â'r driniaeth a gafodd y Cwrdiaid
dan law Saddam. Roedd y senedd yn Erbil yn wag, y gynnau
wedi dinistrio'r gobeithion am hunanreolaeth ddemocrataidd.
Fedrwn i ddim peidio â meddwl am ffilm Monty Python, *Life
of Brian*, lle mae gan yr Iddewon ddau fudiad sy'n gwrthryfela
yn erbyn y Rhufeiniaid. Ac mae'r 'People's Front of Judea' a'r
'Judean People's Front' yn casáu ei gilydd yn fwy na maen
nhw'n casáu'r Rhufeiniaid.

Llwyddodd Ann i sicrhau cyfnewid carcharorion a'u
rhyddhau. Ei geiriau olaf ar ddiwedd y rhaglen hon yn 1996
oedd y byddai'n drasiedi petai un o'r ddwy ochr yn y rhyfel
cartref yn troi at Saddam am gymorth i orchfygu'r ochr
arall. Ond dyna'n union ddigwyddodd wedi inni fynd adref.
Barzani ofynnodd am help Saddam i guro lluoedd Talabani.
Aeth byddin Irac i mewn i ddinas Erbil ac roedd colledion
y PUK yn fawr. Unwaith eto bu'n rhaid i'r Talabaniaid ffoi i
ddiogelwch eu cadarnle i'r dwyrain, yn y mynyddoedd o
gwmpas Sulaymaniyah.

Cafwyd heddwch yn y diwedd rhwng y ddwy garfan.
Dechreuodd eu senedd yn Erbil ar ei gwaith a daeth llewyrch
i'r wlad. A rhaid dweud 'mod i wedi cyfarfod un arweinydd
dymunol iawn o'r KDP. Ar ymweliad unwaith â Salahuddin,
pencadlys y mudiad yn y mynyddoedd i'r gogledd o Erbil,
arhosais dros nos yng nghartref Sami Abdul Rahman. Dyn
doeth, cwrtais a chroesawgar ddaeth yn ddirprwy brif weinidog
Cwrdistan Irac wedi i Saddam gael ei ddisodli. Ym mis Chwefror
2004 daeth y newyddion trist iddo ef a'i fab hynaf gael eu lladd
ar ôl i fom ffrwydro yn Erbil. Un o garfanau Ansar, Moslemiaid
eithafol Irac, oedd yn gyfrifol. Lladdwyd 98 o bobl i gyd.

Dair wythnos cyn rhyfel 2003 fe aethom 'nôl i Gwrdistan.
Gofynnwyd i Ann agor yr 'adeilad coch' yn Sulaymaniyah
yn swyddogol, y lle bellach yn amgueddfa i ddioddefaint y
Cwrdiaid. Dechreuodd grio mewn cyfweliad teledu wrth iddi
gofio'i phrofiad yn y mynyddoedd yn 1991, pan oedd mamau
yn begian arni i achub eu babanod, yn eu gwthio nhw i'w
breichiau – a'r babanod eisoes wedi marw. Ar y daith hon

y deuthum ar draws Al-Qaeda am y tro cyntaf yn fy mywyd (a'r tro diwethaf, gobeithio). Roedd pentrefi mewn dyffryn ger Halabja wedi eu meddiannu gan Ansar al-Islam, un o garfanau Al-Qaeda yn Irac. Roedd amheuaeth bod Saddam yn cynorthwyo'u brwydr yn erbyn y Cwrdiaid. Aeth y *peshmerga* â ni i'r *frontline* rhyngddyn nhw ac Ansar, oedd yn cynnwys dringo fry i'r mynyddoedd trwy'r eira, lle'r oedd tanio bob dydd rhwng y ddwy ochr. A rhai dyddiau wedi inni fod yno, cafodd tri *peshmerga* eu lladd mewn *checkpoint* gerllaw.

Ond roedd y Cwrdiaid wedi cipio nifer o'r terfysgwyr a heddlu cudd Saddam. Yn y carchar lleol, dwedodd un heddwas cudd, Abdul Rahman Ashmari, wrtha i fod Saddam wedi rhoi arfau cemegol i Ansar. Cefais gyfweliad hefyd gan un o'r terfysgwyr oedd dan glo. Roedd yn rhan o griw oedd wedi ceisio llofruddio Prif Weinidog Cwrdistan, Barham Salih. A'i ddwylo mewn cyffion, dywedodd Keis Ibrahim Khadir wrtha i fod Barham yn haeddu marw am ei fod yn bagan. Gofynnais iddo beth oedd ei agwedd ata i fel newyddiadurwr o'r gorllewin. Fasai e'n fy lladd i? Na, ddim petawn yn priodi ei chwaer, yn lladd buwch a rhannu'r cig rhwng pob aelod o'i deulu. A, wel, rywbryd eto.

Roedd yn naturiol yn rhy beryglus o hyd i fynd i Irac ei hun, a Saddam yn dal wrth y llyw. Ond pan aethom yn ôl eto wyth wythnos wedi'r rhyfel, roedd yn bosib mynd i Baghdad. Ann bellach oedd cennad bersonol Tony Blair yn Irac ar iawnderau dynol, ac fe gyrhaeddom y brifddinas mewn awyren Hercules o Kuwait. Fe arhosom yng nghartref Jalal a Hero, a threulio tipyn o amser ym mhencadlys y Cynghreiriaid, y CPA (Coalition Provisional Authority), un o balasau Saddam yng nghanol y dref. Er ei bod yn ddyddiau cynnar o ran ailadeiladu'r wlad, daeth yn eglur yn ddigon buan nad oedd y Cynghreiriaid wedi meddwl llawer am y peth.

A'u camgymeriad mwyaf wrth gwrs oedd *de-Ba'athification*, sef cosbi aelodau plaid y Ba'ath oedd yn un o arfau Saddam i reoli'r wlad, a gwadu cyfle iddyn nhw hefyd chwarae rhan yn yr Irac newydd. Roedd hyn yn cynnwys rhoi'r sac i filwyr Saddam, yn hytrach na'u perswadio i drosglwyddo eu teyrngarwch i'r drefn newydd. Fel Saddam, Sunnis oedd y milwyr ac ymhen blynyddoedd bydden nhw'n trosglwyddo'u teyrngarwch i derfysgwyr eithafol IS.

Ond roedd 'na derfysgaeth yn Irac yn barod. Wrth deithio o Baghdad i Gwrdistan mewn confoi daethom ar draws *ambush* – rhes o geir wedi dod i stop o'n blaenau wrth droed bryn bychan. Dwedwyd wrthym fod pobl yn saethu at geir wrth iddyn nhw groesi'r bryn. Roedd milwyr America ar flaen a thu cefn i'n confoi ni, wedyn y *peshmerga*, sef milwyr y Cwrdiaid, a'n ceir ni yn y canol. Ystyr *peshmerga* yw 'y rhai sy'n wynebu marwolaeth'. Maen nhw'n filwyr hynod o ymroddedig a phroffesiynol. Dim rhyfedd, felly, i filwyr America ofyn iddyn nhw fynd i hela'r gelynion cudd ar y bryn. A dyna wnaethon nhw. Dwi ddim yn meddwl bod unrhyw un wedi cael ei saethu, ond o weld y *peshmerga* yn rhedeg atyn nhw, fuodd y terfysgwyr ddim yn hir cyn ffoi.

Roedd Cymro Cymraeg wedi bod yn Irac ers mis yn cynorthwyo i hyfforddi'r heddlu. Roedd John Hughes-Jones yn Uwcharolygydd gyda Heddlu'r Gogledd a newydd orffen gwneud gwaith tebyg yn Bosnia. Teithiodd ar hyd a lled y wlad a chafodd groeso ymhobman. Ond dim ond rhyw dri deg y cant o Baghdad oedd wedi ei ddiogelu o hyd, a doedd dim modd mynd i unman heb warchodaeth y *peshmerga* a milwyr America.

Profiad anghyfforddus oedd mynd mewn Humvee Americanaidd, eistedd yn y cefn ac un o filwyr America – merch – ar ei thraed wrth fy ochr, ei phen allan drwy'r to. Roedd hi'n *sitting duck* go iawn. Taith gymharol fer oedd hon i Abu Ghraib, fyddai'n dod yn enwog oherwydd i Iracis gael eu cam-drin gan yr Americanwyr yn y carchar hwn. Ond roedd y carcharorion wedi cael eu trin yn llawer gwaeth cyn hynny. Roedd lle i Saddam gadw 30,000 o bobl – ac roedd crocbren yno. Roedd pob math o straeon am ddulliau eraill o ladd pobl, gan gynnwys eu rhoi mewn *shredders*. Pen yn gyntaf os oedden nhw'n ffodus, traed yn gyntaf os nad oedden nhw. Er na welsom dystiolaeth gadarn o hyn, doedd dim amheuaeth am y fideos oedd yn dangos milwyr yn rhoi *gelignite* ym mhocedi crysau carcharorion. Bydden nhw'n cael eu cario i dwll yn y ddaear a'r ffrwydron yn cael eu tanio o bell. Fel y Natsïaid, roedd Llywodraeth Saddam yn cadw cofnod gofalus o bob unigolyn ro'n nhw'n ei ladd, ar bapur os nad ar fideo – ac roedd tunelli o bapurau o'r fath yn Baghdad.

Ac wrth gwrs, roedd hi bron yn amhosib mynd i unrhyw le yn Irac heb y beddau torfol. I'r gogledd o Baghdad saif bedd torfol lle credir i esgyrn saith mil o bobl gael eu claddu. Roedd un dyn yno'n chwilio am weddillion pump o'i feibion. Dyn arall yn chwilio am ddau fab ac wedi llwyddo i adnabod gweddillion un, diolch i'w fodrwy briodas – roedd wedi priodi mis yn unig cyn diflannu. Aethpwyd â ni i Al-Hilal, i'r de o Baghdad, lle credwyd bod deg mil o bobl wedi eu claddu. Fe'u gwelwyd yn cael eu saethu gan ffermwyr lleol cyn i'r *bulldozers* eu gorchuddio â thywod. Bob dydd roedd un ddynes yn chwilio'r gweddillion i geisio dod o hyd i'w mab oedd wedi diflannu yn 1991. Nid Cwrdiaid oedd wedi eu claddu fan hyn, ond y Shia, y 'Marsh Arabs' o dde ddwyrain y wlad. Wedi i fyddin Irac gael ei gorfodi o Kuwait, cafodd y Cwrdiaid a'r Shia eu hannog gan Arlywydd America i godi yn erbyn Saddam a'i ddisodli. Dyna geision nhw ei wneud, ond heb iddyn nhw gael cymorth America a gwledydd tramor eraill, roedd Saddam yn rhy gryf i'w ddymchwel. Y canlyniad oedd bod ei ddial ar y Shia cynddrwg â'i gyrch yn erbyn y Cwrdiaid. Mewn tyllau mawr yn y tywod daeth bywydau Duw a ŵyr faint o'r Shias i ben.

Doedd hi ddim yn syndod bod y Cwrdiaid a'r Shias yn awchu am weld y Gorllewin yn mynd i ryfel i ddymchwel Saddam. Ac roedd Ann o blaid rhyfel 2003 hefyd. Nid, fel y dwedodd droeon, am y rheswm a roddwyd gan Bush a Blair, fod gan Irac arfau dinistriol peryglus (y 'weapons of mass destruction' enwog). Ond am fod rhaid gwneud rhywbeth i roi stop ar wallgofrwydd un dyn yn erbyn pobl ei wlad ei hun. Ers ugain mlynedd roedd Ann wedi ceisio dod â theyrnasiad Saddam i ben trwy ddulliau heddychlon a chyfreithlon. Yn benodol bu'n arwain mudiad Indict, fu'n ymgyrchu i lusgo Saddam ac arweinwyr eraill ei lywodraeth gerbron tribiwnlys rhyngwladol i ateb dros eu troseddau, ac yn hwyrach, berswadio gwledydd unigol i gyhoeddi eu *indictments* eu hunain. Roedd trefniadau o'r fath wedi eu sefydlu ar gyfer yr hen Iwgoslafia a Rwanda, a dyna hefyd sut cafodd y Cadfridog Pinochet o Chile ei arestio ym Mhrydain yn 1988. Flwyddyn wedi llwyddo i gael cyhuddiadau yn erbyn Milošević, roedd hwnnw gerbron llys yn yr Hague. Diolch i gyllid gan Gyngres America aethpwyd ati i gasglu tystiolaeth am y troseddau y gellid eu defnyddio yn erbyn llywodraeth Irac mewn unrhyw lys barn. Daeth Ann â thîm Indict gyda hi i Baghdad yn 2003 i barhau'r gwaith hwnnw. Hyd yn oed os byddai'n profi'n amhosib dwyn y troseddwyr yn gorfforol gerbron llys, roedd cael *indictment* yn ei gwneud yn anodd iddyn nhw lywodraethu eu gwlad. Byddai'n beryglus iddyn nhw deithio dramor, rhag ofn iddyn nhw gael eu harestio. Byddai'n anodd iddyn nhw fasnachu a chyfathrebu â gwledydd eraill. A byddai'n sicrhau bod Llywodraeth Irac yn 'colli wyneb' yn fewnol ac yng ngolwg y gymuned ryngwladol. Hynny yw, roedd yn ffordd heddychlon a chyfreithiol o ddod â dioddefaint pobl Irac i ben.

Wrth lansio Indict yn y senedd yn 1997, cafodd Ann gefnogaeth John Major, Tony Blair, a hyd yn oed y cyn Brif Weinidog Margaret Thatcher. Ond methiant fu ei hymdrech i gael y Cenhedloedd Unedig i sefydlu'r tribiwnlys angenrheidiol. Roedd rhai aelodau o'i phlaid ei hun yn gwrthod ei chefnogi, gan gynnwys un o'r rhai fyddai uchaf ei gloch yn erbyn rhyfel 2003, Tony Benn. Erbyn 2003 roedd Ann wedi dod i'r casgliad, felly, mai dim ond trwy ryfel y byddai Saddam yn cael ei ddymchwel. Ni wnaeth y rhai a'i beirniadodd am hynny gydnabod ei gwaith caled ac unigryw i gael gwared ohono trwy gyfraith ryngwladol. Dwi'n siŵr ei bod yn deall teimladau'r heddychwyr, ond tristwch eu hymgyrch nhw oedd anwybyddu troseddau Saddam yn erbyn dynoliaeth yn llwyr. Wnaeth neb gyfeirio at y defnydd o arfau cemegol i ladd y Cwrdiaid na'r cyrch *genocide* yn eu herbyn yn ystod y protestio yn erbyn y rhyfel. Iddyn nhw dim ond un troseddwr rhyfel oedd yn y ddrama gyfan, sef Tony Blair. Gwir y ddihareb, 'does gan y Cwrdiaid ddim ffrindie'.

Y syndod mwyaf efallai yw bod Bush a Blair wedi glynu at yr arfau dinistriol fel y cyfiawnhad pennaf dros fynd i ryfel. Roedd 'na gyfiawnhad llawer mwy dilys, sef na ddylai gweddill y ddynoliaeth ganiatáu i unrhyw berson drin pobl fel y gwnaeth Saddam. Fy marn bersonol i yw bod gennym gyfrifoldeb fel hil ddynol i wneud cymaint â phosib i warchod ein cyd-ddyn rhag y math o greulondeb a welwyd yn Irac. Dyw hyn ddim yn ymarferol bosib bob amser, ac mewn gwleidyddiaeth ryngwladol mae buddiannau materol yn aml yn cael y flaenoriaeth dros egwyddorion. Ond mae gennym ddyletswydd foesol i wneud yn glir i ddiawlied fel Saddam na wnawn oddef eu troseddau yn erbyn dynoliaeth. Ac fel y dwedodd y Cwrdiaid wrthym sawl gwaith, 'there ARE weapons of mass destruction in Iraq, and the biggest one is Saddam himself'.

'Nôl at Al-Hilal. Roedd yn digwydd bod yn agos i un lle arbennig a fu tu hwnt i gyrraedd ymwelwyr ers amser maith, sef Babylon yn yr hen Fesopotamia. Fe aethom yno. Fedrwn i ddim peidio â theimlo'r cyffro o allu mynd i le mor eiconig – lleoliad un o saith ryfeddodau'r hen fyd, sef yr 'hanging gardens of Babylon'. Terasau o flodau a phlanhigion ar ben ei gilydd yn yr anialwch oedd y rhain a gafodd eu hadeiladu gan y Brenin Nebuchadnesar yr Ail, yn ôl yr hanes. Roedd peth ansicrwydd ai yn Babylon ei hun yr oedd y gerddi neu yn rhywle arall i'r gogledd. Ond os buon nhw erioed yn Babylon ei hun, dy'n nhw ddim yno bellach. Y cyfan oedd ar y safle hwn nawr oedd castell o frics anferth, hyll, gafodd ei adeiladu gan Saddam i'w glodfori ef ei hun. Yr unig olion hynafol oedd cwpwl o ogofâu tywyll yn llawn ystlumod, ac mae'n siŵr bod Saddam wedi rhedeg allan o frics neu byddai'r rheiny wedi eu gorchuddio hefyd.

Yn Sulaymaniyah, aeth Hero a'i chwaer Shanaz a ni i gartref eu plentyndod, bellach yn amgueddfa i'w tad, Ibrahim Ahmed, oedd yn llenor a chenedlaetholwr a dreuliodd gyfnod yn alltud

o'i wlad. Ar y wal yno y gwelais y pennill hwn o un o'i gerddi
sydd, i mi yn crynhoi ysbryd a dewrder rhyfeddol y Cwrdiaid:

> Peidiwch â byw er mwyn marw,
> Byddwch farw er mwyn byw.
> Sut mae elwa, heb golli?
> Peidiwch â gadael i'ch calon grynu
> Dan bwysau cadwyn,
> I'r corff y mae'r cyffion,
> Nid i'r enaid.

'Ya basta!'

ROEDD Y FFERMWR yn crynu mewn dicter wrth iddo afael yn dynn ym mraich David. 'Wyt ti'n ochri gyda'r *gringos* yma?' gofynnodd trwy ei ddannedd. Y *gringos* dan sylw oedd fi a gweddill y criw ffilmio. David oedd swyddog y Bwrdd Croeso, ac roedd yn gyfarwydd â thywys estroniaid o gwmpas ei wlad. 'Ydw,' meddai, 'mae'n rhaid imi achos fi sy'n gyfrifol amdanyn nhw.' Poerodd y ffermwr arno. 'Yna mi wnawn ni dy linsho di gynta!' Yr awgrym oedd y byddai'r gweddill ohonom yn dioddef yr un ffawd yn fuan wedyn. Ac nid cellwair oedd y ffermwr. Nid nepell o'r cae lle'r oeddem yn ffilmio roedd gweddillion bws wedi ei losgi. Gwnaethpwyd yn glir mai ein bws ni fyddai nesaf.

Y wlad oedd Guatemala. Ro'n i'n rhan o gydgynhyrchiad o'r enw *Y Duwiau Coll*, cyfres o chwech o raglenni ar gredoau'r Inca, y Celtiaid, y Groegiaid, y Rhufeiniaid, yr Eifftiaid – ac yn Guatemala a Mecsico, y Maya. Cwmni Tile Films o Iwerddon oedd yn arwain y cynhyrchiad a minnau'n cyflwyno'r fersiwn Gymraeg. Fe dreuliom beth amser ar Ynys Flores yng ngogledd Guatemala er mwyn ffilmio rhai o'r hen demlau gerllaw. Ac er bod y rheiny dan ofal y llywodraeth, doedd dim un math o ffens o gwmpas y safle. Roedd ynghanol y jyngl a'r wardeiniaid yn gyfarwydd â gweld pob math o anifeiliaid gwyllt a pheryglus yn croesi eu llwybrau. Gerllaw, roedd sŵ bychan ar gyfer y rheiny na welson nhw y fath anifeiliaid yn y gwyllt. Roedd caets mwncïod yno, ac roedd un mwnci gwyllt yn dod allan o'r jyngl bob dydd i'w gweld nhw. Siŵr gen i ei fod yn dweud wrthyn nhw, 'ddwedes i wrthoch chi am beidio bwyta'r bananas 'na!'

Am ryw ddeufis bob blwyddyn gall y jyngl fod yn beryglus iawn o ran y mosgitos. Dangosodd un o'r wardeiniaid dwll dwfn maint ceiniog dan ei ben-glin, effaith brathiad gan y *mosca roja*, y moscito coch. Dim rhyfedd efallai mai rhan fechan yn unig o olion y Maya sydd wedi eu clirio inni allu ymweld â nhw. Mae'n galondid meddwl rywsut fod toreth o demlau a thrysorau wedi eu gorchuddio o hyd dan dyfiant y jyngl. Byd arall sy'n dal yno i rywun ei ddarganfod am y tro cyntaf ers canrifoedd maith.

Chichicastenango. Mewn pentref cefn gwlad ger y dref hon yr aethom i drwbwl. Chichi yw'r enw ar y bobl leol, Indiaid brodorol oedd ar un olwg yn ddigon cyfeillgar. Rai oriau 'nghynt cefais sgwrs ddifyr gyda chriw o ffermwyr oedd yn glanhau eu cnwd tatws wrth ochr y ffordd. Roedd ganddyn nhw ddiddordeb arbennig mewn gwybod pa fath o datws oedd gennym yng Nghymru. Ond mater gwahanol oedd ceisio ffilmio'r Chichis wrth eu gwaith.

Gwyddwn fod twristiaid yn cael eu rhybuddio bod pobl cefn gwlad y mynyddoedd yn tueddu i fod yn 'swil' o ran tynnu lluniau. Wedi inni gael ein gwrthod lawer gwaith, awgrymodd David ein bod ni'n mynd i ffilmio hen greiriau mewn tref gyfagos tra 'i fod e'n dod o hyd i ffermwyr oedd yn fodlon cydweithredu, am rywfaint o arian efallai. Y cyfan yr oeddem ei angen oedd ychydig o luniau o ffermio cyfoes ar gyfer rhaglen ar y Maya, rhan o gyfres ar wareiddiadau hynafol y byd. Dim gwleidyddiaeth, dim o'r cymhlethdodau sensitif ro'n i mor gyfarwydd â nhw yn ystod fy nyddiau ar *Y Byd ar Bedwar*. Ond buan y sylweddolais ein bod wedi cerdded yn ddall i sefyllfa mor sensitif nes bod ein bywydau mewn perygl.

Wrth gwrs ro'n i wedi clywed am frwydrau brodorion de a chanol America i gadw eu hunaniaeth a'u diwylliant yn erbyn y coloneiddwyr o Sbaen, brwydrau sy'n parhau i ryw raddau hyd heddiw. Ond do'n i ddim yn sylweddoli bod teimladau mor gryf mewn ambell ardal – mae'r Chichi er enghraifft yn dal i wrthod derbyn goresgyniad y Sbaenwyr bum canrif yn ôl. Mae hyn yn cynnwys gwrthod anfon eu plant i'r ysgol, i sicrhau eu bod nhw ddim yn dysgu Sbaeneg. Ac mae'r agwedd yn ddealladwy. Ers i'r *conquistadores* gyrraedd, bu'r dyn gwyn estron yn ddim byd ond newyddion drwg i bobl gynhenid Guatemala. Yn ogystal â dwyn eu tir, yn aml trwy ddulliau treisgar, mae'r gwynion wastad wedi eu trin fel dinasyddion eilradd ac wedi dangos dirmyg at eu hieithoedd a'u diwylliant.

Pa mor nodweddiadol yw hyn o wledydd eraill canol a de America? Hwyrach fod disgwyl trafferth yn Guatemala, ble mae twristiaid yn cael eu rhybuddio'n gyson am berygl bandits ar y ffyrdd. Ond hyd yn oed ym Mecsico mae yna wrthryfela o hyd yn erbyn gormes y gwynion. Mae Palenque yn un o safleoedd mwyaf godidog y Maya, ond mae'n weddol anghysbell ac yn nhalaith Chiapas. Mae yna gyfoeth o adnoddau yn y dalaith hon, gan gynnwys olew, ac eto mae ei phobl gyda'r tlotaf ym Mecsico. Do'n i ddim wedi disgwyl y *checkpoints* milwrol ar y ffordd yno, ond Chiapas oedd tiriogaeth Comandante Marcos, rhyw fath o Che Guevara cyfoes.

Marcos oedd prif lefarydd yr EZLN, Byddin Ryddid Genedlaethol Zapatista, mudiad chwyldroadol oedd nid yn unig yn ymladd dros hawliau'r brodorion, ond oedd hefyd yn rhan o'r mudiad gwrthgyfalafol ehangach. Eu harwyddair oedd 'ya basta!', sef 'digon'. Maen nhw'n gwrthod gwleidydda drwy'r sianeli confensiynol gan ddadlau eu bod yn aneffeithiol. Ac eto dy'n nhw ddim wedi defnyddio dulliau treisgar ar wahân i un gwrthryfel milwrol yn 1994, pan gipiwyd rheolaeth o bum cyngor lleol. Ers hynny mae nifer o gynghorau lleol wedi eu ffurfio sy'n gwbl annibynnol ar y llywodraeth ganolog ac sy'n sicrhau bwyd, addysg a gofal iechyd i'r bobl – rhyw fath o wladwriaeth i'r brodorion o fewn gwladwriaeth Mecsico.

Mae'r llywodraeth wedi ymateb trwy ormes lawer gwaith, ond mae'n arwydd hefyd o'r parch sydd ganddi tuag at y mudiad – neu ofn ohono – ei bod wedi caniatáu i gynrychiolwyr byddin Marcos i annerch Cyngres y wlad yn 2001. Y diwrnod hwnnw gorymdeithiodd arweinyddion y mudiad 3000 cilomedr o Chiapas i ddinas Mecsico ar gyfer rali anferth o ryw 20,000 o bobl i fynnu deddf hawliau i bobl gynhenid y wlad. Amcangyfrifir fod rhwng 20 a 40 y cant o bobl y wlad yn 'gynhenid' – rhyw ddeng miliwn o bobl, ac mae yna gefnogaeth enfawr i amcanion y mudiad. Yn fuan wedyn, pasiwyd deddf o fath yn y Gyngres, ond heb roi annibyniaeth i'r Indiaid. Fe ddychwelodd y mudiad i'r mynyddoedd, felly, i barhau i frwydro.

Ond doedd Marcos ddim yn un o'r siaradwyr yn y Gyngres. Roedd yn gwisgo mwgwd yn gyhoeddus i geisio aros yn ddienw, ond yn ôl y llywodraeth, ei enw go iawn oedd Rafael Sebastián Guillén Vicente. Graddiodd mewn athroniaeth ym Mhrifysgol Mecsico cyn troi'n chwyldroadwr. Roedd ei gred wleidyddol wedi ei chymharu â chred Gramsci. Yn ei eiriau ei hun, 'Mae Marcos yn hoyw yn San Francisco, yn ddu yn Ne Affrica, yn Balestiniad yn Israel, yn Iddew yn yr Almaen... yn Indiad Maya yn strydoedd San Cristóbal, ac wrth gwrs, yn Zapatista ym mynyddoedd de ddwyrain Mecsico. Marcos yw'r holl leiafrifoedd sy'n cael eu hecsploetio a'u gormesu ac sy'n gwrthryfela, gan ddweud "Ya basta" – "Digon!"'

'Nôl i Chichicastenango a'r bygythiad i'n 'linsho' ni. Roedd David nid yn unig wedi dod o hyd i ffermwyr oedd yn fodlon cael eu ffilmio, ond cafwyd cymorth rhywun o dref gyfagos oedd yn siarad Chichi. Buan y trodd y sefyllfa'n hyll wrth i un o'r ffermwyr fygwth galw pobl i lawr o'r mynyddoedd i losgi ein bws. Ac ymhen deg munud roedd gwragedd y pentref yn amylchynu'r cae ffilmio, ac yn chwibanu – i alw mwy o ddynion i ddelio â'r *gringos*. Y tripod, nid y camera, oedd yn achosi'r gofid mwyaf i'r ffermwyr, am ei fod yn edrych yn debyg i beiriant arolygu tir. Daeth arwyddocâd hynny i'r amlwg wrth i'r gyfieithwraig esbonio bod y Chichi, yn gam neu'n gymwys, yn credu bod arian, aur ac olew dan eu tir, a bod y llywodraeth am eu dwyn. Fe fu protestiadau yn yr ardal bythefnos ynghynt, felly, wrth i'r llywodraeth geisio dod â pheiriannau mwyngloddio yno. Canlyniad hynny oedd y bws oedd wedi cael ei losgi ar gyrion y pentref. Roedd y ffermwr a afaelai ym mraich David bellach ar ei ffôn symudol, yn siarad â pherchennog y tir ac yn ei annog i anfon rhagor o ddynion i'r pentref am fod yna 'fws arall i'w losgi'. Diolch i'r drefn, fel rhan o'i hyfforddiant gyda'r Bwrdd Twristiaeth, cafodd David wersi mewn seicoleg. Yn dawel ac yn ddiffuant, ymddiheurodd wrth y dorf gynyddol oedd yn ein hamgylchynu a gofynnodd yn garedig a fyddai modd inni adael yn ddianaf. Pallodd y cryndod, gollyngodd y ffermwr ei afael ar fraich David, cafodd gildwrn sylweddol at yr achos ac fe gawsom adael.

Diffyg dealltwriaeth am leiafrifoedd ethnig. Rhywbeth y mae'r Sais yn euog ohono'n aml mewn gwledydd tramor. Gresyn bod criw ffilmio Gwyddelig a Chymro fel finnau wedi gwneud yr un camgymeriad...

O bydded i'r heniaith iacháu

'AC YNA, DAETH newyddiadurwr o Gymru i ochr ei wely a siarad ag e yn Gymraeg. Ac o'r foment honno 'mlaen, daeth allan o'i goma – ac mi wellodd.'

Geiriau'r pregethwr o bulpud yr angladd. Yn Rhandirmwyn yn 2013. Y gŵr yn ei wely oedd Cymro tramor adnabyddus. Fi oedd y newyddiadurwr.

Diwedd 1992 oedd hi. Roedd *Y Byd ar Bedwar* yn gwneud rhaglen ar ddyfodol capeli ac yn awyddus i holi pregethwr a chanddo syniadau radical ar gyfer achub ein heneidiau a'n capeli. Ei enw oedd Huw Anwyl Williams, oedd ar y pryd yn gofalu am eglwys yn Laguna Beach, California. Fi gafodd yr anrhydedd o fynd i'w holi a'i ffilmio'n cynnal gwasanaeth. Mae'n un o'r rhaglenni nad oes gen i lawer o gof ohoni bellach, na chwaith unrhyw nodiadau i fy atgoffa. Ond mae tri pheth ynghlwm â'r profiad na fyddan nhw'n diflannu o'r meddwl.

Y cyntaf oedd y dyn camera. Dim ond am ddiwrnod y byddwn yn ffilmio, felly penderfynwyd hurio dyn lleol. Rhywun arall wnaeth y trefnu a chefais dipyn o fraw o glywed ei hanes. Doedd e ddim yn lleol o gwbl – yn wir, roedd yn byw yn Miami. Yn waeth fyth yn fy ngolwg i, roedd yn blismon llawn amser ac wedi derbyn ychydig o waith llawrydd fel dyn camera tra ar wyliau yn California. Pa mor broffesiynol fyddai gwaith y boi yma?

Doedd dim rhaid imi boeni. Wrth deithio i eglwys Huw yn Laguna Beach, cefais hanes ei yrfa yn y byd telédu. Roedd wedi gweithio i un o brif rwydweithiau newyddion America

– NBC os dwi'n cofio'n iawn – fel un o'u dynion camera rhyfel. Roedd wedi 'colli' dau ddyn sain a thri gohebydd, y pump wedi eu lladd wrth ffilmio rhyfeloedd a therfysg. Roedd yn amlwg yn dipyn o wyrth ei fod ef ei hun yn dal yn fyw, a'i stori fwyaf erchyll oedd honno amdano'n ffilmio ei ohebydd ei hun yn cael ei saethu'n farw yn Nicaragua. Cofiais weld y darn hwnnw o ffilm yn un o raglenni John Pilger. Y gohebydd, dan orchymyn milwr, yn gorwedd ar y llawr a'r milwr wedyn yn ei saethu yn ei ben. 'After the soldiers left,' meddai, 'I rushed over and gaffer taped his brains back inside his head.'

Pan ddychwelodd i America ac i'r stafell newyddion, aeth at ei reolwr, un o'r golygyddion newyddion. Roedd stori fawr wedi torri yn rhywle ac angen dyn camera yno ar frys. 'Gee,' meddai ei reolwr, 'sorry to hear what happened out there. Now can you get down to...?' Ond digon oedd digon. Cerddodd allan o'r adeilad ac nid aeth yn ôl. Felly'r yrfa newydd fel plismon – ac ambell ddiwrnod yn ffilmio i bobl fel fi. Ac fe wnaeth job dda yn yr eglwys.

Yr ail berson cofiadwy oedd Huw Anwyl ei hun. Pregethwr â syniadau anghonfensiynol oedd yn amlwg yn llwyddiant yn California – roedd yr eglwys yn llawn yn ystod y ffilmio a'r casgliad yn ddwy fil o ddoleri. Bu Huw yn weinidog yn Hollywood am ugain mlynedd – heb eglwys na chapel yr adeg hynny, roedd yn cyflawni ei weinidogaeth trwy fynd o ddrws i ddrws. Dyna pryd y sylweddolodd gymaint o broblem oedd beichiogrwydd ymysg merched ifanc yn America, y rhieni cyfoethog yn trefnu erthyliadau mewn gwledydd tramor, gan eu bod yn anghyfreithlon gartref. Daeth Huw yn weithgar yn ffederasiwn ryngwladol Planned Parenthood, oedd yn helpu merched ifanc oedd yn cael eu hunain yn y fath drybini. Bu'n weinidog am gyfnod mewn capel yng Ngheredigion lle'r oedd ei syniadau'n rhy flaengar i ffyddloniaid traddodiadol cefn gwlad. Mae'n debyg iddo ar un adeg hepgor ei bregeth a gofyn yn hytrach i un o'r blaenoriaid gychwyn trafodaeth ar erthylu. Doedd hi ddim yn syndod, efallai, ei fod yn fwy cartrefol yn America. Roedd ganddo garisma ac fe gawsom gyfraniad gwahanol a gwerth chweil i raglen ar ddirwyiad ein heglwysi a'n capeli.

Y trydydd cof yw'r cryfaf – yn wir, mae'n rhyfeddod. Ro'n i'n gwybod, wrth gwrs, mai Los Angeles oedd cartref llais cyfarwydd i ni'r Cymry Cymraeg. Pregethwr arall, y Parchedig I D E Thomas. Yn wreiddiol o Randirmwyn, ymfudodd i America'n gymharol ifanc a bu'n gofalu am gapel Cymraeg yn LA. Am flynyddoedd, cafodd ei ddefnyddio gan Radio Cymru fel sylwebydd ar newyddion America. Llais dwfn, Cymraeg coeth a rhywfaint o acen Americanaidd. Daeth ei gyfraniadau cyson i ben wrth i Radio Cymru foderneiddio a hwyrach y bu ei gefnogaeth i Blaid Weriniaethol America yn ffactor yn hynny hefyd. Roedd yn ddyn ffeind, diddorol a lliwgar oedd yn ymdrechu i ddod i'r Eisteddfod Genedlaethol bob blwyddyn.

Er imi siarad ag e sawl gwaith ar y ffôn, do'n i ddim erioed wedi ei gyfarfod. A minnau'n aros yn LA am ddwy noson, byddai'n gyfle delfrydol i gwrdd. Bwciais i mewn i westy yn Century City, yr ardal lle'r oedd IDE yn byw. Yn unol â'r trefniant a wnaethpwyd ar y ffôn, ro'n i'n sefyll y tu fas i ddrws y gwesty am saith o'r gloch y nos yn disgwyl iddo ddod i'm casglu. Stopiodd car o 'mlaen. Ffenest i lawr. Gwraig wrth yr olwyn. 'Are you Tweli?' Mildred, gwraig IDE. Ymbiliodd arna i i ddod gyda hi i'r ysbyty. Roedd ei gŵr wedi cael damwain ddifrifol, wedi ei daro gan gar mewn achos o *hit and run* ac roedd pryder mawr a fyddai'n dod dros y peth. Ond roedd ganddi syniad penodol shwt y gallen i fod o help.

Yn yr ysbyty, IDE oedd yr unig glaf yn y ward heb fwled ynddo. A doedd hi ddim yn anarferol i bobl gael eu saethu yn yr ysbyty ei hun. Yn wahanol i fersiwn y pregethwr yn yr angladd, doedd IDE ddim mewn coma pan welais i e. Roedd mewn cadair olwyn, yn effro, ond yn rwdlan geiriau digyswllt fel petai ei ymennydd wedi'i sgramblo – a dyna oedd wedi digwydd, mae'n siŵr. 'Speak to him in Welsh,' meddai Mildred. Mi wnes. Mi atebodd yn Gymraeg, ond rwdlan Cymraeg. Mi dries bob pwnc, pob atgof o Gymru allai sbarduno rhywbeth yn ei gof, ond yr un oedd yr ymateb. Wn i ddim faint o amser roedd wedi bod yn yr ysbyty, ond roedd yn amlwg nad oedd yn gwella. 'Keep speaking to him in Welsh,' meddai Mildred eto. Ond eto, cawl geiriau a glywais a dim byd arall. Fe adewais yr ysbyty, yn saff fy meddwl na faswn yn ei weld eto. Roedd dros ei saith deg wedi'r cyfan a doedd dim disgwyl iddo oroesi clec mor ddifrifol i'w ben. Trist oedd ei gyfarfod am y tro cyntaf erioed dan y fath amgylchiadau.

'Nôl yng Nghymru, ro'n i'n disgwyl y newyddion drwg unrhyw ddiwrnod. Ddaeth e ddim. Mi wellodd IDE ac, yn ôl Mildred, clywed yr heniaith oedd y trobwynt. Nid yn unig y bu fyw am ugain mlynedd arall, ond wedi gadael yr ysbyty fe aeth i chwilio am y *joyrider* ifanc oedd wedi ei daro i'r llawr. Dwedodd wrth y crwt ei fod yn maddau iddo. Cafodd hwnnw dröedigaeth a daeth yn aelod o gapel IDE!

Cefais y pleser o'i gwmni ar un achlysur arall yn ystod ei fywyd, pan oeddwn yn Efrog Newydd yn 2011. Dri mis wedi'r ymosodiad ar y tyrau, fe wnaethom raglen Nadolig o'r ddinas a daeth IDE draw o LA i gymryd rhan. Anghofia i byth mohono'n siarad â phlismon wrth ymyl gweddillion y tyrau ac yn ffarwelio gyda'r geiriau, 'Now don't forget, Officer, Cymru means Wales. Wales – Cymru.'

Ie. O bydded i'r heniaith barhau – a iacháu!

Madiba

FFERM FECHAN YW Liliesleaf, mewn ardal o'r enw Rivonia ar gyrion Johannesburg. Dyma lle treuliodd Mandela ddyddiau olaf ei ryddid ar ddechrau'r chwedegau. 'Yn y fan yma,' meddai'r dyn oedd yn fy nhywys o gwmpas, 'y gwnaeth Mandela benderfyniad mawr.' Roeddem yn sefyll yng ngardd y tŷ fferm, dan goeden fawr. 'Roedd e wedi penderfynu y dylai ddysgu sut i ddefnyddio dryll. Daeth rhywun ag *airgun* iddo. Bu'n ymarfer trwy saethu adar oddi ar y goeden. Un diwrnod, daeth crwtyn bach y ffermwr allan o'r tŷ a gweld aderyn marw wrth droed Mandela. "Beth wneith mam y deryn bach 'na nawr?" gofynnodd. Gollyngodd Mandela'r ddryll ar lawr a wnaeth e byth gyffwrdd â dryll arall am weddill ei fywyd.'

Ro'n i'n ffilmio dogfen ar hanes Mandela yn 2007. Roedd S4C eisiau *obit* wrth gefn ar gyfer y diwrnod y byddai'r dyn mawr yn ein gadael ni. Penderfynais y dylai'r rhaglen groniclo ei hanes yn syml. Cyflwyno prif ddigwyddiadau ei fywyd yn gronolegol. Dwi ddim am wneud yr un peth fan hyn – mae pobl bellach yn gwybod cymaint mwy am hanes Mandela yn dilyn yr holl gyhoeddusrwydd gafodd ei farwolaeth yn 2013. Ond mae yna nifer o bethau bach difyr na chawsant eu hadrodd ar y pryd, ac mae rhai lleoliadau a straeon yn berlau yn fy nghof i, fel stori'r dryll yn Liliesleaf.

Roedd perchennog y fferm yn aelod o'r blaid gomiwnyddol ac yn gefnogol i'r ANC. Roedd Mandela ar ffo erbyn hyn. Yn gorfod cuddio rhag yr awdurdodau. Ei ffugenw bellach oedd y Pimpernel Du. Ei 'drosedd' ddiweddaraf yng ngolwg y llywodraeth oedd sefydlu adain filwrol i'r ANC – Umkhonto we Sizwe – Picell y Genedl. Er iddo arbrofi gyda *airgun*, pwrpas yr adain filwrol oedd cyflawni trais yn erbyn eiddo, nid yn erbyn pobl. Difrodi adeiladau milwrol, peilons trydan, llinellau ffôn, a.y.b. Mewn dwy flynedd, bu ymosodiadau ar 200 o dargedau economaidd tebyg.

Yng nghefn yr iard, y tu ôl i'r tŷ fferm, roedd rhes fechan o gytiau concrid lle'r oedd ambell was ffarm yn cysgu. Yn un o'r cytiau hyn roedd y ffoadur yn byw – ac yn ysgrifennu am y frwydr yn erbyn apartheid. Gyda'r dydd byddai'n sleifio i gyfarfodydd gwleidyddol neu i weld ymgyrchwyr eraill, wedi ei wisgo fel *chauffeur*. Ychydig lathenni o'r cytiau, y tu allan i ddrws cefn y tŷ fferm, roedd byncar glo metel. 'Dan y glo,' meddai'r tywyswr, 'y daeth yr heddlu o hyd i ysgrifau gwleidyddol Mandela.' Yr ysgrifau fyddai'n ei roi 'dan glo' am 27 mlynedd.

Fe ddechreuodd y rhaglen ddogfen lle dechreuodd bywyd Mandela, neu 'Madiba' i ddefnyddio'i enw llwythol, mewn pentref bach o'r enw Mveso, yn nhalaith yr Eastern Cape. Roedd llain fechan o borfa wedi ei nodi fel y man y safai'r caban gwellt lle cafodd ei eni. Yn ystod ei angladd fe fu un neu ddau o gyfeiriadau gan y cyfryngau tramor at enw gwreiddiol Nelson, sef Cholillalla. Cefais flas ar wrando arnyn nhw'n methu'n deg ag ynganu hynny'n gywir. Achos yn yr iaith Xhosa, mae'r 'ch' a'r 'll' yn cael eu hynganu yn yr un ffordd â'r Gymraeg, sydd, fel y gwyddom, ymhell y tu hwnt i gyrraedd pobl uniaith Saesneg. Ac ystyr Cholillalla yw'r 'sawl sy'n tynnu nyth cacwn am ei ben'. Enw priodol iawn. Roedd yn saith oed pan gafodd yr enw Nelson gan athrawes yr ysgol genhadol Saesneg roedd yn ei mynychu.

Roedd e'n un o 13 o blant – i bedair gwraig ei dad. Roedd ganddo bedair mam, felly, ac roedd ganddo waed brenhinol, llwythol. Roedd ei hen dad-cu yn frenin llwyth y Thembu, oedd yn rheoli'r ardal hon o'r Transkei, a'i dad yn gynghorydd i'r brenin ar y pryd. Dyma oedd yn gyfrifol hwyrach am rywfaint o drahauster yn ei gymeriad yn ei ddyddiau cynnar. Cafodd llwyth y Thembu ei ddinistrio bron gan y Saeson imperialaidd. O gwmpas y tân bob nos byddai'r Mandela ifanc yn clywed hanesion am arwriaeth ei gyndeidiau wrth geisio amddiffyn eu hunain. Eironi mawr oedd y ffaith i nifer ohonyn nhw gael eu carcharu gan y Saeson ar Ynys Robben – ei garchar e hefyd mewn blynyddoedd i ddod. Fel y dwedodd rhywun, 'Yn ei wreiddiau yr oedd ei ffawd.'

Roedd hynny'n wir mewn ystyr arall hefyd, sef athroniaeth bywyd y gymdeithas roedd yn byw ynddi. Athroniaeth a elwir yn *ubuntu*. Yr athroniaeth sy'n rhoi pwys ar helpu eich cymydog, o gydnabod nad yw dyn yn ynys a bod pobl yn dibynnu ar ei gilydd i oroesi. Athroniaeth oedd yn dysgu cyfrifoldeb a thosturi, yn annog pobl ymlaen trwy weld y daioni mewn eraill. Byddai Mandela'n gweithredu egwyddorion yr *ubuntu* sawl gwaith yn ystod ei fywyd – ar Ynys Robben, ac yn y dyddiau anodd wedi i apartheid ddod i ben pan oedd cadw'r wlad yn heddychlon yn dibynnu ar gydweithredu a goddefgarwch rhwng y gwahanol garfanau.

Bu'n ddigon ffodus i gael yr addysg orau oedd ar gael i'r duon bryd hynny, mewn ysgolion a choleg oedd yn perthyn i'r cenhadon Saesneg Methodistaidd. Addysg roedd Mandela yn ei mwynhau a'i gwerthfawrogi.

O gopa Table Mountain mae golygfa odidog o ddinas Cape Town oddi tanoch, a'r ynys fechan, Ynys Robben, sydd ychydig filltiroedd yn unig o'r arfordir. Mae'r môr o'i chwmpas yn oer ac yn arw ar y gorau – rheswm arall pam y bu'r ynys yn garchar delfrydol. Fyddai'r un carcharor yn gallu nofio i ryddid i'r tir mawr. Mae hanes lliwgar iddi hefyd. Y Saeson wedi ei defnyddio i gaethiwo pobl Xhosa oedd yn gwrthod ufuddhau i'r coloneiddio. Bu'n gartref i wahangleifion ar un adeg, ond y syndod mwyaf a gefais oedd gweld Croes Geltaidd anferth a gafodd ei chodi gan y trigolion cyntaf yno, sef Gwyddelod oedd wedi dianc i'r ynys i ffoi rhag y Saeson oedd yn coloneiddio Cape Town.

Doedd y carchar ei hun ddim yn fawr iawn. Adeilad concrit diflas ac ambell bengwin yn crwydro o gwmpas. Roedd y tu mewn wedi ei gadw fel amgueddfa wrth gwrs, ac yn arbennig y celloedd lle'r oedd dynion yr ANC wedi eu cadw. Ffilmiais ddarn i'r camera yng nghell Mandela – er nad oedd llawer i'w ddweud, heblaw ei bod yn wyth troedfedd o hyd a saith troedfedd o led. Roedd 'na wely, sef mat gwellt ar y llawr concrit ac ychydig o flancedi tenau. Bwced haearn fel tŷ bach, a fawr ddim arall. Cartref Mandela am 18 o'r 27 mlynedd y bu dan glo.

Roedd blynyddoedd cyntaf y carchariad yn arbennig o greulon. Ceisiwyd torri ysbryd y dynion trwy eu gorfodi i chwalu cerrig yn yr iard a gweithio mewn chwarel galch, lachar gerllaw a wnaeth ddifrod parhaol i lygaid Mandela. Felly'r apêl yn ddiweddarach yn ei fywyd ar i ffotograffwyr beidio â defnyddio goleuadau fflach wrth dynnu lluniau ohono. Ar y dechrau caniatawyd un llythyr yn unig ac un ymweliad bob chwe mis. Bu farw ei fam a'i fab Thembi tra oedd Mandela ar yr ynys, ond chafodd e ddim mynd i'r angladdau.

Chafodd ei ferched ddim ei weld tan 1975 – deuddeg mlynedd wedi iddo gael ei garcharu. Cefais gyfweliad yn Johannesburg gyda Helen Suzman, yr unig aelod gwyn o senedd De Affrica oedd yn ymgyrchu yn erbyn apartheid. Hi oedd un o'r cyntaf i ymweld â Mandela a bu'n pwyso am welliannau yn y ffordd roedd y dynion yn cael eu trin. Roedd yn cofio bod gan y prif warden datŵ swastica ar gefn ei law.

Ond wnaeth y carchar ddim torri ysbryd y dynion. Dan arweiniad Mandela daeth y carchar yn brifysgol chwyldro'r dyn du. Camgymeriad mawr yr awdurdodau oedd eu cadw nhw i gyd yn yr un man. Y gred oedd ei bod yn saffach 'cadw'r gwenwyn mewn un botel'. Ond petai pawb wedi eu gwasgaru ar draws gwahanol garchardai, y tebygrwydd yw y byddai eu hysbryd wedi'i dorri a'u brwydr yn ofer. Dysgodd Mandela ddisgyblaeth a diffyg hunandosturi i weddill y carcharorion:

'Strong convictions are the secret of surviving deprivation; your spirit can be full even when your stomach is empty.'

A'i ysbrydoliaeth arall, wrth gwrs, oedd y gerdd 'Invictus' gan y bardd Fictorianaidd, W E Henley, ac yn arbennig y pennill hwn:

It matters not how strait the gate,
How charged with punishments the scroll.
I am the master of my fate:
I am the captain of my soul.

Hyd yn oed wedyn, gallai'r byd yn hawdd fod wedi anghofio am Mandela a brwydr yr ANC. Bu bron i hynny ddigwydd erbyn 1970, pan oedd y mudiad ar ei wannaf. Winnie Mandela gadwodd enw ei gŵr yn fyw. Roedd yn ddewr, weithiau'n anghyfrifol o eithafol, a'i hanogaeth o drais yn embaras i'r ANC. Cafodd ei harteithio a'i charcharu'n aml, ac ar un adeg cafodd hi ac un o'i merched eu halltudio i gornel dierth ac anghysbell o'r wlad am saith mlynedd, ymysg pobl oedd yn siarad iaith wahanol, a'r unig ffordd o gyfathrebu gyda gweddill y byd oedd blwch ffôn cyhoeddus.

Codwyd proffil rhyngwladol y mudiad gwrth-apartheid unwaith eto gan reiats Soweto yn 1976, pan brotestiodd 20,000 o dduon yn erbyn y penderfyniad i ddysgu trwy gyfrwng yr iaith Afrikaans yn yr ysgolion. Lladdwyd o leiaf dau gant o'r protestwyr gan yr heddlu. Roedd y dyn camera oedd gen i yn ddyn gwyn o Cape Town oedd wedi ffilmio nifer fawr o ddigwyddiadau tebyg, ac ar un adeg cafodd ef a'i ddyn sain eu harestio, eu taflu i mewn i gerbyd, a'u cludo i'r swyddfa heddlu agosaf. Yno, fe gawson nhw eu taflu ar y stryd wrth i'r cerbyd ruthro 'nôl i ganol y protestio. Daeth plismon allan o'r drws ffrynt, gweld y camera a bloeddio'n fygythiol, 'You can't film here, fuck off!'

Un o ryfeddodau mwyaf Mandela, ac un o'r prif resymau mae'n gymaint o eicon, oedd ei allu anhygoel i faddau. Mae'n werth ystyried hyn ymhellach. Dyma ddyn oedd yn dioddef gorthrwm a chreulondeb cyfundrefn apartheid, cyfundrefn oedd yn diraddio dyn, yn dwyn ei urddas a'i gadw mewn tlodi. A'i ymateb oedd gweithredu un o egwyddorion pwysicaf Cristnogaeth, sef maddeuant. Ai ei fagwraeth yn y ffydd oedd yn gyfrifol? Mae'n anodd dweud. Cafodd ei fagu yn y ffydd, ar yr aelwyd ac yn ysgolion Methodistaidd y Saeson, a bu hyd yn oed yn gyfrifol am ddosbarth Beiblaidd yn ei ddyddiau coleg. Un o'r rhesymau y gwrthododd ymuno â'r Blaid Gomiwnyddol yn ei ddyddiau cynnar yn Johannesburg oedd am fod y Comiwnyddion yn anffyddwyr. Ond un o'r pethau diddorol am ei fywyd yw nad oes nemor ddim cyfeiriad at Gristnogaeth yn ei areithiau a'i ysgrifau. Doedd e ddim yn brwydro 'yn enw Duw'. Nid crwsâd crefyddol oedd y frwydr yn erbyn apartheid.

Ac roedd strategaeth Mandela o frwydro 'nôl yn anhygoel o glyfar hefyd. Yn lle gwawdio'r Afrikaners oedd yn eu gorthrymu, dangosodd barch atyn nhw trwy ddysgu eu hiaith ac astudio eu llenyddiaeth. Trio'u deall nhw, yn hytrach na'u condemnio. Ac nid addysgu ei gilydd yn unig wnaethon nhw yn eu prifysgol dan glo – roedd y wardeiniaid yn elwa o'r addysg hefyd, a thrwy hynny'n dod yn well pobl, yn fwy goddefgar a goleuedig. Yn Ne Affrica roedd wardeiniaid carchar yn tueddu i fod o gefndir difreintiedig – o gartrefi plant amddifad yn aml iawn – ac roedd ciw o bobl i wasanaethu ar Ynys Robben, wedi clywed am agwedd y carcharorion yno a'r addysg ro'n nhw'n barod i'w rhannu.

Mi wnes gyfweliad gydag un o'r cyn-wardeiniaid oedd bellach yn gweithio yn amgueddfa'r carchar. Daeth Cristo Brand yn agos iawn at Mandela. Ar un adeg roedd yn ymladd achos llys i gael iawndal am ddamwain motobeic, a'i gyfreithiwr oedd un o'r dynion roedd Cristo'n eu rhoi dan glo bob nos, sef Mandela ei hun. Ac wrth gwrs, roedd 'na Gymro yn rhan o'r stori. Bob dydd Sul byddai offeiriad yn hwylio draw o'r tir mawr i gynnal gwasanaeth yn y carchar. Un ohonyn nhw oedd y Parchedig Hughes. Byddai'n dod ag organ gydag ef ar gyfer y canu, ac yn traddodi pregeth yn y coridor, y tu allan i'r celloedd. Byddai negeseuon cudd yn y bregeth yn rhoi newyddion am beth oedd yn digwydd yn y byd mawr. Byddai Hughes bob amser yn gorffen ei bregeth trwy ddyfynnu Churchill, 'We shall fight them on the beaches!' Ofer fu fy ymdrechion yn Cape Town i ddod o hyd i fwy o wybodaeth amdano.

Mae Cymry eraill wedi gwneud eu marc yn Ne Affrica hefyd. Ro'n i wedi clywed eisoes am David Ivon Jones, sef un o brif arweinwyr y mudiad Llafur ac arloeswr hawliau pobl dduon. Daeth yn wreiddiol o Aberystwyth, ac mae plac ar hen gapel yr Undodwyr yno yn ei ddisgrifio fel un o sylfaenwyr yr ANC. Yn 1920 aeth David Ivon i Moscow gan ddod yn Gynrychiolydd Affrica mudiad y Communist International. Mae wedi ei gladdu gyda phrif arweinwyr yr Undeb Sofietaidd ym mynwent y Kremlin. Cafwyd ei hanes yn llawn mewn llyfr gan yr hanesydd Gwyn Alf Williams a wnaeth ddwy raglen ddogfen am hanes David Ivon i S4C.

Ond roedd 'na arwr arall ro'n i heb glywed amdano. Ro'n i'n ffilmio mewn amgueddfa ynghanol Johannesburg am fod ganddyn nhw luniau da o'r frwydr yn erbyn apartheid. Daeth y llyfrgellydd ataf a ffeil dan ei braich. 'You're from Wales, aren't you?' meddai. 'Have you heard of Taffy Long?' Agorais y ffeil a dechrau darllen am y glöwr a'r undebwr o Abertyleri aeth i'r crocbren yn Ne Affrica yn 1922, yn canu anthem sosialaidd 'Y Faner Goch'. A phan gafodd ei gladdu yn Johannesburg, gorymdeithiodd 10,000 o bobl gyda baneri undebol i brotestio yn erbyn anghyfiawnder ei ddienyddiad.

Gwasanaethodd Samuel Alfred Long gydag anrhydedd fel milwr Prydeinig yn ystod y Rhyfel Mawr. Wedi teithio i Dde Affrica yn 1920 daeth yn löwr ar y Rand. Arweiniodd tensiynau yn y diwydiant at streic a therfysgoedd yn 1922 rhwng glowyr De Affrica a'r meistri glo, a llywodraeth y Cadfridog Jan Smuts, cyfaill Lloyd George, yn cefnogi'r meistri.

Un canlyniad i ymgyrch y llywodraeth i chwalu'r twf undebol oedd i Taffy, glöwr cyffredin ond undebwr ffyddlon, gael ei gyhuddo ar gam o lofruddio Afrikaner oedd wedi ochri gyda'r heddlu. Oherwydd y dystiolaeth simsan, methodd y llys â'i gael yn euog, ond trefnwyd llys arall i sicrhau'r ddedfryd angenrheidiol. Er i ddeiseb ryngwladol alw am bardwn, cafodd ei grogi gyda dau arall (un o'r lleill oedd 'David Lewis', ond does dim gwybodaeth bellach amdano).

Roedd Smuts yn benderfynol o ddangos bod ganddo reolaeth dros y wlad – ond cymaint oedd yr ymateb i'r crogi fel y credir iddo gostio'r etholiad nesaf iddo yn 1924. Mor ddiweddar ag

1997 codwyd carreg fedd newydd i Taffy ym mhrif fynwent Joburg, gyda'r disgrifiad hwn ohono:

A miner at Crown Mines who took part in the Great Strike in 1922.
Born 1891 in Abertillery, Wales.
Executed in Pretoria Central Prison on 17 November 1922 for a crime he did not commit.

Gadawodd Taffy weddw a babi bach. Anghofiwyd amdano yng Nghymru, ond nid yn Ne Affrica.

Mae gen i barch mawr hefyd at Gymro a 'wnaeth ei ran' yn llawer mwy diweddar. Mae gan Tony fusnes loris yn Johannesburg sy'n cyflogi nifer o dduon. Dan gyfraith apartheid, doedd dim hawl i gyflogwr dalu'r un cyflog i dduon ag i wynion: roedd y duon yn cael tipyn llai. Anwybyddodd Tony'r gyfraith a thalu'r un faint i bawb. Ond roedd arolygwyr y llywodraeth yn mynd o gwmpas busnesau i oruchwylio'r gyfraith hon, ac un amser cinio glaniodd un ohonyn nhw'n ddirybudd yn swyddfa Tony. Aeth Tony at ei ysgrifenyddes a'i hanfon at y fferyllydd i nôl neges fach. Pan ddaeth 'nôl, cynigiodd Tony baned o de i'r ymwelydd. Yn fuan wedyn, wrth i'r siarad mân ddod i ben, a 'throsedd' Tony ar fin dod i'r amlwg, esgusododd yr arolygwr ei hun a gofyn am y tŷ bach. Yno buodd drwy'r prynhawn; yn wir dyna lle y'i gadawyd gan Tony pan aeth hwnnw adref am y dydd. Roedd y *laxative* o'r fferyllfa wedi gwneud ei waith!

Bu Mandela dan glo am gyfanswm o 27 o flynyddoedd, deunaw o'r rheiny ar Ynys Robben. Cafodd ef a rhai o'r lleill eu symud gyntaf i garchar Pollsmoor ar y tir mawr. Wedyn i Victor Verster, Drakenstein, eto ar y tir mawr. Wedi cael lluniau o'r tu allan i Pollsmoor, es ymlaen i Victor Verster gan obeithio cael ffilmio'r tu mewn hefyd. O'r lle hwn y cafodd Mandela ei ryddhau yn y diwedd yn 1990. Blwyddyn a hanner dreuliodd e yma – yn garcharor breintiedig. Dyma'r cyfnod pan oedd mewn trafodaethau gyda'r llywodraeth, ymysg gobeithion y byddai ei aberth hir yn dod i ben yn fuan. Doedd e ddim hyd yn oed yn cael ei gadw mewn cell, ond yn hytrach yn un o fyngalos y wardeiniaid. Gofynnais am gael ffilmio hwnnw, a'r ateb oedd na. Esboniwyd ei fod yn amlwg yn rhan bwysig o hanes Mandela, ac y byddai pobl ymhen amser yn cael ymweld â'r byngalo. Ond yr adeg hynny doedd dim arweiniad wedi dod oddi uchod, felly doedd neb yn cael mynd yno. Gyda chymysgedd o fegian ac esbonio ein bod ni wedi dod yr holl ffordd o Gymru, cawsom fynediad – ond doedd dim ffilmio i fod. Alla i ddim disgrifio'r fraint a deimlais wrth fynd i mewn i'r cartref bach hanesyddol hwn. Lle bu Mandela'n cael ymwelwyr cyson, gan gynnwys ei ffrindiau yn yr ANC, a hyd yn oed ei wraig Winnie. Lle cafodd manylion ei ryddhau eu siapio mewn trafodaethau gyda'r llywodraeth. Lle'r oedd ganddo ei gogydd ei hun, a lle roedd yn cael llond ei fol o fwyd. Yn yr ardd roedd 'na bwll nofio bychan. Chwarae teg i'r swyddog carchar, tynnodd fy sylw at y tyllau ymhobman yn y waliau – lle'r oedd yr awdurdodau wedi plannu offer clustfeinio, gan gynnwys yn y goeden wrth ochr y pwll.

Roedd cyfnod anodd i ddilyn rhyddhau Mandela. Lladdwyd tair mil o bobl mewn rhyfel cartref rhwng dau brif lwyth y wlad, y Xhosa a'r Zulus. Roedd llywodraeth ddemocrataidd gyntaf De Affrica, dan arweinyddiaeth Mandela, yn llywodraeth glymblaid. Yr Afrikaner de Klerk oedd y dirprwy Arlywydd ac roedd nifer o wynion eraill y Blaid Genedlaethol yn weinidogion hefyd. Buthelezi, arweinydd y Zulus, oedd y Gweinidog Cartref. Rheolwyd y cabinet trwy gonsensws rhwng y gwahanol garfanau. Yr *ubuntu* ar waith eto. Roedd Winnie Mandela ac elfennau mwyaf milwriaethus yr ANC yn cwyno bod gan y mudiad fwy o ddiddordeb mewn cadw'r gwynion yn hapus na helpu'r duon.

Ond i Mandela y flaenoriaeth oedd cymod. Felly'r olygfa ddramatig pan enillodd De Affrica Gwpan Rygbi'r Byd yn Johannesburg yn 1995. Mandela, yn gwisgo crys y Springboks a fu gynt yn un o symbolau mwyaf apartheid, yn cyflwyno'r cwpan i gapten De Affrica, Francois Pienaar. Mae'r ffilm *Invictus* a gyfarwyddwyd gan Clint Eastwood, lle mae Morgan Freeman yn actio rhan Mandela, yn rhoi darlun manwl o'r frwydr i beidio â dial ar y gwynion am gadw'r dyn du allan o chwaraeon y wlad.

Syndod i nifer oedd y gynorthwywraig bersonol a ddewisodd. Yn ei chofiant, *Good Morning, Mr Mandela*, mae Zelda La Grange yn cofio bod yn y pwll nofio gartref pan ruthrodd ei thad o'r tŷ i gyhoeddi bod 'y terfysgwr' Mandela yn rhydd a bod eu byd, felly, ar ben. Doedd ganddi ddim llawer o ddiddordeb mewn gwleidyddiaeth, ac fel cymaint o Afrikaners eraill, ddim llawer o syniad beth oedd gwir effaith apartheid. Pan gafodd swydd fel ysgrifenyddes yn swyddfa'r Arlywydd, roedd yn gobeithio na fyddai'n dod ar draws y Mandela du 'na yn rhy aml. Ond dyna'n union ddigwyddodd yn y coridor un diwrnod a'i hymateb, wrth gyfarfod y 'terfysgwr' y bu ei thad yn rhefru amdano, oedd crio mewn ofn. O'r foment honno 'mlaen, roedd ei ffawd wedi ei selio. Am weddill bywyd Mandela, Zelda oedd y person agosaf ato. Ei ysgrifenyddes, ei swyddog cyhoeddusrwydd, ei ffrind gorau. Hi gafodd yr alwad ffôn gan Helen Suzman yn gofyn a fyddai'n bosib imi gael cyfweliad gyda Mandela. Yn anffodus, doedd ei iechyd ddim yn ddigon da i gael ei gyfweld. I'r gwynion ac i weddill y byd roedd gweld bywyd Mandela'n cael ei drefnu gan Afrikaner wen yn syndod, ond roedd yn neges hefyd. Neges glyfar.

Cymod, *ubuntu*, maddeuant, clyfrwch. Dyna hefyd oedd seiliau'r Truth and Reconciliation Commission fu'n cynnal gwrandawiadau rhwng 1996 ac 1998, dan gadeiryddiaeth yr Archesgob Tutu. Roedd Mandela a'r ANC yn benderfynol o ffeindio ffordd o faddau i'w gormeswyr heb anghofio beth ro'n nhw wedi ei wneud. Buasai dial wedi arwain at afonydd o waed. Do'n nhw ddim eisiau rhoi amnesti diamod i'r rhai oedd wedi eu cam-drin, ond do'n nhw ddim chwaith eisiau eu llusgo i lys barn fel digwyddodd yn Nuremberg wedi'r Ail Ryfel Byd. Beth wnaethon nhw oedd dyfeisio ffordd unigryw yn hanes y byd o faddau i'w gormeswyr heb anghofio'r creulondeb a'r anghyfiawnder a fu. Byddai amnesti'n cael ei gynnig dim ond i'r rhai – duon yn ogystal â gwynion – oedd yn fodlon cyfaddef eu camweddau yn onest.

Dyma un o'r pethau y bûm yn eu trafod mewn cyfweliad gyda George Bizos, un o gyfreithwyr Mandela yn ei achos llys olaf. Roedd ateb Mandela i'r rhai oedd yn ei chael hi'n anodd maddau dan unrhyw amgylchiadau yn syml, meddai, 'Os galla i faddau, dwi'n siŵr y gallwch chi.'

Yn Amgueddfa Mandela yn Mthatha, nid nepell o fro ei blentyndod, gadewais rodd yn nwylo'r rheolwraig, sef recordiad o Eisteddfod Glowyr De Cymru ym Mhafiliwn y Grand, Porthcawl yn 1957. Ar y ffôn i'r Eisteddfod o'i gartref yn America roedd Paul Robeson, canwr, actor, ymgyrchwr dros hawliau dynol – ac un o arwyr Mandela. Magodd Robeson berthynas gyda glowyr de Cymru ers degawdau, ond erbyn 1957 roedd awdurdodau America, oherwydd ei weithgarwch gwleidyddol, wedi ei wahardd rhag gadael y wlad. Ar linell ffôn i'r Eisteddfod felly y canodd Robeson i'r dorf o lowyr a'u teuluoedd ym Mhorthcawl. Wn i ddim a gafodd Mandela gyfle i wrando ar y recordiad emosiynol hwn – os do, byddai wedi llonni ei galon.

'Dim ond dŵr yw eu gwaed...'

Pam wyt yn wylo
Yn lifrai dy wlad
Fan hyn yn yr eglwys
Oddi wrth dy frigâd?

Geiriau'r grŵp gwerin Plethyn yn eu cân am Milton Rhys. Y flwyddyn oedd 1982, roedd yr eglwys ym Mhorth Stanley ac roedd Milton yn filwr Archentaidd yn rhyfel y Falklands. Wrth rannu llyfr emynau gyda nyrs o'r enw Bronwen – a ddaeth i'r ynys cyn i'r rhyfel ddechrau – sylweddolodd y ddau eu bod yn rhannu un peth arbennig iawn. Gwaed Cymreig...

Ar 2 Ebrill, 1982 anfonodd Arlywydd yr Ariannin, y Cadfridog Galtieri, ei filwyr i feddiannu'r Falklands – neu'r Malvinas, yr ynysoedd yn ne'r Iwerydd a gafodd eu cipio gan Brydain gant a hanner o flynyddoedd ynghynt. Prydeinwyr oedd yn byw yno, ond nid oedd Prydain wedi dangos llawer o ddiddordeb ers blynyddoedd maith yn y cornel hwn o'r ymerodraeth oedd wyth mil o filltiroedd i ffwrdd, a doedd Galtieri felly ddim yn disgwyl rhyfel.

Ond o fewn deuddydd roedd Prif Weinidog Prydain, Margaret Thatcher, wedi anfon tasglu o 100 o longau a 28,000 o filwyr i ail-gipio'r Falklands. A dyna lwyddon nhw i'w wneud, wedi deg wythnos o ryfel. Lladdwyd dros naw cant o filwyr i gyd, 250 o Brydain – nifer fawr o'r rheiny yn Gymry – a 650 o Archentwyr. Ac roedd milwyr yr Ariannin yn cynnwys cannoedd o fechgyn o Batagonia, o'r Wladfa Gymreig. Tybed faint o'r rheiny a gafodd eu lladd a faint oedd o dras Gymreig?

A fuasai milwyr o Gymru ac o'r Wladfa – milwyr 'o'r un gwaed' – wedi dod wyneb yn wyneb ar faes y gad?

Ceisio ateb y cwestiynau hyn oedd rhan o'r dasg mewn rhaglen awr i gofnodi ugain mlwyddiant y rhyfel ym Mehefin 2002. Byddem yn ffilmio yn y Wladfa ac yn y Falklands – ac i'r ynysoedd es i gyntaf, yng nghwmni dau o gyn-aelodau y Gwarchodlu Cymreig fu'n ymladd yn y rhyfel. Yn wreiddiol o Gaernarfon, ymunodd Howard Jones â'r fyddin 'er mwyn cadw allan o drwbwl yn nhafarnau Caernarfon'. Pan aeth i ryfel nid oedd wedi clywed am y Wladfa, nid oedd yn gwybod fawr ddim am yr Ariannin a chredai fod y Falklands yn wlad ar ei phen ei hun – ar arfordir yr Alban o bosib.

Roedd Wil Howarth o Lanfairfechan yn gwybod am Batagonia ac yn credu ei bod hi'n 'wirion meddwl y gallai ddod wyneb yn wyneb â rhywun o'r un dafod â chdi – uffarn o feddwl!' Ac roedd uwch swyddogion y fyddin yn gwybod yn iawn y gallai hynny ddigwydd. Ar fwrdd y llongau a aeth â nhw i ryfel, cafodd milwyr y Gwarchodlu Cymreig eu rhybuddio y gallai milwyr Cymraeg eu hiaith fod ymhlith y gelyn.

Fe lanion nhw ym Mae San Carlos, lle byddai pum mil o'u cyd-filwyr yn cyrraedd dros yr wythnosau i ddod, a lle bu brwydro ffyrnig. Fe grwydron ni ar hyd y tir gwlyb, corsog, mawnog, lle daeth Howard a Wil o hyd i'r ffosydd y bu'n rhaid iddyn nhw fyw ynddyn nhw wrth i awyrennau'r Ariannin ollwng bomiau o'r awyr. Er i'r Skyhawks wibio i lawr *bomb alley* ar gyflymdra o bum can milltir yr awr, roedd y bechgyn yn gallu gweld wynebau'r peilotiaid – ac ro'n nhw'n beilotiaid da. Mewn 72 o ymosodiadau, suddwyd 5 o longau Prydain a chafodd nifer o rai eraill eu difrodi. Disgynnodd bom ar ysbyty'r milwyr yn San Carlos.

Roedd y bechgyn yn gorfod twrio eu ffosydd eu hunain. 'Fel cwningan, lawr i'r twll, a cuddiad.' Tyllau dwfn, gwlyb, rhewllyd lle byddai dau filwr yn eu cwrcwd yn wynebu ei gilydd, ac yn trio cysgu rhwng cyfnodau o saethu at yr awyrennau. Symud i wneud twll newydd bob dau ddiwrnod ac osgoi'r bomiau ar lawr oedd heb ffrwydro. Mehefin oedd y gaeaf yn y rhan hon o'r byd, a'r gwynt main yn elyn y ddwy ochr. Ar un adeg roedd ffrind i Wil, Mel o Fae Colwyn, yn amlwg yn dioddef o hypothermia. 'Mi gawson ni fo allan o'r ffos a gwneud iddo redeg o gwmpas neu fasa fo wedi marw.' Gallai Prydain fod wedi colli'r rhyfel yn San Carlos, ond roedd gwaeth i ddod...

Mae 'na ddryswch, dadlau – ond yn bennaf tristwch – am yr hyn ddigwyddodd ym Mae Fitzroy ar 8 Mehefin, 1982. Yn hytrach nag ymlwybro ar draws y tir i geisio cipio Porth Stanley oddi wrth yr Archentwyr, aethpwyd â'r milwyr mewn llongau gyda'r bwriad o lanio pum milltir o'r dref. Un o'r llongau oedd y *Sir Galahad*.

Am hanner awr wedi pedwar y prynhawn daeth yr awyrennau, gan fomio dwy long, y *Galahad* a'r *Tristram*. Awr yn ddiweddarach a byddai'r milwyr wedi bod yn ddiogel mewn ffosydd ar y tir – ond bum awr wedi cyrraedd y Bae, ro'n nhw'n dal ar y llongau. Roedd Wil ar fwrdd y *Galahad*. 'Cafodd lot o'r bois eu lladd wrth i'r bomiau daro *ammo* ro'n nhw'n ei ddadlwytho. Ces glec yn 'y mrest a 'nghnocio allan. Gwaed ymhobman ac ogla croen yn llosgi... Roedd y llong yn berwi, y dec yn goch ac yn newid lliw.' Clywai sgrechian y peirianwyr oedd yn methu dianc am fod drysau eu stafelloedd wedi'u cloi. Wil oedd y trydydd olaf i gael ei achub o'r llong gan yr hofrennydd oedd yn hofran yn y mwg du trwchus. Gwelodd Simon Weston yn cael ei godi o'i flaen. 'Roedd e yn ei drôns, a'i groen yn binc i gyd.'

Roedd Howard wedi glanio cyn yr ymosodiad a bu'n saethu'n ofer at yr awyrennau. Unwaith eto, y rheiny'n ddigon isel i fedru gweld wynebau'r peilotiaid. Gwyddai fod Wil ar y *Galahad*, ac roedd gan nifer o'i gyfeillion ar y tir frodyr ar y ddwy long. Wrth i gleifion gael eu trin ar y traeth, roedd *ammo*'r bechgyn wedi cynhesu gymaint, roedd yn ffrwydro o'u cwmpas, a bwledi'n hedfan i bobman. Cafodd 51 o'r milwyr ar y *Galahad* eu lladd yn yr ymosodiad, 33 ohonyn nhw'n aelodau o'r Gwarchodlu Cymreig.

Cyn mynd i'r Falklands, cefais gyfweliad gydag Owen Sinclair o Ddeiniolen. Roedd ef ar y llong hefyd, ac fe fu'n dioddef o PTSD – *Post Traumatic Stress Disorder* – byth ers hynny. Roedd arno ofn mynd allan o'r tŷ a phan fyddai'n cerdded i'r gegin, byddai 'nôl ar y *Galahad* eto. Ar gyfer y rhaglen hon bûm yn ffilmio yn yr unig ganolfan ar gyfer milwyr oedd yn dioddef o PTSD oedd yn dal ar agor ym Mhrydain, a honno yn Llandudno, dan ofal y seiciatrydd Dr Dafydd Alun Jones. Yn anffodus, oherwydd prinder amser, doedd dim lle i'r elfen hon yn y rhaglen derfynol, ond roedd Dafydd yn honni ei fod wedi darganfod yr unig driniaeth effeithiol ar gyfer y cyflwr hwn. Doedd dim pwynt gofyn i'r milwyr arllwys eu calonnau i therapyddion proffesiynol fel meddygon neu seiciatryddion, meddai. Doedd y cleifion ddim yn gallu siarad ag unrhyw un heblaw cleifion eraill. Ro'n nhw'n gwybod mai dim ond pobl oedd wedi mynd trwy brofiadau tebyg eu hunain oedd yn gallu deall eu profiadau nhw. Therapi Dafydd felly, oedd i'r milwyr siarad â'i *gilydd*. Yn anffodus roedd toriadau wedi cau pob canolfan debyg arall trwy Brydain, ac yn fuan wedi ffilmio, caewyd yr un yn Llandudno hefyd.

Roedd Owen yn galw am ymchwiliad cyhoeddus i'r hyn ddigwyddodd yn Fitzroy. I esbonio pam fod y milwyr wedi cael eu cadw ar y llong am bump awr yng ngolau dydd, fel y *sitting ducks* clasurol. Roedd y milwyr ar y tir yn methu credu'r sefyllfa a oedd, hwyrach, yn gyfuniad o anlwc a chamgymeriadau, gan gynnwys methiant i benderfynu ai dynion neu offer ddylai gael eu dadlwytho gyntaf. Bu oriau o ddadlau poeth rhwng dau uchel swyddog ar y llong, yn ôl Owen. 'Dau *officer* bron iawn yn cwffio. Un yn deud bod *equipment* da i ddim byd heb y dynion, a'r llall yn deud bod dynion da i ddim byd heb yr *equipment. Stalemate.*'

Roedd wedi ysgrifennu darn o farddoniaeth 'i helpu fi, i ddeud sori am yr hogia, a deud gwbei'. Gofynnodd imi ei roi yn Fitzroy. Ac yn y bae hwnnw mae carreg goffa i'r bechgyn ar ffurf croes Geltaidd, ac arni enwau'r rhai a gafodd eu lladd. Ar waelod y garreg mae'r geiriau 'Yn Angof Ni Chânt Fod'. Ac yno, ymysg y pabis cochion, y gadewais gerdd Owen. Meddai'r pennill olaf:

I was there and did my best,
And now it's time to let them rest.
What the future holds I do not know,
But now it's time to let them go.

Yn Buenos Aires, mae adeilad o'r enw Casa del Chubut, Neuadd y Cymry. Yma byddai gwragedd o dras Gymreig yn cyfarfod yn rheolaidd yn ystod y rhyfel i gasglu dillad cynnes, menig, eli croen a nwyddau eraill i'w hanfon i filwyr yr Ariannin ar faes y gad. Meddai Iris Spannaus, 'Yr unig bryd elli di gael pobl Ariannin at 'i gilydd yw pan ti'n siarad am ffwtbol – a'r Malvinas. A dyna fo... achos yr Ariannin sy pia nhw. Maen nhw'n hyll, lot o wynt, faswn i ddim yn byw yno, dwi ddim yn licio nhw, ond... *fact is*, ni pia nhw – ddim y nhw.' Ac roedd 'Vali', Valerie de Irriani, yn cofio cael ei holi weithiau gan Radio Cymru. Roedd hi'n cymryd risg wrth wneud hynny. Gallai hynny gael ei drin fel brad gan lywodraeth yr Ariannin ac roedd yn crynu yn ei sgidiau bob tro byddai'r orsaf yn ffonio. Ar un achlysur gofynnwyd iddi, 'ble mae llynges yr Ariannin ar hyn o bryd?'. 'Mi drodd fy nghoesau'n jeli,' meddai Vali, 'a bu'n rhaid imi feddwl yn gyflym. Dwedes wrthyn nhw, "Mae llynges yr Ariannin ble DDYLIE hi fod!"'

Yn y Gaiman, talaith Chubut, roedd dosbarth plant ysgol gynradd yn canu 'Marcha de las Malvinas', sy'n hawlio mai'r Ariannin pia'r ynysoedd. Roedd pob plentyn ysgol yn ei dysgu hi. 'Mae'n rhan o'n diwylliant ni, welwch chi,' meddai un o wragedd enwocaf y Wladfa i'r Cymry, Luned Gonzalez.

Mewn dosbarth canu arall, roedd Milton Rhys yn strymian y gitar ac yn dysgu 'Calon Lân' i'w fyfyrwyr. Athro cerdd oedd e, ac roedd yn arwain tri chôr yn Nhrelew. Cefais wybod amdano gan Ioan Roberts, oedd yn gwneud gwaith ymchwil i'r rhaglen. Ychydig o Gymraeg oedd gan Milton, er ei fod yn dysgu'n gyflym oddi wrth ei ferch hynaf Astrid, oedd yn cael gwersi Cymraeg yn yr ysgol. A'i hen daid oedd y Parchedig William Casnodyn Rhys a gafodd ei eni yn Nhai-bach, Port Talbot yn 1851. Ef oedd y Cymro cyntaf i gael medal gan Arlywydd yr

Ariannin am wasanaethu 'la Colonia Galesa del Chubut', sef y Wladfa.

Fe dreuliodd Milton chwe blynedd o'i blentyndod yn America ac roedd felly'n rhugl yn y Saesneg. Dim rhyfedd i'r Ariannin ei lusgo i'r Falklands fel cyfieithydd y Cadfridog Menendez. Milton oedd y ddolen gyswllt rhyngddo a Saeson yr ynys. Dyna pryd yr aeth i'r eglwys a chyfarfod Bronwen Williams, nyrs o Gymru oedd yn byw yno ac a wnaeth ei atgoffa o'i waed Cymreig, a'r gwaed Cymreig ar faes y gad ar y Falklands. 'Yes,' meddai, 'it was an emotional moment. Maybe it was one of the first moments in which you feel blood. Blood in her veins of Welsh family, and blood in my veins of my Welsh great grandfather.'

Mae manylion llawn cyfarfod Bronwen a Milton yn yr eglwys yn llyfr gafaelgar Ioan, *Rhyfel Ni: Y Cymry a'r Patagoniaid yn y Malvinas: Profiadau Cymreig o Ddwy Ochr Rhyfel y Falklands / Malvinas* a gyhoeddwyd gan Wasg Carreg Gwalch yn Hydref 2003.

A dyna ni'n dau dan ormes dau rym,
Nad yw hil o berthynas yn cyfri fawr ddim.

Roedd Milton yn clywed cân Plethyn am y tro cyntaf. Diolchodd amdani.

Roedd dan deimlad drwy gydol y cyfweliad. 'I Menéndez y mae'r diolch 'mod i a chymaint o'r bechgyn eraill yn fyw heddiw,' meddai Milton. Roedd e'n dyst i'r alwad ffôn rhwng y Cadfridog a Galtieri ar ddiwrnod olaf y rhyfel pan oedd Menéndez yn ildio. 'Ewch allan o'ch tyllau i ymladd y cachgwn,' bloeddiodd Galtieri. Ond roedd ei Gadfridog yn gadarn ac roedd Milton yn cofio'i ateb yn dda. 'Gyda beth? Does 'da ni ddim adnoddau, dim arfau, bydd y bechgyn i gyd yn cael eu lladd. Ac i beth?... NA!' Yn fuan wedyn, glaniodd tair bom o gwmpas y pencadlys a theimlodd Milton *shrapnel* yn ei gefn wrth redeg i gyfeiriad y traeth.

Roedd atgofion doniol hefyd. Cael ei gyflwyno i'r Cadfridog

cyntaf ar yr ynys, a hwnnw'n feddw trwy'r dydd. Ei ben yn disgyn yn glep ar fwrdd, a Milton yn ei roi yn ei wely. Milwr nerfus yn gwarchod yr ysbyty yn Stanley, yn cael ofn wrth glywed sŵn, yn nhywyllwch y nos, ar y maes pêl-droed gerllaw. Wedi gweiddi 'Halt' heb unrhyw ymateb, saethodd yr unig fuwch oedd yn darparu llaeth i'r ysbyty... Roedd y Falklands yn fy atgoffa o Fynydd Llanllwni. Dim coed, dim ond porfa, mawn, ac weithiau aceri o gerrig miniog oedd yn torri traed rhywun. Ychwanegwch aeaf caled a rhewllyd a gallwch ddychmygu cyflwr yr Archentwyr wrth iddyn nhw ildio. Yn wir, yn ôl Wil, roedd y tywydd wedi eu gwanhau hyd yn oed cyn i'r rhyfel ddechrau. Ac roedd tystiolaeth o hynny i'w weld o hyd. Doedd fawr ddim wedi ei glirio o'r tir ers y rhyfel. Mae'r ffrwydron tir, y *landmines* – 30,000 ohonyn nhw – yno o hyd, ond wedi eu mapio a'u hamgylchynu gan arwyddion perygl. Ac wrth ddringo'r mynydd gerllaw Stanley, gwelsom y 'daps' oedd gan yr Archentwyr ar eu traed a'r *ponchos* tenau carpiog, yr unig amddiffyniad oedd ganddyn nhw rhag yr oerfel.

Mae yna fynwent i nifer ohonyn nhw ar y Falklands ei hun. Claddwyd sawl un heb i neb wybod eu henwau ac ar gerrig bedd y rheiny mae'r geiriau, 'An Argentine soldier known unto God'. Roedd ymwelwyr o'r Ariannin yn mabwysiadu'r beddau dienw hyn i gofio am eu meibion a'u brodyr eu hunain. Wrth brif groes y fynwent roedd torch a osodwyd yn ddiweddar gan y Gwarchodlu Cymreig, ond beth oedd teimladau'r bechgyn o Gymru fan hyn? 'Rhyfel yw rhyfel,' meddai Howard. 'Cath lot o ffrindie fi eu lladd yn y rhyfel yma... eu bai nhw oedd o felly sgynno fi ddim teimlad *at all* amdanyn nhw.' Roedd Wil yn teimlo 'run peth. 'Nathon nhw chwythu fi i fyny. Fedra i ddim teimlo amdanyn nhw. Dio ddim yn bosib.'

Roedd teimladau cymysg ym Mhatagonia ei hun. Yn ôl y gohebydd Russell Isaac, oedd ym Mhatagonia ar drothwy'r brwydro, roedd sylweddoli bod 'na Gymry ymysg y milwyr Prydeinig yn sioc i bobl y Wladfa. 'Ro'n nhw'n teimlo eu bod wedi cael eu bradychu,' meddai. Ond roedd teimlad hefyd na fuasai'r cysylltiad Cymreig wedi gwneud unrhyw wahaniaeth yn ystod y rhyfel ei hun. Meddai Milton, 'I don't remember hearing about... Welsh Guards I think they're called? Of course, if I would have known, I don't know what would have happened, but I don't think it would have changed anything. I don't think it would make a difference.'

Ac yn ôl Luned Gonzalez, 'Dwi'n meddwl bod y bobl ifanc o dras Gymreig oedd yn y fyddin yr amser honno yn teimlo, wel, Archentwyr oedden nhw a do'n nhw ddim yn meddwl dim byd arall wrth gwrs... yn sefyll dros eu gwlad, sef yr Ariannin.' I bobl fel Vali, gallai'r rhyfel fod wedi hawlio un o'u meibion. 'Tase'r rhyfel wedi para mis neu ddeufis arall, fasai un o'r meibion wedi cael mynd i'r rhyfel, felly oedd o'n boen i'r ddwy ochr, 'doedd?'

Ac fe aeth rhai meibion o dras Gymreig i'r rhyfel. Daeth Wil a Howard ar eu traws. Wil, wrth warchod carcharorion unwaith, yn Ajax Bay. 'O'n i'n cadw giard ar yr hogia 'ma, ac o'n nhw'n deud "te", "shwgwr" a petha fel "llefrith"... ches i ddim sgwrs gyfan achos oedd pobl yn watshad chdi, fel y Red Cross a hyn a'r llall, ond perffaith bod 'na un, ella dri ohonyn nhw yn gwbod yr iaith.' Ond doedd hyn ddim yn golygu dim i Wil ar y pryd. 'Fedri di ddim gadael i beth fel'na ddod mewn i dy ben.' Digwyddodd yr un peth i Howard wrth iddo yntau warchod carcharorion ar y llongau oedd yn eu dychwelyd i'r Ariannin. Wrth iddo siarad ag un o'i gyd-filwyr yn Gymraeg, daeth peilot o'r Ariannin ato. 'Nath o ddechra siarad yn Gymraeg, ond do'n i ddim i fod siarad â nhw. Ddwedes i, "Oi, back in your cell". Oedd o'n deimlad od, oedd, ond o'n ni'n gwbod bod 'na rei yna, o'n nhw wedi deud wrthon ni ar y ffordd i lawr i'r Falklands, "there could be some Welsh speaking people there" – o Patagonia.'

Oedd y rhyfel yn werth yr holl aberth? Efallai ei fod e i drigolion yr ynys oedd wedi mwynhau heddwch a llewyrch ers hynny, yn ôl Howard, 'ond i bobl fath â fi, gollodd ffrindia, doedd o ddim gwerth y bywyd gollwyd. Dydy o ddim.' 'Nid *politicians* ydan ni,' oedd ateb Wil. 'Sowldiwrs ydan ni, dyna 'di'n job ni. "Ours is not to question why, just to do or die."'

Yn Nhrelew, mae gan Gymdeithas y Cyn-filwyr ganolfan gymdeithasol. Cefais groeso twymgalon gan rai o'r milwyr yno, gan gynnwys Gustavo Fritz, oedd ar fwrdd y *Belgrano*, un o longau'r Ariannin a suddwyd gan Brydain. Collodd Gustavo 323 o'i gyd-filwyr. Esboniodd trefnydd y gymdeithas, Mario Jora, fod llywodraeth yr Ariannin wedi anghofio amdanyn nhw, a bod nifer fawr o'r bechgyn ddaeth 'nôl o'r rhyfel yn ddi-waith. Fan hyn y cefais wybod hefyd mai 350 o ddynion talaith Chubut aeth i'r rhyfel. O'r rheiny, pedwar gafodd eu lladd. Roedd yn anodd gwybod a oedd gan y pedwar hynny achau Cymreig – fe allen nhw fod wedi cymryd enwau eu tadau Archentaidd. Ond ymysg yr enwau, roedd Ricardo Andres Austin. Roedd ei enw hefyd ar y gofeb i'r rhyfel yn Buenos Aires. Mae cofeb wahanol ym Mhorth Madryn sy'n dangos enwau'r Cymry gwreiddiol laniodd yno ar y *Mimosa*. Ar frig y rhestr, mae'r enw 'Thomas William Austin'. Wedi ymchwil pellach i'w hanes, daeth yn amlwg fod Ricardo Andres Austin yn ddisgynnydd iddo. Roedd o leiaf un o'r pedwar o'r Wladfa laddwyd ar y Falklands o dras Gymreig uniongyrchol felly.

Er bod pobl y Falklands yn ddiolchgar i lywodraeth Prydain am orfodi'r Archentwyr o'r ynysoedd, mae'r Ariannin hyd heddiw yn hawlio sofraniaeth dros eu Malvinas. Mae'n bwnc llosg sy'n dal i suro'r berthynas â Phrydain a gwneud yr ynyswyr yn nerfus. Ac mae neges glir ar y gofeb i'r milwyr yn Nhrelew. Dan y rhestr enwau, mae'r gair 'Volveremos' – fe fyddwn ni'n dychwelyd.

'My grandfather came here in the 1800s to find peace,' meddai Milton. '... to raise children, teach them Welsh, and teach them his ideals and thoughts about religion and humanity. Years after, the Welsh Colony here in Chubut has another war and we have once again blood against blood. Do I have to fight my own blood? I still ask myself the same question, twenty years after and I still can't find the answer. What for? It's the same question.'

Ond i ddwy lywodraeth y gynnau,
Dim ond dŵr yw eu gwaed.

Joseff

BOB TRO BYDDA i'n gweld awyren Hercules yn y wlad hon, dwi'n teimlo'n emosiynol. Wna i byth anghofio gweld haid ohonyn nhw – tua dwsin, yn hedfan uwch fy mhen, ac fe dynnodd hynny ddeigryn. A'r rheswm am hynny yw mai'r Hercules, yn fwy na dim byd arall, sy'n fy atgoffa o Ethiopia a'r fraint fwyaf a gefais yn fy ngyrfa.

Tua diwedd 1985 y cefais fy mhrofiad cyntaf o'r awyren ryfeddol hon, a'i chyfraniad i leddfu'r newyn mawr oedd wedi melltithio'r wlad yn 1984. Bob bore am 6 o'r gloch, byddai criw o RAF Prydain yn hedfan o faes awyr Addis Ababa i'r ardaloedd anghysbell hynny oedd i dderbyn bwyd o'r awyr. Am ddau ddiwrnod buom yn ffilmio bwyd yn cael ei ollwng uwch ardal Gundo Meskel, i'r gogledd orllewin o Addis. Roedd hyn yn golygu cydweithio â lluoedd awyr yr Almaen a Gwlad Pwyl, oedd yno i gynorthwyo hefyd. Dyletswydd y Pwyliaid oedd hedfan hofrennydd mawr i Gundo er mwyn llywio'r gwaith ar y ddaear. Byddai dau aelod o RAF Prydain yn mynd gyda nhw i osod marciau ar y ddaear ar gyfer yr awyrennau Hercules a gariai'r sachau grawn.

Doedd 'na ddim byd yn Gundo ond llwyfandir uchel a gwastad, pentref bychan a gwersyll bwyd dan ofal tramorwyr. Un bore fe deithion ni gyda'r Pwyliaid i ffilmio'r gwaith o'r llawr. Diolch i'n gŵr camera, Neil Hughes, fe gafwyd rhai o'r lluniau mwyaf trawiadol dwi wedi eu gweld erioed. Roedd angen i'r Hercules hedfan yn weddol isel cyn i'r sachau bwyd gael eu gwthio allan drwy'r cefn. O ble'r o'n i'n sefyll, gwelwyd yr Herc yn agosáu yn uchel yn y pellter, ond byddai'n suddo islaw'r *plateau* ei hun cyn dringo eto uwch ei ben – er mwyn sicrhau ei bod yn hedfan mor isel a gwastad â phosib dros y *drop zone*.

Yr hyn welsom ni felly, oedd yr awyren gyfan yn diflannu o'r golwg i'r ddaear am rai eiliadau cyn i'r anghenfil metel anferth hwn ddod i'r golwg eto. Wedyn y sachau bwyd yn ymddangos, ac yn chwyrlïo trwy'r awyr wrth daro'r ddaear. Yna'r bobl leol, fu'n sefyll yn amyneddgar mewn rhesi gerllaw, yn rhuthro i gasglu'r sachau. I gyfeiliant y gân 'Albatross' gan Fleetwood Mac, roedd y lluniau o'r ddaear yn Gundo a ddangoswyd ar y rhaglen yn cyffwrdd rhyw nerf ysbrydol.

Byddai awyren Prydain yn gwneud hyn am yn ail ag awyren yr Almaen. Roedd yr RAF bob amser yn gollwng y bwyd yn yr union le a neilltuwyd ar eu cyfer. Ond nid felly'r Almaenwyr, yn rhannol oherwydd eu hoffter o'r hei leiff yn Addis. Llwyddon nhw i ddinistrio rhai o gnydau prin y ffermwyr lleol, ac ar un achlysur bu bron iddyn nhw fomio'r pentref ei hun. Pan welid Hercules yr Almaen yn agosáu felly, byddai pobl yn sgathru i bob cyfeiriad i gyrraedd pellter diogel.

Ond chwarae teg iddyn nhw am fod yno o gwbl. Ac wrth ffilmio'r un peth y diwrnod canlynol, ar fwrdd Hercules Prydain, daeth yn amlwg pa mor anodd a pheryglus oedd y gorchwyl. Roedd y peilot, gafodd y ffugenw Biggles, wrth ei fodd yn chwarae rhan yr arwr o flaen y camera teledu. O ganlyniad, byddai'n plygu ambell reol. Doedd y criwiau ddim i fod i hedfan o dan ugain troedfedd – er bod y sachau, o'r uchder hwnnw, yn tueddu i dorri wrth fwrw'r ddaear a'r grawn yn cymysgu â'r llwch. Penderfynodd Biggles y byddai pum troedfedd yn well syniad o lawer. Ni fu anghytuno tan ei bod yn rhy hwyr. Teimlais yr ysgytwad o'r *flight deck* wrth i olwyn ôl yr awyren fownsio ar y ddaear. 'We'll have to do a fly-past so the boys on the ground can check if we've still got the back wheels,' meddai Biggles. Wrth inni droi rownd i hedfan dros Gundo eto, roedd miloedd o bobl yn tyrru fel morgrug o bob cyfeiriad i gasglu'r bwyd. A daeth y neges o'r ddaear fod yr olwynion yn dal yn eu lle. Erbyn diwedd 1985 nid ni oedd y cyntaf i ffilmio gyda'r RAF. Ond dim ond pytiau byrion ar gyfer rhaglenni newyddion roedd pawb arall wedi eu gwneud. Ni oedd yr unig griw i dreulio dau ddiwrnod yn ffilmio'r holl ymdrech yn drylwyr ac o bob ongl bosib. Ro'n i wrth fy modd felly, o ganfod ymhen amser fod ein lluniau ni'n cael eu defnyddio gan yr RAF yn Brize Norton i hyfforddi peilotiaid newydd yn y math yma o hedfan.

Dros gyfnod o 14 mis llwyddodd yr RAF i ddosbarthu 30,000 tunnell o rawn, gan arbed degau o filoedd o fywydau. Ond nid dyma'r ateb parhaol i'r newyn wrth gwrs. Cymorth brys oedd hwn. Gan Wing Commander Green o'r RAF y cefais y dehongliad gorau o gyfraniad y Llu Awyr – 'Gallwch feddwl amdanom fel yr injan sy'n dod i ddiffodd y tân; dy'n ni ddim yma i ailadeiladu'r tŷ.'

Tra o'n ni'n ffilmio ar y ddaear cawsom fynd i mewn i'r ganolfan fwydo. Ymysg yr adeiladau sinc a tho gwellt roedd un ar gyfer plant amddifad. Roedd tua dwsin o blant ynddo, sef dyrnaid yn unig o blith y 200,000 o blant Ethiopia gollodd eu rhieni yn y newyn mawr hwn. Roedd yma faban bach tenau yn cael ei fwydo o fron ei lysfam, ond hoeliwyd fy sylw gan fachgen oedd yn gorwedd ar ei ben ei hun ar ganol y llawr a phowlen o fwyd wrth ei ochr. Yn ôl y nyrs, ei enw oedd Mohamed, roedd yn bump oed ac roedd wedi cyrraedd mynedfa'r gwersyll ar ei ben ei hun un diwrnod, wedi iddo weld ei fam yn marw. Nid pobl yn unig oedd yn brin o fwyd yn y cyfnod hwn, roedd anifeiliaid yn newynu hefyd. Gyda'r nos, byddai hyenas gwyllt a gwancus yn crwydro i mewn i'r pentrefi ac yn ymosod ar bobl. Oherwydd diffyg bwyd, roedd mam Mohamed yn rhy wan a diymadferth i ymladd 'nôl. Gwelodd y crwt ei fam ei hun yn cael ei bwyta'n fyw gan bac o hyenas. Doedd hi ddim yn syndod ei fod yn edrych mor ddiymadferth ar lawr y caban. Roedd yn cryfhau dan y cynllun bwydo, ond byddai'r graith ar ei feddwl yn para dros weddill ei oes wrth gwrs. Pa fath o ddyfodol oedd yn ei wynebu tybed?

Daeth cyfle i geisio ateb y cwestiwn.

Erbyn 2005 roedd ugain mlynedd wedi mynd heibio ers y newyn a thaith gyntaf *Y Byd ar Bedwar* i Ethiopia. Cefais ganiatâd i fynd 'nôl i wneud rhaglen awr arbennig i weld beth oedd wedi newid ers y newyn mawr – ac i ailymweld â chymaint â phosib o'r bobl a'r lleoliadau a welsom yn 1985. Wrth reswm byddai'n rhaid trio dod o hyd i Mohamed – os oedd yn dal yn fyw. Byddai'n rhaid imi gael cymorth Negussie.

Daeth Negussie i Gaerdydd yn yr wythdegau i wneud doethuriaeth ar yr ymdriniaeth a roddwyd i'r newyn gan gyfryngau'r byd. Roedd yn ddyn tawel, diymhongar a galluog. Roedd hefyd yn grefyddol iawn. Bu'n help mawr o ran hwyluso trefniadau o flaen llaw cyn ffilmio yn 1985. Diolch i ffrind arall cefais innau gyfle i'w helpu fe pan oedd mewn gwir angen.

Roedd cwrs doethuriaeth Negussie yn y Coleg Newyddiadurol yng Nghaerdydd i fod i bara am ddwy flynedd a dim ond ychydig o gymorth ariannol a gafodd gan Ethiopia. Ond yn sydyn mynnodd y Coleg y byddai'n rhaid iddo dreulio tair blynedd yn gwneud y ddoethuriaeth, nid dwy. Doedd dim gobaith iddo gael arian ar gyfer y drydedd flwyddyn ac fe aeth i ddyled. Ar drothwy cwblhau'r tair blynedd mynnodd y Coleg na fyddai'n derbyn ei ddoethuriaeth heb dalu bil o ddwy fil o bunnoedd. Doedd yr arian ddim ganddo. Byddai tair blynedd o aberth ac absenoldeb poenus oddi wrth ei deulu yn wastraff. 'Paid poeni,' meddwn i wrtho, 'mi ga i'r arian o rywle'. Addewid ffôl. Roedd dwy fil yn arian mawr yr adeg hynny. Gydag wythnos i fynd, ffoniais Jorgen Hansen, hen ffrind coleg oedd bellach yn Swyddog y Gymuned Ewropeaidd yng Nghymru. Cefais gyfarfod gyda fe a Hubert Morgan, oedd ar y pryd yn dal yn Ysgrifennydd y Blaid Lafur yng Nghymru. Doedd Jorgen ddim yn gweld bod modd codi'r arian mewn wythnos. Aeth Hubert, chwarae teg iddo, i'w waled a rhoi decpunt ar y bwrdd. 'Dechreuwn ni fan'na,' meddai. Ond gyda chalon drom sylweddolais nad oedd hyn yn mynd i weithio. Fel roedd hi'n digwydd, roedd gen i hefyd gyfarfod y diwrnod hwnnw gyda phennaeth rhaglenni S4C, Euryn Ogwen. Gan 'mod i'n bennaeth materion cyfoes HTV Cymru ar y pryd, roeddem yn cyfarfod yn rheolaidd.

'Sut wyt ti?' oedd cyfarchiad Euryn. 'Dim yn grêt,' meddwn innau, gan esbonio problem Negussie. Cododd Euryn y ffôn yn syth. 'Tish,' meddai, 'sut wyt ti? Tyrd â siec imi am… am…'

Edrychodd arna i. 'Dwy fil o bunne,' meddwn i. 'Ia, 'na fo,'
meddai Euryn, 'siec am ddwy fil o bunne. Gwna fo allan i...'
edrychodd arna i eto. 'Negussie Teffera,' atebais innau. 'Ia, 'na
fo, Negussie Teffera. Galw fo'n... aros di 'wan... galw fo'n,'
edrychiad arall. Roedd fy meddwl yn rasio. 'Arian datblygu,'
meddwn i. 'Ia, 'na fo, galw fo'n arian datblygu. Hei, diolch
Tish.' Ffôn i lawr. Roedd fy nghalon yn curo. O fewn pum
munud agorodd y drws. Daeth Tish i mewn a gosod siec ar y
bwrdd o 'mlaen i. 'Pay Negussie Teffera, £2000.' Cerddais allan
o'r adeilad y diwrnod hwnnw dan deimlad – ond fel brenin dan
deimlad. Ffoniais Negussie o fy swyddfa a gofyn iddo alw heibio
cyn gynted â phosib. Derbyniodd y siec ar ei liniau. Gwnes
yn siŵr ei fod yn cyfarfod Euryn yn bersonol cyn dychwelyd i
Ethiopia. Bob tro dwi'n siarad ag e nawr, mae'n holi am Euryn.
Fel mae'n digwydd, er nad oeddwn i nac Euryn yn gwybod hyn
ar y pryd chwaith, byddai'r arian 'datblygu' yn talu ar ei ganfed
ac yn arwain at wobr BAFTA i'r rhaglen yn 2005.

Ymhen ychydig flynyddoedd byddai tro mawr arall ar
fyd yn wynebu Negussie. Er ei fod yn Gristion pybyr ac yn
aelod o'r Eglwys Uniongred, realiti bywyd oedd gorfod
ufuddhau i orchmynion yr unben Marcsaidd Mengistu. I
Negussie roedd hynny'n cynnwys darlledu'n wythnosol ar y
radio a chanolbwyntio ar faterion datblygu gan ddefnyddio'i
wybodaeth o astudiaethau poblogaeth – a dilyn lein swyddogol
y llywodraeth ar bopeth, wrth gwrs. Yng ngwanwyn 1991
cafodd Mengistu ei ddisodli gan luoedd Tigray ac Eritrea – dau
o ranbarthau Ethiopia oedd wedi bod yn ymladd rhyfel cartref
yn erbyn y llywodraeth ganolog ers blynyddoedd maith (gyda
chymorth Idris o Ferthyr – darllenwch ymlaen!). Roedd yna
frwydro yn y brifddinas, Addis, am wythnos cyn i Mengistu ffoi
i Zimbabwe, gan adael y wlad yng ngofal arweinydd y 'Tigray
People's Liberation Front', Meles Zenawi.

Shwt fyddai hyn yn effeithio ar Negussie? Penderfynodd
fynd i'r swyddfa fel arfer a chadw ei ben i lawr. O leiaf roedd ei
wraig yn dod o Tigray – er bu bron iddi hi gael ei lladd gan fom
yn ystod brwydr Addis. Doedd dim rhaid iddo ddisgwyl yn hir

cyn cael ateb. Daeth mintai o swyddogion y *régime* newydd i'w swyddfa a safodd un dyn, arweinydd amlwg, o'i flaen. 'A pwy y'ch chi?' gofynnodd hwnnw. 'Fy enw yw Negussie Teffera.' 'A,' meddai'r dyn, 'chi yw Negussie Teffera. Ni wedi bod yn gwrando arnoch chi yn y *Bush*.' "Na ni,' meddyliai Negussie. 'Dwi'n mynd i gael fy nghosbi am ddarlledu propaganda.' Ond meddai'r dyn, sef Meles Zenawi ei hun, prif weinidog Ethiopia o 1991 tan 2012, 'wnewch chi weithio i ni?'

Am y saith mlynedd nesaf, roedd Negussie yn gynghorydd personol i Zenawi fel gweinidog llywodraethol gyda chyfrifoldeb arbennig am faterion poblogaeth. Wedi i'w dymor ddod i ben sefydlodd sefydliad ymchwil, eto i ganolbwyntio ar boblogaeth. Dyna lle'r oedd e o hyd pan ddychwelais yn 2005.

Ac wrth gwrs roedd yn barod i helpu i ddod o hyd i Mohamed. Ond yn 1985 wnaethom ni ddim canolbwyntio ar unrhyw unigolion penodol – roedd cymaint ohonyn nhw yn y canolfannau bwydo. Ro'n innau'n rhuthro'n rhy gyflym o un lleoliad i'r llall i allu gwneud portreadau unigol. A doedd gen i ddim llawer o fanylion am Mohamed. O leiaf fe wnes i ddarn i'r camera gyda fe, felly roedd gennym lun ohono, er ei fod yn ddim ond pump oed ar y pryd. Ond fe fyddai hon, wrth gwrs, yn dasg anodd. Do'n i ddim wedi nodi pa elusen oedd yn rhedeg y ganolfan fwydo hyd yn oed. A pha obaith fyddai 'na o ffindio un plentyn amddifad allan o'r dau gan mil yn Ethiopia ar y pryd? Ddiwedd Mehefin 2005 mi es i Addis am rai dyddiau i wneud reci ar gyfer y ffilmio. Roedd gen i *stills* o Mohamed oddi ar y rhaglenni ac fe adewais y rhain yn nwylo Negussie. Gadewais arian iddo fedru cyflogi 'sgowts' i fynd i Gundo i holi amdano. Roedd yn uffern o *long shot*, ond roedd rhaid trio. Roedd tri mis i fynd cyn y byddwn yn dychwelyd i ffilmio.

Yn ystod y cyfnod hwn, do'n i ddim yn ddyn hapus. Roedd Mohamed yn pwyso ar fy meddwl. Ro'n i wedi gweld rhaglenni dogfen gan bobl eraill oedd wedi dychwelyd i Ethiopia ar ôl ugain mlynedd, y rheiny hefyd yn chwilio am yr enghreifftiau dirdynnol y daethon nhw ar eu traws ganol yr wythdegau – ac yn llwyddo. Uchafbwyntiau'r rhaglenni hyn oedd cyfarfodydd emosiynol a theimladwy gyda'r un bobl ugain mlynedd yn ddiweddarach. Rhaid bod yn hollol onest a chydnabod mai dyna sy'n gwneud teledu da. Petawn i'n methu dod o hyd i Mohamed, yna o safbwynt 'teledu da' fasai'r rhaglen ddim yn llwyddo. Swnio'n uffernol, dwi'n gwybod, ond dyna'r gwir. Ro'n i'n teimlo dan bwysau seicolegol mawr i 'ddelifro'. I gyflawni o leiaf yr hyn roedd newyddiadurwyr eraill wedi llwyddo i'w wneud i gynnal enw da *Y Byd ar Bedwar*. Ac wrth gwrs roedd y cyffro personol o'r posibilrwydd o weld Mohamed eto yn ffactor. Ro'n i'n ymwybodol iawn o'r siom y baswn yn ei theimlo o fethu dod o hyd iddo, ac roedd yn chwarae ar fy meddwl yn gyson.

Yn ystod y cyfnodau hyn o boen meddyliol, mae'n debyg, mae pobl yn gallu cael profiadau ysbrydol. Hynny yw, y profiad o gael neges o gysur 'o'r ochr arall'. Y ddamcaniaeth yw bod sianeli cyfathrebu gydag angel gwarcheidiol neu debyg yn agored trwy'r amser, ond bod rhaid i ni fod yn agored i negeseuon – hynny yw, yn teimlo'n isel neu'n bryderus. Byddai angen hefyd bod yn ymwybodol nad oes y fath beth â chyd-ddigwyddiad – bod rhywbeth sy'n ymddangos felly yn aml yn cuddio neges ysbrydol, sy'n cysuro neu'n arwydd o'r ffordd ymlaen mewn bywyd. Dyna'n syml yw neges y nofel enwog, y *Celestine Prophecy* gan James Redfield. Er bod gen i duedd erioed i gael fy hudo gan ddamcaniaethau o'r fath, mae bod yn sgeptig yn rhan naturiol o newyddiaduriaeth, a do'n i ddim wir yn siŵr beth i'w wneud o hyn i gyd.

Wedyn fe ddigwyddodd rhywbeth i'm gwneud yn llawer mwy crediniol. A minnau ar bigau drain cyn dychwelyd i ffilmio, cefais wahoddiad i adolygu'r papurau gan raglen *Wedi Tri* ym mis Awst. Gan ei bod yn ganol haf roedd y rhaglen yn dod yn fyw o'r Ardd Fotaneg yn y gorllewin. Wrth inni gerdded i'n seddau gofynnodd un o'r cyflwynwyr, John Hardy, beth oedd gen i ar y gweill. Dwedais 'mod i'n paratoi i ddychwelyd i Ethiopia. 'Iawn,' meddai, 'mi wnawn ni sôn yn fyr am hynny ar ddiwedd y papurau.' Yr hyn sy'n gwbl, gwbl allweddol am y stori hon yw'r ffaith mai rhyw ddeg munud o slot oedd gen i ar y rhaglen. Deg munud yn unig, a dyna beth sy'n gwneud yr hyn ddigwyddodd nesaf yn rhyfeddol. Tua dau funud i mewn i'r adolygiad, daeth sŵn rhuo oddi uchod. Trwy'r to gwydr uwch ein pennau – ac yn union uwch ein pennau – gwelais awyren enfawr yn hedfan yn isel. Hercules. Fe wnaeth pawb ei hanwybyddu ac mi gariais ymlaen 'da'r papurau. Wedi dau funud arall, dyma sŵn rhuo eto, Hercules arall. Roedd yn anodd ei hanwybyddu y tro hwn, felly mi gyfeiriais ati. 'Dwi wedi bod yn un o'r rheina,' meddwn i, gan ddechrau sôn amdanyn nhw'n gollwng bwyd o'r awyr yn 1985. Myn diawl, ymhen rhyw ddau funud arall, fe ddoth y drydedd awyren Hercules, a'r tro hwn mi baniodd un o'r camerâu stiwdio at y nenfwd gwydr a'i dangos hi'n eglur. Yn isel, yn araf, ac yn osgeiddig, fel angel achubiaeth.

Dyna ddiwedd ar drafod y papurau. Am weddill y sgwrs, y pwnc oedd Ethiopia. Gadewais yr Ardd Fotaneg yn llawn ysbryd newydd. Fedrwn i ddim credu beth oedd wedi digwydd. Sgwrs oedd i fod i bara prin ddeg munud, fasai'n cynnwys crybwyll Ethiopia, ac yn y ffenest fer honno daeth delwedd bwysicaf a mwyaf emosiynol Ethiopia i mi, yn fyw uwch fy mhen. Alla i ddim credu tan y dydd hwn fod y profiad yn ddim byd ond cyd-ddigwyddiad syml. Derbyniais neges. A'r neges oedd, paid poeni, bydd popeth yn iawn yn Ethiopia. Roedd yn deimlad braf iawn. Cefais dawelwch meddwl, a chefais ddos newydd o hyder yn y daith i ddod. Ar y pryd, wyddwn i ddim y byddai rhywbeth tebyg yn digwydd eto...

Mis Medi 2005, a'r amser ffilmio yn Ethiopia wedi cyrraedd. Roedd Negussie wedi anfon dau sgowt, Desalegn Haile, a'i ffrind Brhanu, ar y bws i Gundo, taith o ryw ddiwrnod a hanner. Dros ychydig ddyddiau yno fe fethon nhw ddod o hyd i unrhyw un oedd yn nabod Mohamed o'r lluniau. Roedd cymaint o blant eraill yn y cyfnod wedi cael eu hamddifadu ac wedi colli eu rhieni i hyenas. Ond fe gawson nhw wybod mai enw'r elusen fyddai wedi gofalu amdano oedd y 'Southern Baptist Mission'. Fe gawson nhw wybod hefyd fod yna foi o'r enw Abraham yn gyfrifol am y Mission ar y pryd, a'i fod ef wedi dychwelyd i Addis.

Chwarae teg i'r bois, ro'n nhw wedi cynhyrchu adroddiad hyd yn oed, mewn llawysgrifen Amharig, am bawb y buon nhw'n eu holi. Roedd Negussie wedi dod o hyd i Abraham, ond doedd y newyddion ddim yn galonogol.

Esboniodd hwnnw fod plant o gabanau'r amddifad yn y *Bush* wedi cael eu symud mewn amser i Addis, a'u rhoi o dan oruchwyliaeth pob math o elusennau oedd yn canolbwyntio ar y math hyn o ofal. Roedd y rhain yn cynnwys un elusen lywodraethol oedd yn arbenigo ar blant milwyr, Eglwys Uniongred Ethiopia, ac elusennau fel Jerusalem – a sefydlwyd gan fudiad Anglicanaidd yn Llundain. Ond yr ergyd fwyaf oedd darganfod y byddai gofalwyr newydd Mohamed, oherwydd ei enw, wedi dod i'r casgliad ei fod yn Foslem, ac wedi ei fedyddio'n Gristion. Fe fydden nhw felly wedi newid ei enw. Roedd Abraham o'r farn y byddai hi'n amhosib bron i ddod o hyd i'r crwt. Cytunodd, fodd bynnag, i holi o gwmpas rhai o'r hen gartrefi i blant amddifad, i weld a fyddai'r cofnodion yn dangos unrhyw beth.

Roedd rhaid canolbwyntio nawr ar weddill y gwaith. I ba raddau roedd pethau wedi newid yn yr ugain mlynedd ers y newyn? Oedd yr holl gymorth tramor wedi gwneud gwahaniaeth? Doedd y sefyllfa yn Addis ei hun ddim yn galonogol. Yn ôl y disgwyl roedd poblogaeth y ddinas wedi tyfu i 5 miliwn diolch i duedd gynyddol pobl i fudo o'r wlad i'r dref. Lle'r oedd 'na 15,000 o 'blant y stryd' yn 1985, roedd 'na 150,000 bellach. Dim ond un gegin fwyd elusennol oedd yn y ddinas hefyd, ac yn ôl Minas Hirui o elusen Hope, roedd chwe deg pump y cant o bobl Addis yn byw dan y 'llinell dlodi', a nifer y rhai oedd yn hollol dlawd yn ddau gan mil.

Roedd 'na un adeilad newydd yn Addis: y Sheraton Addis, nid nepell o bencadlys crand y Cenhedloedd Unedig. Hwn yw gwesty mwyaf moethus Affrica a'r rheswm ei fod yma, yn ôl pob sôn, yw bod un o uwch swyddogion y Cenhedloedd Unedig wedi gwrthod dod ar gyfyl Addis tan iddo gael ei adeiladu. Dim llawer o newid felly yn agweddau'r 'Meistri Tlodi' sy'n elwa hyd yn oed o'r diwydiant cymorth i Affrica. A dyna pam fod cyfarfod

Eshetu Mengistu yn gymaint o bleser. Dyn busnes lleol cymharol ifanc a llewyrchus ydoedd a werthodd ei eiddo personol bron i gyd er mwyn gwireddu gweledigaeth i fwydo'i gymdogion dinesig. Ei athroniaeth oedd nad oes pwynt rhoi cymorth bwyd i bobl heb sicrhau bod ganddyn nhw waith hefyd. Mewn hen warws felly, roedd wedi cychwyn cynllun i hyfforddi pobl ifanc mewn sgiliau peirianyddol a gwaith pren. Aeth â mi o'r warws i ganol Tintown, sef y shacs tin oedd yn 'gartrefi' i'r tlotaf. Roedd ei gynllun bwydo bron yn chwerthinllyd o syml. Pwyntiodd at botiau planhigion wrth ddrysau'r shacs. *Growbags!* O sicrhau cyflenwad o hadau i bobl, ro'n nhw'n tyfu eu bwyd eu hunain ar garreg y drws. Rhywbeth nad oedd hyd yn oed yr elusennau mwyaf profiadol, heb sôn am y Cenhedloedd Unedig ei hun, â'u holl 'arbenigwyr' drudfawr, wedi meddwl amdano.

Aeth â mi wedyn i ddarn agored o dir yn Tintown oedd yn domen sbwriel ar un adeg. Perswadiodd y llywodraeth i roi'r tir iddo er mwyn creu *allotments*. A dyna lle'r oedd gwragedd yr ardal yn troi'r pridd i dyfu pob math o lysiau. Syml eto, a bron yn gwbl ddi-gost. Dim ond pris yr hadau, a brwdfrydedd parod pobl i helpu eu hunain. Does dim angen llawer i sbarduno hynny ymysg pobl sydd â nemor ddim i'w henwau. Dwi wrth fy modd â'r math hyn o feddwl 'tu allan i'r bocs'. Atebion syml ac effeithiol, gan un dyn lleol mentrus, yn dangos y ffordd i'r cewri cymorth tramor. Hir oes i Eshetu Mengistu.

Ond byddai'n rhaid mynd i'r mynyddoedd i gael y dystiolaeth bwysicaf o newid. Mae bron i 90 y cant o bobl y wlad yn byw ar dir uchel, yn rhannol oherwydd ei bod hi'n iachach yno, a llai o berygl malaria. Os bydd y tymhorau'n bihafio, hynny yw haul yn yr haf a glaw yn y gaeaf, mae yna ddigon o fwyd. Os na ddaw'r glaw yn y gaeaf, does dim bwyd. Ac weithiau, pan fydd gormod o law, mae llifogydd yn sgubo'r pridd ffrwythlon i lawr i'r tir isel. Dyna'r patrwm sydd wedi ailadrodd ei hun yn Ethiopia ers cyn co'. Dyna ddigwyddodd yn 1984, ac roedd sychder yn para blwyddyn gyfan wedi digwydd deirgwaith ers hynny hefyd, yn 1995, 2000 a 2003. Yn ystod y blynyddoedd hynny, roedd gwell trefniadau yn eu lle i osgoi newyn mawr eto. Ond mae'r bygythiad yn fythol. Ac fel roeddwn ar fin darganfod, doedd osgoi newyn ddim yn golygu bod gan bobl ddigon o fwyd.

Roedd taith uchelgeisiol o'n blaen a dweud y lleiaf. Roedd angen mynd i Gundo Meskel, i'r gogledd orllewin, ac roedd angen mynd i'r gogledd ddwyrain hefyd, i Korem – ac i bentref o'r enw Sekota, lle'r oedd diffyg bwyd o hyd, yn ôl Achub y Plant. Ac roedd un lleoliad arall i'w ffilmio ar gyfer y rhaglen Saesneg, ar un o'r storïau gorau am anturiaethau Cymro oddi cartref a glywais i erioed!

Yn yr Hercules, taith fer oedd hi o Addis i Gundo Meskel yn ystod y newyn. Ond fe gymrodd chwech awr yng ngherbyd ein gyrrwr, Brook. Ystyr Meskel yn Ethiopia yw Croes. Croes Crist. Yn ogystal â Gundo, mae Meskel wedi ei ychwanegu hefyd at enw sawl pentref arall. Mae'n golygu bod darnau o bren y Groes ei hun wedi eu claddu yno. Os ydyn nhw i gyd yn ddilys, rhaid bod mwy o bren yng Nghroes Crist nag oedd 'na yn Arch Noa. Yn ogystal, mae'r Ethiopiaid yn credu mai ar eu tir nhw mae Arch y Cyfamod – felly seremoni'r Timkat, lle mae replica o'r Arch yn cael ei gario drwy'r pentrefi ledled y wlad. Dwi'n synnu bod yr Ethiopiaid annwyl heb ddod o hyd i dystiolaeth mai yn eu gwlad nhw y cafodd Crist ei eni hefyd.

Doedd dim llawer wedi newid yn Gundo. Yr hen wersyll fwydo bellach yn storfa amaethyddol. Ymgasglodd torf o'm cwmpas wrth imi ddangos y llun o Mohamed yn 1985 a holi a oedd unrhyw un yn gwybod ei hanes. Doedd neb. Treuliais dipyn o amser yn crwydro o gwmpas safle'r *drop zone* cyn inni droi'n golygon at begwn arall o'r wlad a thaleithiau Tigray a Wollo.

Ym mis Hydref 1984 daeth y newyddiadurwr Michael Buerk a'r dyn camera Mohamed Amin â newyn Ethiopia i sylw'r byd. Daeth eu lluniau o bentref Korem, lluniau oedd yn brawf o 'newyn beiblaidd', chwedl Buerk. Roedd trigolion y mynyddoedd cyfagos wedi heidio i Korem am ei fod ar y brif ffordd o'r de i'r gogledd, ac roedd gobaith felly y byddai 'na fwyd yno. Doedd 'na ddim. Yn Tigray a Wollo yn 1985, bu farw

800,000 o bobl o'r newyn – mil y dydd yn y rhanbarthau hyn, cant y dydd yn Korem yn unig. Pan gyrhaeddais i yno yn 1985, roedd y sefyllfa dan reolaeth, diolch i'r hyn a alwyd gan un o'r elusennau yn 'the biggest institutional feeding programme in the world'. Ond mi gofiaf yn dda y ffordd roedd y mamau wedi torri gwallt y plant – siâp croes, fel bod gan yr angylion rywbeth i gydio ynddo wrth fynd â nhw i'r nefoedd.

Doedd dim olion o'r drychineb yn Korem, ond roedd pobl yn cofio. Nifer o'r rhai oedd ar ôl wedi colli anwyliaid. Y tro hwn ro'n i am fynd ymhellach i'r mynyddoedd. I Korem roedd poblogaeth tref o'r enw Sekota wedi ffoi yn ystod y newyn. Roedd Geldof ei hun wedi bod yno ryw ben ac roedd gan Achub y Plant swyddfa yno. Hwn hefyd oedd y man pellaf posib i ymweld ag e ynghanol y mynyddoedd – yn Sekota roedd y ffordd droellog, garegog yn dod i ben. Dim ond ar gefn mul roedd yn bosib mentro 'mhellach. Roedd hynny'n drueni mawr – ro'n i'n awyddus iawn i fynd i'r pentref nesaf yn y gogledd, sef Abergele! Cefais fy sicrhau gan Negussie yn ddiweddarach nad enw yn yr iaith leol oedd hwn. Oedd 'na felly, gysylltiad Cymreig hanesyddol o ryw fath? Go brin y ca i fyth wybod.

Pan gyrhaeddom 'nôl i Addis, doedd neb wedi ffindio cofnodion Mohamed o hyd. Roedd Mulugeta, o'r Jerusalem Centre, yn fodlon inni ffilmio un o'u cartrefi – y math o le, efallai, y byddai Mohamed wedi byw ynddo. Roedd ei elusen ef yn magu plant amddifad yn y cartrefi hyn ac yn eu helpu i ddod o hyd i waith mewn amser. Soniodd yn benodol am un bachgen oedd wedi cael prentisiaeth ond a oedd yn methu canolbwyntio ar ei waith. Daeth at Mulugeta un diwrnod a dweud, 'Pwy ydw i? Cyn belled â dwi'n gwybod, gallwn fod wedi dod o'r lleuad.' Fe wnaed ymdrech felly i chwilio am ei deulu a daethpwyd o hyd i'w dad yn y mynyddoedd. Wedi'r aduniad roedd y bachgen yn iawn. Weithiau roedd yr elusen wedi llwyddo i ailsefydlu rhai plant amddifad yn eu cymunedau gwreiddiol – gyda ffrindiau neu berthnasau.

Esboniais 'mod i'n deall pa mor anodd oedd hi i ffindio Mohamed – ac y byddwn yn fodlon erbyn hyn ar luniau yn un o gartrefi Jerwsalem heddiw, i fedru cau pen y mwdwl ar y chwilio a dweud mai yn rhywle fel hyn y byddai Mohamed wedi cael gofal yn ei lencyndod. Awgrymodd Mulugeta ein bod ni'n mynd i gartref Debre Zeit, ryw awr o Addis – cefais gopi o gylchgrawn lliwgar yn cofnodi ymweliad Tony Blair â'r cartref pan fu hwnnw yn Ethiopia yn 2004.

Ro'n i'n teimlo'n ddigon bodlon ar y ffordd i Debre Zeit. Y cyfan oedd ei angen oedd darn i'r camera gyda rhai o'r plant amddifad yno heddiw, ar hyd y llinellau hyn – 'Dyma ddiwedd y daith o ran chwilio am Mohamed. O leiaf ry'n ni'n gwybod ei fod wedi ei godi a'i fagu mewn lle tebyg i hwn, tan iddo sefyll ar ei draed ei hunan – ac mae'n amlwg bod y gofal fan hyn yn ardderchog. Fe alla i fod yn dawel fy meddwl ei fod e allan fan'na yn rhywle felly, a dwi'n gobeithio erbyn hyn ei fod e ei hunan wedi cael tawelwch meddwl hefyd.' Taclus. Fe allen ni fod 'nôl yn Addis erbyn amser cinio, gan roi cyfle yn ystod y prynhawn i Aled bacio'r cit ffilmio. Ac roedd Negussie wedi'n gwahodd ni i swper ffarwél gyda'r nos. Ac erbyn hyn roedd Brook, ein gyrrwr, yn nacyrd ac ar Nurofen. Er bod Negussie wedi sicrhau ein bod ni wedi cael un o'r gyrwyr mwyaf profiadol yn Ethiopia, chafodd ef erioed bythefnos mor hir ac mor anodd. Dros ddwy fil a hanner o filltiroedd i gyd, ar rai o ffyrdd gwaetha'r wlad. Byddai'n falch o'r cyfle i orffwys a gweld ei wraig a'i fab. Ond byddai Debre Zeit yn newid popeth...

Fe gawsom ein croesawu i'r cartref gan y pennaeth, Wuhib, a'i ddirprwy, Freiz. Yr un hen stori. Dim digon o wybodaeth i allu ffindio Mohamed. 'Byddai ei fedyddio wedi newid ei enw beth bynnag – yn hollol wirfoddol wrth gwrs – eu dewis nhw oedd e, doedd dim gorfodaeth.' Hm. I mewn i stafell y cofnodion. Llyfr yn dod allan, Freiz yn pwnio'i fawd yn fuddugoliaethus ar un dudalen – Gundo Meskel! Yno roedd enw dau blentyn gafodd eu trosglwyddo i Addis – Joseff Eshetu a Getachu Asatu. Y dyddiad oedd 1981 yn yr hen galendr Ethiopiaidd sy'n cael ei ddefnyddio o hyd – 1988 yn ein calendr ni. Roedd y ddau swyddog yn gytûn – gallai un o'r ddau hyn fod yn Mohamed. Roedd Getachu bellach yn y gogledd orllewin ac roedd Joseff, ro'n nhw'n meddwl, yn gweithio mewn argraffty yn Addis. Doedd gen i ddim mo'r amser na'r adnoddau bellach i ffindio'r ddau. Ac efallai nad Mohamed fyddai'r un ohonyn nhw yn y diwedd. Gellid fod wedi ei anfon, nid i'r cartref hwn, ond i un o nifer o gartrefi eraill dan adain elusennau eraill yn Addis.

O'r swyddfa aethom i adeilad arall lle'r oedd lluniau o blant amddifad ar hyd y blynyddoedd. Methais nabod Mohamed yn yr un ohonyn nhw. Roedd hi nawr yn bryd gwneud y darn i'r camera. Cawsom ein cyflwyno yn yr iard i hanner dwsin o blant amddifad oedd yn dal i fyw yn y cartref. Doedd gen i ddim llawer o amynedd i wybod eu manylion – y cyfan roeddwn ei angen oedd cefndir i'r darn i'r camera. Allan o *habit* erbyn hyn, tynnais lun o Mohamed o'r bag, ei ddangos o gwmpas ac esbonio pwy ydoedd. Wrth fy ochr safai bachgen ugain oed o'r enw Sheleme. Syllodd yn dawel ar y llun cyn dweud, 'Joseff'. Gwenodd Freiz o glust i glust. 'He says that's Joseff', meddai. Roedd Sheleme wedi ei godi a'i fagu gyda Joseff, mewn cartref o'r enw Addis Alem. Roedd y ddau'n ffrindiau pennaf a'r wybodaeth ddiweddaraf oedd ganddo oedd bod Joseff yn gweithio mewn argraffty yn Addis.

Rhedodd pawb 'nôl i'r swyddfa. Diflannodd Freiz i swyddfa arall a dod 'nôl â ffeil drwchus. Ffeil bersonol Joseff! Y Joseff Eshetu welsom yn y llyfr ddangoswyd inni gyntaf! Y tu mewn roedd pentwr o lythyrau mewn Amharig yn trefnu ei brentisiaeth yn yr argraffty ac un dudalen Saesneg, tebyg i adroddiad ysgol, o'i ddyddiau yn y cartref – 'good in science, likes football, a little withdrawn, but is making friends with the other children'. Roedd yna lun ohono yn un ar ddeg oed ac un arall ohono yn ddeunaw oed. Doedd dim amheuaeth, ro'n ni wedi ffindio Mohamed.

Aeth Yuhib ar y ffôn yn syth i dorri'r newyddion i Mulugeta yn Addis. Finnau'n siarad ag e hefyd. 'Incredible,' meddai, 'you've found him'. Byddai'n cysylltu â'r argraffty ar unwaith i weld a oedd Joseff yn dal yno ac awgrymodd ein bod yn dychwelyd i Addis ar frys. Erbyn canol y prynhawn ro'n i'n sefyllian y tu fas i'w swyddfa yn cnoi ewinedd. Daeth allan o gyfarfod i ddatgelu ei fod wedi darganfod bod Joseff wedi gadael yr argraffty ac wedi mynd i job well yn Awasa. Wrth iddo droi ei gefn i ddychwelyd i'r cyfarfod roedd Demessie, ein *fixer*, yn sefyll wrth fy ochr. 'Ble ddiawl mae Awasa?' gofynnais i. '"Prifddinas" de Ethiopia,' atebodd, 'dau gan milltir o Addis, pump awr un ffordd'. *Shit,* ro'n ni'n hedfan am hanner dydd y diwrnod canlynol.

Yn fuan wedyn cawsom gyfarfod arall gyda Mulugeta. Doedd yr argraffty ddim yn gwybod ymhle yn union yn Awasa roedd Joseff, ond fyddai dim problem i ddod o hyd iddo. Roedd e'n rhan o griw o 'alumni' oedd yn cadw cysylltiad clos â'i gilydd a chyda'r elusen. Byddai aelod o staff Mulugeta yn ffonio'r ffrindiau gyda'r nos. 'Ffoniwch fi am naw bore fory,' meddai, 'a dwi'n siŵr y bydd gen i wybodaeth.'

Ro'n i'n gwybod eisoes fod 'na awyren i Lundain ar y dydd Sadwrn. Fe ruthrom i swyddfa Ethiopian Airlines yn Addis a chael gwybod y byddai modd inni newid ein trefniadau cyn hwyred â bore Gwener. Y *plan* felly oedd ffonio Mulugeta am naw, ac os oedd y newyddion yn bositif, gyrru lawr i Awasa a 'nôl, a hedfan adref ar y dydd Sadwrn. Roedd noson gyfan o gnoi ewinedd o'n blaen.

Am chwarter i naw ar y bore Gwener, roedd popeth wedi ei bacio ar gyfer naill ai hedfan i Lundain neu yrru i Awasa. Ffonio Mulugeta. Ro'n nhw wedi darganfod lleoliad un o ffrindiau Joseff yn Addis, ac roedd un o staff yr elusen wedi mynd i chwilio amdano. Byddai'n rhaid ffonio eto mewn awr. Fe yrrom i'r maes awyr a chyrraedd yno am ddeg. Ffonio Mulugeta eto. Dim newyddion o hyd, y boi heb ddychwelyd o'r dref, ond roedd yn ffyddiog y bydden nhw, heddiw neu fory, yn ffindio Joseff. Finnau'n addo cadw mewn cysylltiad ac Aled a fi'n bordio'r awyren.

Cyrhaeddais adref yng Nghaerfyrddin am ddau o'r gloch fore Sadwrn, 15 Hydref. Checiais fy ebost. Roedd 'na neges wrth Mulugeta, wedi ei hanfon, yn amser Ethiopia, am saith munud i hanner dydd y diwrnod cynt – chwarter awr cyn i'n hawyren adael. Dyma'r ebost:

Dear Tweli,

It was nice to meet you. I do appreciate your interest to meet Yosef. I am very happy to inform you that we found Yosef in Awasa working in one of the printing press.

Today we will have a talk with him to arrange how you can meet him in the near future and I will inform you about his willingness to meet you while you are coming to Ethiopia.

Regards,

Mulugeta Gebru

Mi wnes i grio.

Hyd yn oed pe bawn wedi gorfod talu o fy mhoced fy hun, mi faswn wedi dychwelyd i Ethiopia. Ond dwi'n ddiolchgar i HTV Cymru ac S4C am dderbyn bod rhaid gorffen y stori trwy gyfarfod Joseff. Cefais ganiatâd i fynd 'nôl i ffilmio felly, ond roedd problem. Doedd y wlad ddim yn sefydlog iawn yn wleidyddol ers yr etholiad cyffredinol ym mis Mai. Fe gollodd y llywodraeth eu cefnogaeth, ond fe benderfynon nhw aros mewn grym 'run fath, ac mi gafodd y rhan fwyaf o'u gwrthwynebwyr eu rhoi dan glo. Ro'n i wedi gweld tystiolaeth o hynny wrth gyrraedd tref fechan ar un o'r teithiau ar draws y wlad. Mewn cae i'r chwith o'r ffordd, roedd criw niferus o ddynion yn gweithio – i gyd mewn lifrai llwyd ac wedi eu clymu wrth ei gilydd. 'Is there a prison in this town?' gofynnais i Brook, y gyrrwr. 'Yes,' atebodd. Pwyntiodd at y gweithwyr. 'That's the Opposition!'

Roedd y sefyllfa wedi gwaethygu. Protestiadau yn Addis a thu hwnt, deugain o bobl wedi eu saethu'n farw gan y llywodraeth. Cyrffiw yn y trefi. Perygl go iawn o ryfel cartref llawn. Byddai'n annoeth i fynd 'nôl i Addis a mentro teithio am dair awr i Awasa. Y gobaith oedd y byddai'r sefyllfa'n gwella'n fuan. Yn y cyfamser roedd cyfle i ddechrau golygu'r rhaglen. Roedd yn awr o hyd a'r hyn wnaethom oedd torri'r rhaglen a gadael bylchau ar gyfer adrodd hanes Joseff, ac yn arbennig union ddiweddglo'r rhaglen, pan fyddwn, gobeithio, yn ei gyfarfod eto.

Roedd hwn yn gyfnod pryderus ac anghyfforddus arall, gan iddi gymryd tair wythnos cyn ei bod yn ddigon diogel inni fynd 'nôl. Ac ro'n i'n poeni rhywfaint am weld Joseff. Fyddai e ddim yn fy nghofio, ond beth fyddai ei ymateb i fy nghyfarfod i nawr?

Unwaith eto byddai ochr ysbrydol fy nghysylltiad ag Ethiopia yn cynnig cysur. Y tro hwn trwy gerddoriaeth. Dwi bob amser yn trio defnyddio cerddoriaeth leol mewn rhaglenni tramor, ond y gwir amdani yw nad oedd gan Ethiopia fawr o amrywiaeth ddeniadol i'w chynnig. A dweud y gwir roedd eu 'cerddoriaeth' yn tueddu i swnio fel cath yn sgrechian. Ond roedd 'na ddatblygiad mawr erbyn 2005. Roedd seren bop newydd yn Ethiopia, dan yr enw Tewodros Kassahun neu 'Teddy Afro'.

Roedd Teddy wedi priodi elfennau o gerddoriaeth draddodiadol Ethiopia gyda cherddoriaeth bop y byd gorllewinol. Ac roedd y canlyniad yn hyfryd ac yn unigryw. Dwi'n dal i wrando arni'n aml. Roedd Teddy yn arwr mawr yn Ethiopia, yn rhannol am fod y llywodraeth wedi gwahardd ei CD's o'r siopau – roedd un o'r caneuon yn feirniadol o'r pwysigion mewn grym. Ond roedd gan Brook un o'r CD's a dyna shwt y deuthum i wybod am Teddy.

Daeth crwt bach ata i yn y stryd yn Addis, a chanddo bentwr o CD's ar werth. Gofynnais a oedd Teddy Afro ganddo. Daeth gwên hyfryd dros ei wyneb, a gadawodd y pentwr CD's ar y pafin. 'Wait, Mister,' meddai, a rhedodd fel saeth rownd y gornel. Daeth 'nôl mewn ychydig funudau, allan o wynt, ag un CD yn ei law. 'Teddy Afro,' meddai gyda balchder mawr. Fedrai'r llywodraeth ddim tawelu Teddy, na gwahardd y bobl rhag ei eilunaddoli. Roedd y gerddoriaeth yn berffaith ar gyfer y rhaglen. A doedd dim amheuaeth pa drac oedd yn ddelfrydol i adrodd stori Joseff. Mae 'Ngeregne Kalsha' o'r albwm *Yasteseryal* yn dawel ac yn deimladwy. Cafodd ei gosod yn y rhaglen, yn gefndir i bob bwlch lle byddwn yn sôn am y bachgen.

Roedd y daith i Awasa yn ddigon hwylus. Tref sylweddol

ar lan llyn, a'r farchnad bysgod brysur yn sicrhau nad oedd prinder bwyd fan hyn. Bûm yn ofalus i beidio â chyffwrdd â'r dŵr. Roedd Negussie wedi fy rhybuddio mai fan hyn y daliodd haint ofnadwy ddaeth i'r wyneb pan oedd yng Nghaerdydd. Roedd 'na fwncïod yn sgrechian yn y coed ac adar mawr anghyffredin yn hedfan o'u cwmpas. Lle delfrydol i ymlacio'n agos at natur, ond roedd 'na sawl pilipala yn fy stumog wrth i'r cyfarfod gyda Joseff nesáu. Fe gyrhaeddom y gwesty am un o'r gloch y prynhawn, awr cyn y foment fawr. Roedd gweddill y criw am gael cinio sydyn, ond ro'n i'n rhy nerfus.

Wrth ddadlwytho'r cerbyd y tu fas i'r gwesty cefais sioc fy mywyd. Gallwn glywed cerddoriaeth. Un o ganeuon Teddy Afro. Yr union drac ro'n i wedi ei ddewis ar gyfer Joseff. 'Ust,' gwaeddais ar bawb. 'O ble ddiawl mae hwnna'n dod?' Roedd yn dod o dŷ bwyta ryw dri deg llath i lawr y stryd. Fedrwn i ddim credu'r peth. Cyd-ddigwyddiad? Ddim i mi. Teimlais yn well ar unwaith. Yn ddigon da i fwyta. Cefais ginio gyda'r lleill cyn inni fynd i swyddfa elusen Jerusalem yn y dref. Yno roedd pennaeth lleol yr elusen, Getachu, yn aros amdana i. Aethom yn syth 'nôl i'r cerbyd a dilyn ei gar i ran arall o'r dref.

Roedd Joseff yn ein disgwyl mewn argraffty. 'Helo, Tweli yw fy enw i, dwi'n dod o Gymru a dwi'n falch iawn i dy weld ti.' Cafodd y geiriau eu cyfieithu i'r Amharig. Fe siglodd fy llaw ac i mewn â ni. Yn naturiol roedd yn swil ac fe eisteddodd pawb i lawr o gwmpas y bwrdd. Yr elusen oedd wedi trefnu prentisiaeth iddo yn yr argraffty hwn ac roedd yn hapus iawn yma. Roedd wedi paratoi cwpwl o ddarluniau ar ein cyfer. Llun rhosyn fel croeso a llun ohono yn Gundo Meskel. Yn hwnnw roedd yn blentyn ifanc ym mreichiau dyn barfog, a deigryn yn ei lygad. Y rheswm am y tristwch oedd ei fod yn gorfod gadael Gundo i fynd i Addis. Yn y cefndir roedd hofrennydd oedd wedi dod i'w gasglu fe a phlant eraill. Fi oedd y dyn, ond wn i ddim pam bod gen i farf!

Brith gof oedd ganddo o'i amser yn Gundo. Roedd yn gwybod nad Joseff oedd ei enw gwreiddiol, ond doedd e ddim yn cofio'r enw Mohamed. Teimlais yn ddigon hyderus i ddangos y llun ohono'n gorwedd ar y llawr o *Y Byd ar Bedwar* yn 1985. Dywedodd, drwy'n cyfieithydd, 'Dwi ishe gwybod am fy mam a fy nhad.' Do'n i ddim wedi cael unrhyw wybodaeth am ei dad a phenderfynais beidio â dweud wrtho beth oedd wedi digwydd i'w fam. Ro'n i'n gwybod bod elusennau'n helpu pobl fel Mohamed i ddychwelyd i froydd eu mebyd ac i ddod i delerau ag effaith y newyn ar eu bywydau yn eu ffyrdd eu hunain. A doedd gen i ddim digon o wybodaeth am gyflwr ei feddwl i ddatgelu bod ei fam wedi marw mewn ffordd mor ofnadwy.

Dywedodd ei fod yn meddwl bod pobl wedi anghofio amdano ac roedd felly'n falch i'n cyfarfod. Na, meddwn innau, do'n i ddim wedi anghofio, yn wir, ro'n i wedi meddwl amdano lawer gwaith dros y blynyddoedd. Ei freuddwyd oedd sefydlu ei fusnes dylunio ac argraffu ei hun i wasanaethu'r diwydiant hysbysebu. Roedd ganddo ffrindiau a allai helpu. Gadewais rywfaint o arian iddo gychwyn ar y fenter. Daeth allan gyda ni i'r drws ffrynt i ffarwelio. Ro'n i dan deimlad a phrin y llwyddais i yngan y geiriau, 'See you again... sometime.'

Pont Idris

WRTH GRWYDRO UN o wardiau ysbyty Sekota yn Ethiopia fe ddwedais mewn darn i'r camera – 'Maen nhw'n dweud bod dim newyn yn Ethiopia heddiw, ond dwi ddim yn gwybod beth chi'n galw hwn.' Allan o boblogaeth leol o 170,000, doedd y rhan fwyaf o'r plant ddim yn tyfu fel y dylen nhw oherwydd diffyg bwyd. Ac roedd tua phum cant o blant Sekota yn dioddef o ddiffyg bwyd difrifol. Credai'r awdurdodau lleol fod tua mil o blant eraill yn y cyffiniau yn yr un cyflwr. Mae'n wir fod yna rwydwaith o storfeydd bwyd ar draws Ethiopia heddiw rhag ofn y bydd prinder difrifol eto, ond dyw hyn ddim yn gyfystyr â chael digon i'w fwyta. Pan fûm yn trafod hyn gyda swyddog Achub y Plant yn Addis, yr unig beth a fedrai ei ddweud oedd nad oedd 'na ddim esgus mewn gwirionedd dros sefyllfa o'r fath o ystyried pa mor hir y bu'r diwydiant cymorth tramor wrthi'n dysgu gwersi ac yn gweithredu cynlluniau.

Ond roedd 'na arwyddion hefyd o welliannau sylweddol. Nid prinder bwyd oedd yr unig reswm dros y newyn yn '85, ond hefyd yr anhawster i'w ddosbarthu i lefydd anghenus. Mae'r rhan fwyaf o'r ffyrdd yn dal yn gul, yn droellog ac yn garegog, ond mae arian mawr wedi ei wario hefyd ar wella heolydd allweddol. Gwelsom arwyddion yn datgan mai'r gwledydd oedd wedi cyfrannu fwyaf at y gost o wneud hyn oedd y Gymuned Ewropeaidd, Tsieina a Siapan. Da iawn. Ond erys y ffaith fod Ethiopia yn dal i dderbyn llai o gymorth datblygu nag unrhyw wlad arall yn Affrica.

Mae'n rhaid mai'r esboniad symlaf am hynny yw bod mwy o frolio na sylwedd i'r addewidion am gymorth gafodd eu gwneud ugain mlynedd ynghynt. Pan oedd Negussie yn weinidog yn y llywodraeth, rhan o'i waith oedd cydlynu cymorth tramor.

Cofiai am y ffanfer pan gyhoeddodd America arian mawr ar gyfer un cynllun arbennig, ond wedi misoedd o ddisgwyl am yr arian, gofynnodd Negussie iddyn nhw am fanylion eu cynllun. Cafodd wybod bod yr arian wedi ei wario yn barod a hynny ar esbonio, hyrwyddo a hysbysu'r byd am eu haelioni. Welodd y cynllun fyth olau dydd.

Ond does dim prinder syniadau am gynlluniau datblygu fyddai'n cyflawni nod pwysicaf cymorth tramor, sef helpu pobl i'w helpu eu hunain. Fe ddown felly at elusen World Vision. Yn 1985 fe gawsom un o'u hawyrennau bychain am ddiwrnod i fedru hedfan i Korem, ar yr amod y basen ni'n galw ar y ffordd 'nôl mewn cwm o'r enw Ansokia. Dyna ble'r oedd ganddyn nhw gynllun uchelgeisiol ac arloesol i drawsnewid amaethu lleol. Roedd 60,000 o bobl newynog wedi ymgasglu yno ers 1984, ond bellach roedd World Vision yn gwario dros filiwn o bunnoedd i helpu pobl i agor ffynhonnau dŵr, cronni llynnoedd, plannu coed a magu dodfednod, pysgod a gwenyn. £40,000 oedd y buddsoddiad gwreiddiol, a chynhaliaeth i fil o bobl. Pan alwon ni yno yn 2005, roedd Ansokia'n cynnal bywoliaeth can mil o bobl. A gwn fod llefydd eraill yn y wlad lle byddai modd ailgreu y math hyn o lwyddiant. Cymorth datblygu go iawn.

A chymorth datblygu oedd yn gyfrifol am y bont. Pont arbennig roeddwn wastad wedi bod yn benderfynol o wneud rhaglen amdani. Rhaglen Saesneg gan nad oedd Idris yn siarad Cymraeg.

Roeddem 'nôl yng ngorllewin y wlad, taith hir arall o Addis oedd yn golygu treulio noson yn nhref Nekemte ar y ffordd. Hen garchar oedd yr unig westy yno, heb lawer wedi ei wneud iddo ers y newid. Roedd drysau metel swnllyd yn eu lle o hyd, er bod y celloedd nawr yn stafelloedd i ymwelwyr. Roedd stafelloedd ymolchi y tu mewn a'r rheiny dan tua dwy fodfedd o ddŵr. Diolch i flinder y teithio, llwyddais i gysgu, fel y gwnes yn Sekota, lle nad oedd y gwesty mor foethus! Problem Ethiopia i bobl fel fi yw nad oes dim darpariaeth na strwythur i ofalu am deithwyr y tu hwnt i brif atyniadau twristaidd y wlad, fel Llyn Tana ac eglwysi Lalibela. Oes, mae 'na westai fan hyn a fan draw, ac roedd 'na un yn Sekota. Rhesi o stafelloedd bychain o gwmpas sgwâr, gwely ymhob un, ac er mawr syndod, cawod *ensuite*, sef piben ddŵr y tu ôl i wal fregus o fwd yng nghornel y stafell. Flynyddoedd ynghynt, mewn tref hudolus o'r enw Jijiga yn ardal yr Ogaden, ro'n i wedi dysgu peidio ag ymddiried yng ngwaith plymio Ethiopia. Wedi derbyn rhybudd bod y cyflenwad o ddŵr yng nghawod Jijiga yn anwadal, lluniais strategaeth. Byddwn yn defnyddio ychydig o ddŵr yn unig i blastro fy nghorff â sebon yn gyntaf. Rhwbio hwnnw i mewn yn drylwyr, ac wedyn defnyddio dim ond digon o ddŵr i olchi'r cyfan i ffwrdd. Yn anffodus, pan gyrhaeddais ran olaf y strategaeth yn Jijiga, ddaeth yr un diferyn o ddŵr o'r gawod, gan fy ngadael o dan haen o sebon sychlyd gwyn o wadnau 'nhraed i gopa 'mhen.

Her wahanol oedd yn fy wynebu yn Sekota. Weithiau roedd cyfnodau hir o deithio yn fy ngwneud i'n rhwym. Ac ro'n i'n rhwym erbyn cyrraedd ein gwesty. Ro'n i'n amau y byddai spagbol llawn sbeis y caffi lleol yn datrys y broblem, ac mi benderfynais fynd i chwilio am dŷ bach yn y gwesty. Y cyfan fedrwn ei ffindio oedd twll yn y ddaear yn yr iard gefn, oedd yn amhosib ei gyrraedd oherwydd y mwd gwlyb, llithrig a drewllyd o'i gwmpas. Roedd 'na elfen *ensuite* arall yn fy stafell, sef pot piso, oedd i fod i gael ei adael y tu fas i'r drws ar gyfer y bore, pan fyddai un o ferched y gwesty yn dod o gwmpas i'w gasglu. Doedd hwnnw ddim yn apelio chwaith. Ro'n i'n syllu i mewn i dywyllwch y gawod yng nghornel y stafell wrth bendroni am y sefyllfa, pan ddaeth galwad na fedrwn ei hanwybyddu. Neidiais i mewn i'r gawod i osgoi llygru'r stafell wely. Ac am y tro cyntaf yn fy mywyd – a'r tro diwethaf gobeithio – mi wnes biso, cachu, chwydu ac ymolchi, i gyd ar yr un pryd ac yn yr un lle. I'r rhai ohonoch sy'n credu bod y stori hon yn ddiangen ac yn ddi-chwaeth, fy amddiffyniad yw profi bod pris anghyfforddus i'w dalu yn aml iawn am gael gweld y byd.

Llithrodd y cerbyd yn ofalus wrth agosáu at gornel yn y ffordd droellog. Roedd y Nîl Las i'w gweld i'r chwith. Ro'n ni'n agos, yn ôl Idris. Gofynnais i'r gyrrwr stopio a cherddais i ochr eithaf y ffordd i gael cip rownd y gornel. Ac yna fe'i gwelais. Roedd hi'n dal yno. Gofynnais i Aled osod y camera mewn man addas i ffilmio Idris yn dod allan i sefyll wrth fy ochr. Do'n i ddim am golli'r foment hon. Roedd rhaid ei chael ar fideo. Roedd nerfusrwydd Idris yn amlwg wrth iddo yntau weld yr un olygfa. 'My baby,' meddai, wrth i ddeigryn lithro i lawr ei foch.

Deuthum ar ei draws gyntaf yn Addis yn 1990, pan oeddwn yn gwneud rhaglen ar daith Ann Clwyd i'r wlad. Ffrind i'n dyn sain, Roy Bellet, oedd Idris, peiriannydd sifil wrth ei waith, yn arbenigo mewn pontydd. Brodor o Ferthyr Tudful, gydag acen *valley boy* go iawn. Wedi iddo gwblhau ei gytundeb i godi pontydd yr A470 rhwng Caerdydd a Merthyr bu'n ddi-waith tan iddo agor drws ei gartref un diwrnod i Americanwr a weithiai i gwmni adeiladu yn yr Unol Daleithiau. Roedd am i Idris adeiladu pont arbennig iawn dros afon enwog, y Nîl Las, ychydig i'r de o Lyn Tana. Roedd y bont yn gynllun datblygu gwerth 50 miliwn o ddoleri a roddwyd gan Fanc y Byd. Dim ond un bont oedd yna dros yr afon hir hon yn Ethiopia a byddai codi un arall yn hwyluso trafnidiaeth a'r gallu i gyfathrebu.

Ond roedd defnydd strategol, tyngedfennol iddi hefyd. Roedd y rhyfel cartref yn Ethiopia yn dwysáu. Y rhyfel rhwng llywodraeth ganolog yr unben Marcsaidd Mengistu ar un ochr a byddinoedd dau o ranbarthau'r wlad, Eritrea a Tigray, ar y llall. Pobl oedd yn ymladd am annibyniaeth i'w rhanbarthau, oedd yn wahanol iawn i weddill Ethiopia o ran ethnigrwydd, iaith ac yn y blaen. Ro'n nhw'n brwydro'u ffordd yn raddol i gyfeiriad Addis, gyda'r bwriad o ddymchwel y llywodraeth, ac eisoes do'n nhw ddim ymhell o'r man lle byddai'r bont yn cael ei hadeiladu. Pont Idris.

Wrth inni gyrraedd y bont ei hun cawsom ein croesawu gan fintai o filwyr arfog oedd yn goruchwylio pawb oedd yn ei chroesi. Diolch byth, roedd gennym y 'papurau' angenrheidiol o Addis i fedru ffilmio yn y rhan hon o'r wlad. Doedd dim trafferth, ac yn arbennig pan ddaeth hen foi bach atom i gyfarch

Idris. Un o'i gyd-weithwyr, oedd yn dal yno fel un o ofalwyr y bont. Roedd y ddau wrth eu bodd yn gweld ei gilydd eto.

Yn y cyfarfod hwnnw yn 1990 cefais hanes pedair blynedd anturus gyntaf y gwaith ar y bont – oedd bron â'i chwblhau yr adeg hynny. Nawr, o flaen camera, roedd Idris wrth ei fodd yn ailadrodd yr hanes ar y bont ei hun. Roedd yn cyflogi cannoedd o weithwyr lleol i'w hadeiladu, ond roedd y gweithlu yn newidiol iawn. Ambell waith byddai pawb yn diflannu wrth i filwyr eu gorfodi i ymuno â nhw ar faes y gad – ac ni fyddai'r rheiny'n dod 'nôl. Cafodd rhai eu golchi ymaith gan y llif yn ystod tymor y glaw, ambell un yn cael ei ddal gan grocodeil. Unwaith, pan oedd lefel y dŵr yn uchel iawn, daeth y gwaith i ben am fod Idris a'i swyddogion un ochr i'r afon a'r gweithwyr yr ochr arall, a neb yn medru croesi. Gyrrodd Idris i Addis, taith o ddeg awr. Dychwelodd gyda chwch rwber ac injan fechan. Er gwaetha'r llif, llwyddodd i groesi'r afon bum gwaith, gan gludo cyflenwadau hanfodol i'r gweithwyr. Ar ddiwedd y bumed daith, gafaelodd y gweithwyr ynddo, tynnu ei ddillad, ei baentio a'i wneud yn frenin y llwyth!

Bu'r weithred honno'n fodd i achub ei fywyd un noson. Yn groes i synnwyr cyffredin, aeth i loncian y tu allan i ddiogelwch y gwersyll, a gâi ei warchod gan filwyr arfog. Cafodd ei ddal gan aelodau un o'r llwythau a gynhaliai ambell ddefod frawychus. Wrth iddo orwedd ar ei gefn ar y llawr, y brodorion yn hogi eu cyllyll a'u picellau, sylweddolwyd mai'r 'Brenin Idris' ydoedd. Cafodd ei hebrwng 'nôl i'r gwersyll – yn gyfan. Meddai un o'r brodorion wrth y gwarchodwyr, 'Peidiwch â gadael y dyn gwyn dwl yma allan byth eto.'

Tua diwedd 1991 roedd y bont yn ddigon gorffenedig i Mengistu benderfynu y dylid ei hagor yn swyddogol. Ond erbyn hynny roedd brwydro'r rhyfel cartref yn rhy agos. Aeth Idris 'nôl i Addis er mwyn llenwi'r papurau swyddogol i gael mynd adref, ond dywedwyd wrtho na châi adael hyd nes iddo ddangos y bont i un o gadfridogion y fyddin. 'Llongyfarchiadau,' meddai'r Cadfridog, gan edmygu gwaith Idris. 'Nawr dangos i mi'r ffordd ore i'w chwythu i fyny.' Roedd y fyddin yn ofni y câi'r bont ei chipio gan y gwrthryfelwyr, gan hwyluso'u taith i'r brifddinas. Bu'n rhaid i Idris druan ddangos i'r milwr ble yn union y dylid gosod y ffrwydron er mwyn sicrhau y byddai'r bont yn cael ei ffrwydro i ebargofiant. Symudodd y gwrthryfelwyr ynghynt na'r disgwyl, fodd bynnag, a chafodd y fyddin ddim cyfle i ddinistrio'r bont. Gweld ei chwblhau oedd y cyfle roedd yr ymladdwyr wedi bod yn disgwyl amdano'n eiddgar. Drosti y croesodd miloedd o filwyr ar eu ffordd i Addis. Wedi methu ei ffrwydro, roedd llu awyr Mengistu wedi trio ei dinistrio o'r awyr, ac roedd olion bwledi i'w gweld arni o hyd; ond trwy lwc roedd y bont yn darged anodd mewn cwm oedd mor ddwfn a chul. Pan gyrhaeddodd y gwrthryfelwyr Addis, ym Mehefin 1991, roedd Mengistu eisoes wedi ffoi o'r wlad, ac wedi wythnos yn unig o frwydro yn y brifddinas, roedd 'na lywodraeth newydd yno.

Erbyn hyn mae Eritrea yn wlad annibynnol a'r Tigreiaid sy'n rheoli Ethiopia gyfan. Cefais gadarnhad gan swyddfa'r Prif Weinidog newydd, Meles Zenawi, fod Pont Idris yn allweddol yn y fuddugoliaeth. Yn wir, flwyddyn wedi'r chwyldro, teithiodd i'r bont i'w hagor yn swyddogol. Yn anffodus roedd Idris erbyn hynny wedi symud ymlaen i brosiect arall. Cafodd swyddfa yn Houston, America, gan ei gyflogwyr, a chafodd ei anfon i Kuwait wedi rhyfel y Gwlff i wneud tipyn o waith clirio ar ôl ymosodiad Irac. Bu'n adeiladu ffyrdd yn Nhwrci a gorsaf radio i Voice of America yn y jyngl yn Sri Lanka. Yn Azerbaijan daeth yn arbenigwr ar ddadgomisiynu arfau niwcliar. Cafodd y rhaglen ei darlledu fel rhifyn o *Wales This Week*, cyfres materion cyfoes HTV Cymru, dan y teitl *The Bridge That Idris Built*.

Côd Cristnogaeth

TUA DECHRAU'R NAWDEGAU ro'n i'n paratoi i adael y Philipinos wedi rhyw wythnos o ffilmio. Roedd y dyn camera yn aros ymlaen i wneud job arall ac mi drefnais ei gyfarfod ym mar y gwesty tua amser cinio am ddiod ffarwél. I mewn â mi dan y bont oedd yn arwain o'r cyntedd i'r bar. Roedd fy nghyd-weithiwr yno'n barod. Yn sydyn aeth y bar swnllyd yn dawel ac edrychais o 'nghwmpas i geisio gweld pam. Disgynnodd fy llygaid ar rywbeth yn symud y tu hwnt i'r bont. Roedd un o *chandeliers* mawr y cyntedd yn symud fel pendil cloc. Uwchben y bar roedd rhes o wydrau gwin yn hongian a dechreuodd y rheiny grynu'n swnllyd. Ac wedyn fe ddechreuodd y bar i gyd siglo fel bar ar long fferi, i'r graddau 'mod i bellach yn dal gafael yn y bar ei hun.

Wedi rhyw dri chwarter munud aeth popeth yn llonydd eto. Daeth y tremor i ben. Trwy gydol y ddrama bu'r dyn camera, oedd yn foi *laid back* iawn, yn eistedd yn gwbl ddigyffro wrth y bar. 'There you are,' meddai, 'now you can go home and tell everyone that in the Philippines the earth moved for you.' Ro'n i wedi cael gormod o siglad – yn llythrennol – i chwerthin. Diolch i'r drefn fod ein gwesty, fel nifer o adeiladau allweddol eraill, wedi ei adeiladu ar seiliau 'slac', oedd yn golygu bod lle iddyn nhw symud, yn hytrach na disgyn, yn ystod daeargryn. A byddai'r ymweliad nesaf â'r ynysoedd hyfryd hyn yr un mor ddramatig...

Roedd y dorf wedi ymgasglu o gwmpas corlan fechan – bron fel tasen nhw'n disgwyl gweld praidd o ddefaid yn cael eu beirniadu mewn sioe amaethyddol. Ond nid anifeiliaid oedd testun eu sylw, ond croes bren. Mewn sied goncrid gerllaw, roedd Jackson Cunanan yn gwisgo clogyn porffor ac wrthi'n gweddïo'n dawel cyn camu i'r gorlan... i gael ei groeshoelio.

Ardal Pampanga yn y Philipinos yw un o'r ychydig lefydd yn y byd lle mae'r ddefod hon yn dal i gael ei chynnal ar ddydd Gwener y Groglith. Mae'n gydnabyddiaeth o benderfyniad cyngor yr Eglwys Gristnogol yn Nicaea yn y bedwaredd ganrif fod Crist nid yn unig yn Dduw ond yn berson o gig a gwaed hefyd, a'i fod wedi dioddef.

Wrth i Jackson orwedd ar y groes, clymwyd ei freichiau i'r pren tra bod ei draed yn gorffwys ar silff fechan. Caeodd ei lygaid yn dynn wrth i'r morthwyl daro hoelion i mewn i'w ddwylo a chlywyd ebychiad o gydymdeimlad gan y dorf. Codwyd y groes, ac wrth geisio efelychu dioddefaint Crist dechreuodd Jackson fyfyrio am ei bechodau. Wedi chwarter awr plygodd ei ben yn arwydd ei fod am i'r ddefod orffen. Gwingodd eto wrth i'r hoelion gael eu tynnu o'i ddwylo, a'u glanhau ag alcohol, i baratoi at y pechadur nesaf. Dyma'i ffordd ef o ofyn am ffafr gan Dduw, ac i wneud yn iawn am ei ddiffygion a'i gamgymeriadau. 'Byddai'n gelwydd i ddweud 'mod i ddim yn diodde,' meddai, 'ond dwi ddim yn teimlo poen corfforol. Dwi'n teimlo undod cyflawn, arbennig gyda Christ.'

Y bore hwnnw cafodd naw o ddynion y pentref eu croeshoelio. Yn yr un ffordd â chymaint o weddill y wlad, mae'r pentre'n dlawd – ac mae'r bobl hyn wedi dioddef problem arall. Bu'n rhaid iddyn nhw ffoi i'r ardal hon wedi colli eu cartrefi yn ffrwydriad folcanig mynydd Pinatubo yn 1991. Mae yna gysylltiad rhwng y tlodi a'r croeshoelio – i'r bobl hyn, sy'n Babyddion, daeth Crist yn ddyn ac fe ddioddefodd er mwyn uniaethu â dioddefaint pobl. Er hynny, doedd 'na'r un offeiriad Pabyddol yn dyst i'r croeshoelio yn Pampanga. Dyw'r Eglwys ddim yn cymeradwyo'r ddefod yn swyddogol, ond dyw hi ddim yn gwahardd yr arfer chwaith. Yn ôl un esgob lleol, Roberto Mallari, mae'n rhan o gymeriad y Philipino i ochri gyda'r rhai dan ormes – fel roedd Crist dan ormes. 'Beth sy'n bwysig,' meddai, 'yw sylweddoli bod Iesu wedi troi'n gnawd, a daeth yn rhan ohonom, a dioddef gyda ni, er mwyn dangos ei gariad tuag atom.'

Rhan arall o'r esboniad am y ddefod yw bod y Philipinos yn hoff o sioe a drama. Yr un fath â nifer o bobloedd eraill y byd, mae ganddyn nhw draddodiad paganaidd o hunan-niwed yn eu hanes. Felly pan ddaeth y concwerwyr o Sbaen â'r grefydd newydd, roedd y syniad o ddyn oedd wedi ei hoelio ar groes yn apelio at y Philipinos.

Fodd bynnag, doedd dim niwed parhaol i'r 'pechaduriaid' yn Pampanga. Mae dau 'executioner', fel y'u gelwir, yn gyfrifol am y morthwyl a'r hoelion. Maen nhw'n teithio o un croeshoeliad i'r llall ac yn gwybod ble a sut yn union i yrru'r hoelion drwy'r dwylo heb dorri gwythiennau nac achosi clwyfau peryglus. Wedi'r cyfan, dyma'r trydydd tro ar ddeg i Jackson gael ei godi ar y groes: gwta hanner awr wedi i un arall 'wirfoddoli', fe'i gwelais yn neidio ar ei sgwter i fynd adref. Byddai pob un ohonyn nhw'n cymryd gwrthfiotig i osgoi dal haint o'r hoelion – yr un hoelion oedd yn cael eu defnyddio i bawb!

Doedd dim amheuaeth fod cymhellion y rhai sy'n cymryd rhan yn y ddefod hon yn gwbl ddiffuant. Iddyn nhw roedd dioddefaint corfforol yn brawf o'u defosiwn. Roedd hynny'n amlwg hefyd mewn golygfeydd llawer mwy gwaedlyd ar strydoedd y trefi cyfagos. Rhesi o fechgyn ifanc yn gorymdeithio ac yn fflangellu eu cefnau â chwipiau wedi eu gwneud o fambŵ a darnau o wydr wedi torri. Wrth inni eu ffilmio roedd cawodydd o waed yn disgyn ar lens y camera. Yn hanesyddol, cwlt crefyddol oedd y fflangellwyr a dyfodd o effaith y pla a reibiodd Ewrop yn yr Oesoedd Canol. Y gred oedd bod dioddefaint yn cael ei achosi gan bechod ac o gosbi eich hun felly, roedd gobaith osgoi cosb gan Dduw.

A chroen ei gefn yn rhacs wedi'r chwipio, fe ddwedodd Arnold Angeles wrtha i ei fod yn gwneud hyn er mwyn gofyn am iachâd i'w dad, sy'n dioddef yn ddrwg o asthma. 'Dwi'n teimlo,' meddai, 'fod 'nhad wedi gwella'n sylweddol ers imi ddechrau gwneud hyn dair blynedd 'nôl. Mae'n ffordd imi deimlo'r un boen â Christ ac i edifarhau am fy mhechodau yr un pryd.' Ychwanegodd fod rhai o'i ffrindiau'n fflangellu eu hunain er mwyn dangos esiampl i fechgyn ifanc oedd yn cymryd cyffuriau.

Ond byddai'n annheg portreadu'r Pasg ar Ynysoedd y Philipinos fel defod o ddioddefaint yn unig. Roedd yna hwyl a sbri yn Santo Tomas ar Sul y Pasg a'r uchafbwynt oedd gwylio delw o'r bradwr Jiwdas yn cael ei llosgi yn null Guto Ffowc. Roedd y rocedi tân gwyllt oedd wedi eu gosod yn gelfydd yn gwneud iddo droelli i bob cyfeiriad. Yna byddai'r dorf wrth eu bodd o weld ei ben yn ffrwydro fel bom.

Dyma rai o'r rhyfeddodau y cefais y fraint o'u ffilmio wrth wneud cyfres o chwech o raglenni awr dan y teitl *Côd Cristnogaeth* yn 2006/7. Y cwmni cynhyrchu, fel yn achos *Y Duwiau Coll*, oedd Tile Films o Ddulyn, oedd yn gwneud fersiynau yn yr Wyddeleg a'r Gymraeg – ac yn Saesneg i'r farchnad ryngwladol. Un o'r partneriaid yn y fenter oedd y Smithsonian Institution yn Washington.

Yn ystod y ffilmio cefais y pleser a'r anrhydedd o gwmni Gwyddel oedd yn cyflwyno fersiynau Saesneg a Gwyddeleg y gyfres, sef Christy Kenneally. Cyn-offeiriad Pabyddol, llenor – ac fel darlledwr, fersiwn Wyddelig o Wynford Vaughan Thomas. Gyda'i feddwl chwim a deallus, a ffraethineb diarhebol y Gwyddelod, does neb erioed wedi gwneud imi chwerthin gymaint. Mae'n arbenigwr ar ddelio â galar, ond hyd yn oed mewn llawlyfr a ysgrifennodd ar y pwnc anodd hwnnw mae 'na hiwmor. Mae'n adrodd stori dynes oedd wedi ei chamdrin gan ei gŵr trwy gydol eu priodas. Pan fu'r gŵr farw, ei ddymuniad olaf oedd bod ei lwch yn cael ei wasgaru ar yr afon Ganges. 'Wnes ti barchu ei ddymuniad?' gofynnodd ffrind iddi ymhen amser. 'Na,' meddai'r wraig. 'Mi wnes i fflysio'i lwch e lawr y tŷ bach a dweud wrtho am ffindio'i ffordd ei hun i'r blydi Ganges.'

Fel arfer rydw i, fel y rhan fwyaf o bobl, yn dda iawn am anghofio jôcs. Ond mi gofia i bob un o rai Christy. Mae ganddo gasgliad o jôcs crefyddol bendigedig sy'n aml yn darlunio'r rhwyg rhwng Catholigion a Phrotestaniaid. Mi wna i adrodd un ohonyn nhw i chi. Offeiriad oedrannus yn mynd yn anghofus, ac wedi dechrau rhoi marciau sialc ar ei lewys am bob pechod y byddai'n clywed amdano. Bachgen ifanc o'r enw Padraig yn dod i'r blwch cyffesu i gyfaddef iddo fynd â merch leol i'r chwarel y noson gynt. 'O diar, galla i weld beth sy'n dod,' meddai'r offeiriad, gan estyn am y sialc a rhoi marc ar ei lawes. 'Oedd 'na gyffwrdd corfforol?' gofynnodd. 'Wel, oedd,' atebodd Padraig. Ochenaid gan yr offeiriad wrth iddo wneud marc arall. 'Aethoch chi'r holl ffordd?' gofynnodd. 'Mae arna i ofn ein bod ni,' atebodd Padraig. Ochenaid arall, 'Chwant y cnawd, chwant y... aros funud, Padraig, wedest ti mai Mary O'Riordan oedd enw'r ferch?' Cafodd gadarnhad o hynny gan y bachgen. 'Onid yw hi'n *Brotestant*, Padraig?' Cafwyd cadarnhad eto ac ar hynny dechreuodd yr offeiriad rwbio'r marciau sialc i ffwrdd o'i lawes. 'Pam na faset ti wedi dweud hynny'n gynt...?'

Ddechrau'r wythdegau ro'n i'n ffilmio yn Nulyn ac yn cyfweld cymeriad lliwgar arall, y Tad Padraig Ó Fiannachta, oedd newydd gwblhau fersiwn newydd o'r Beibl yn yr Wyddeleg. 'Beth yw'r gwahaniaeth felly, rhwng hwn a'r un blaenorol?' gofynnais i. 'To be sure,' meddai â gwên ddrygionus ar ei wyneb, 'I just left out more of the Protestant bits.'

Ac wrth gychwyn ar *Côd Cristnogaeth*, ro'n ni ar fin dysgu llawer mwy am y rhaniad mwyaf yn hanes y ffydd, sef y Diwygiad Protestannaidd. Fe ffilmiom rai o leoliadau mwyaf eiconig Cristnogaeth mewn dwsin o wledydd, gyda'r bwriad o esbonio rhai o symbolau a defodau pwysicaf y credo. A minnau wedi fy nghodi a'm magu yn Eglwys y Santes Fair ym Mhencader, roedd gen i rywfaint o wybodaeth o'r Beibl, ond roedd yn wybodaeth yr o'n i, fel y rhan fwyaf o bobl mae'n siŵr, wedi ei derbyn yn ddigwestiwn. Cefais agoriad llygad felly o ddysgu cymaint mwy am hanes y ffydd wrth wneud y gyfres hon. Do, fe welsom dystiolaeth anhygoel o gadernid Cristnogaeth o hyd, a chryfder ffydd a defosiwn pobl, a hynny'n aml ar ffurf rhyfeddodau go iawn o ran adeiladau, addoldai, darluniau, gwaith celf – a defodau megis y rhai yn y Philipinos. Ond o safbwynt personol hefyd, roedd tystiolaeth o gweryla, twyll, drygioni a chreulondeb hyd yn oed, gan nifer o arweinyddion y ffydd ar hyd y canrifoedd, heb sôn am y newid a'r addasu fu yn union natur y credo. Bydd y diwinyddion yn ein mysg yn gyfarwydd â'r rhain – ond i mi, roedd yn ddatguddiad go iawn.

Gwlad wastad yw Lithuania, heb llawer o fryniau ynddi. Ond mae 'na un arbennig, bryn Siauliai, ac arno *filiynau* o groesau o bob math, rhai wedi eu gwneud o blatiau rhifau ceir hyd yn oed. Mae tua wyth deg y cant o bobl y wlad yn Gatholigion Rhufeinig. Yn 1940 cafodd Lithuania ei meddiannu gan yr Undeb Sofietaidd ac roedd pobl oedd â daliadau crefyddol yn cael eu herlid. Yn y chwedegau roedd yr awdurdodau'n chwalu'r croesau'n rheolaidd, ond ro'n nhw wastad yn dychwelyd. Heddiw mae'r symbol o wrthryfel yn erbyn gorthrwm bellach yn symbol o ddiolch am weddïau a gafodd eu hateb. Ynghanol y goedwig hon o groesau, roedd tad a mam yn gosod un arall fel gweddi am iachâd i'w mab oedd yn dioddef o lewcemia.

Un lleoliad sy'n frith o symbolau Cristnogol – ac eithrio'r Groes – yw catacwmau Rhufain. Dan wyneb y ddaear ar gyrion y ddinas mae'r fynwent fwyaf yn y byd, o bosib – yn sicr y fwyaf rhyfedd. Ar sawl lefel, ac am ddegau o filltiroedd, mae yna gatacwmau. Yn yr ail a'r drydedd ganrif, dyma ble'r oedd Cristnogion yn cuddio rhag erledigaeth yr Ymerodraeth Rufeinig. Am wrthod addoli'r Ymerawdwr, roedd Cristnogion yn cael eu galw'n 'strana et illicita' – rhyfedd ac anghyfreithlon. Ro'n nhw'n cael eu harteithio, eu croeshoelio a'u taflu i'r anifeiliaid gwyllt i ddifyrru'r torfeydd yn y Coliseum. Yn eu catacwmau felly ro'n nhw'n addoli ac yn claddu eu meirw. Mae yna sgerbydau o hyd ar y silffoedd sydd wedi eu naddu o graig feddal waliau'r twnelau tywyll. Roedd symbolau eu ffydd a'u negeseuon cyfrin ymhobman hefyd – y pysgodyn, yr angor, y golomen a'r winwydden.

Ac ar wyneb y ddaear mae Ponte Milvio. Fan hyn y cafwyd gwyrth i achub y Cristnogion o'r tywyllwch. Yn y flwyddyn 312 roedd dau Ymerawdwr yn cystadlu yn erbyn ei gilydd: Maxentius, oedd â'i bencadlys yn Rhufain ei hun, a Chystennin.

Roedd Cystennin yn ceisio cipio'r ddinas, ac yn sgil hynny reoli holl ymerodraeth orllewinol Rhufain hefyd.

Diwrnod cyn y frwydr dyngedfennol ar Ponte Milvio, cafodd Cystennin ddwy weledigaeth a wnaeth iddo fynd i ryfel dan faner Crist. Enillodd y frwydr ar y bont. Yn 313, fel yr Ymerawdwr newydd ac i ddiolch am ei fuddugoliaeth, cyhoeddodd orchymyn Milan, oedd yn cydnabod bod Cristnogaeth yn grefydd dderbyniol. Daeth yn grefydd swyddogol yr Ymerodraeth.

Ai lol yw'r stori gyfan? Neu a oedd gwyrth go iawn wedi digwydd? Yr hyn sy'n bwysig, yn ôl un diwinydd ar y rhaglen, yw bod Cystennin yn credu iddo brofi gweledigaeth. Ac mae 'na gysylltiad Cymreig! Mae rhai yn credu mai yng nghaer Rhufeinig Caernarfon y cafodd Cystennin ei eni – yr hen enw ar y dref yw 'Caer Gystennin'. Daeth trobwynt pwysicaf Cristnogaeth felly, diolch i foi gafodd ei eni yng Nghymru.

Nicaea, yn Nhwrci. Yma yn y flwyddyn 325 casglodd Cystennin ysgolheigion ac arweinyddion Cristnogol at ei gilydd mewn cyfarfod fyddai'n dyngedfennol i'r ffydd, oedd erbyn hyn yn dioddef o ddiffyg undod. Roedd dinasoedd mawreddog Alexandria a Nicomedia yn barod i fynd i ryfel oherwydd eu gwahaniaethau diwinyddol. Asgwrn y gynnen oedd nid pwy oedd Iesu Grist, ond *beth* oedd e. A beth felly, oedd union natur y Duw Cristnogol? Beth oedd y berthynas rhwng y Tad a'r Mab? Oedd y ddau'n gydradd, neu oedd y Tad yn bwysicach? Oedd y Mab yn Dduw neu'n berson o gig a gwaed? Pam fod cwestiynau mor gwbl sylfaenol am y ffydd heb gael eu datrys dair canrif wedi'r croeshoelio?

Roedd y diwinydd Athanasius o'r farn fod Iesu o'r un hanfod ac yn gydradd â Duw y Tad. Fe enillodd y dydd wrth i'r cyfarfod mawr lunio credo Nicaea a ddaeth yn ddatganiad ffydd swyddogol yr Ymerodraeth Rufeinig, ac sy'n dal yn sylfaen i'r ffydd heddiw. Roedd Iesu felly yn Dduw ac yn ddyn o gig a gwaed.

Wedi marwolaeth Cystennin yn y flwyddyn 337 roedd 'na helynt yn yr Ymerodraeth Rufeinig. Erbyn diwedd y ganrif roedd ei hundod wedi chwalu. Dan bwysau rhyfel a gwasgfa economaidd, dirywio wnaeth y gorllewin Lladin, ond parhau i lewyrchu wnaeth y Dwyrain. Daeth yn fwy ac yn fwy annibynnol dan yr enw Ymerodraeth Bysantiwm. Roedd eu diwylliant yn wahanol, a'u hiaith hefyd – yr iaith Roeg, nid Lladin. Yn 451 daeth y Patriarchiaid a 630 o esgobion i gyfarfod yn Chalcedon – Kadiköy yw'r enw heddiw – yn Istanbul. A dyma pryd y daeth y gwahaniaethau rhwng y gorllewin a'r dwyrain yn yr Eglwys yn fwy amlwg.

Mynnodd y Pab Leo o Rufain fod cyngor yr Eglwys yn derbyn cymal newydd i gredo Nicaea. Tri gair oedd yn y cymal, a gafodd yr enw hudolus *filioque*. Y tri gair oedd 'ac o'r Mab', ac fe achoson nhw ddaeargryn diwinyddol. Yr Offeiriad Uniongred, y Tad Deiniol o Flaenau Ffestiniog, esboniodd *filioque* yn y rhaglen. Yn ôl credo gwreiddiol Nicaea, roedd yr Ysbryd Glân yn deillio o'r Tad. Ond roedd ychwanegiad Leo yn mynnu ei fod yn deillio o'r Mab hefyd. Bwriad y newid oedd ceisio sefydlu mai gan Rufain yr oedd yr awdurdod diwinyddol pennaf. Cafodd y *filioque* ei dderbyn gan diroedd y gorllewin a arhosodd yn gwbl ffyddlon i Gatholigiaeth Rufeinig. Cafodd ei wrthod gan y dwyrain, ac arweiniodd hyn at ffurf o Gristnogaeth a elwir heddiw yn Eglwys Uniongred Groeg, neu Eglwys Uniongred y Dwyrain. Ac mae'n cynnwys credo gwreiddiol Nicaea. Byddai chwe chan mlynedd yn mynd heibio cyn i'r ffrae a gychwynnwyd gan y *filioque* rannu'r Eglwys yn ddwy, yn ystod 'Y Rhwyg Fawr' yn yr Hagia Sophia yn Istanbul. Bu'r adeilad anhygoel hwn yn eglwys Gristnogol i gychwyn, wedyn yn fosg, a nawr mae'n amgueddfa. Yn y flwyddyn 1054 sgubwyd y drysau anferth ar agor wrth i dri o lysgenhadon y Pab ddod i mewn a datgan gorchymyn wrth yr allor oedd yn taflu holl boblogaeth y ddinas allan o'r Eglwys. Dyma'r hoelen olaf yn arch un eglwys Gristnogol unedig.

Ehangu wnaeth yr Eglwys Uniongred, ond ar yr un pryd roedd 'na sawl ymryson newydd yn datblygu a chenhedloedd newydd yn cael eu creu. Cafodd yr Arabiaid eu huno gan ddysgeidiaeth Mohammed, ac fe ehangodd yr Eglwys Uniongred felly i'r gogledd, i Rwsia – ac i Fwlgaria, Serbia a gwledydd

Slafaidd eraill. A phan gafodd Istanbul – neu Gaergystennin i ddefnyddio'r hen enw – ei choncro gan y Twrciaid yn 1453, a'i throi yn ddinas Foslemaidd, daeth Moscow yn ganolfan y byd Uniongred am bron i bum can mlynedd. Heddiw mae tua dau gant pedwar deg o filiynau o Gristnogion Uniongred yn y byd – bron eu hanner nhw yn byw yn Rwsia.

Erbyn inni ffilmio yno roedd modd gweld yr eglwysi hardd y tu mewn i furiau'r Kremlin. Treuliais deirawr yng nghwmni tywysydd swyddogol a aeth â ni heibio swyddfa Putin i'r eglwysi ac i'r amgueddfa, casgliad o stafelloedd mawr yn llawn o drysorau'r gorffennol. Roedd un stafell arbennig ar gyfer y gwahanol fathau o gerbydau hynafol y bu ceffylau'n eu tynnu. Fe ddisgynnodd fy llygaid ar un goets oedd yn edrych yn gyfarwydd. 'Dim rhyfedd ei bod yn gyfarwydd ichi,' meddai'r tywysydd. Roedd Stalin wrth ei fodd â ffilmiau Hollywood a byddai'n aml yn gwahodd actorion o America i ymweld â'r Kremlin. Daeth Walt Disney unwaith, ac roedd wrth ei fodd â'r un goets. A dyna'r goets felly, yn y ffilm *Cinderella*. I feddwl bod Disney wedi cael ei ysbrydoliaeth yn y Kremlin!

Hyd heddiw mae gan y Seintiau rôl arbennig i'w chwarae yn y ffydd, sef eu gallu i gyflawni gwyrthiau. Er bod pob gwyrth yn dod o Dduw, roedd hefyd yn gallu eu gweithredu drwy'r *élite* hyn o bobl ddynol, y Seintiau. Mae'r rhan fwyaf o wyrthiau yn cynnwys iacháu corfforol.

Mae Cristnogion wastad wedi credu y gallan nhw ofyn i Dduw am wyrth, ond fe dyfodd y gred bod ganddyn nhw well siawns os byddai Sant yn gofyn ar eu rhan. Dyna shwt y datblygodd y traddodiad Catholig Rhufeinig o weddïo i'r Seintiau yn Ewrop yn yr Oesoedd Canol ac mae'n parhau hyd heddiw. Fe dyfodd yr arfer hefyd o osod *ex voto*, rhodd fel croes neu rosari, wrth fedd neu allor Sant i nodi bod ffafr neu fendith wedi ei derbyn. Mair, mam forwyn wyrthiol Iesu, sy'n cael ei hystyried y fwyaf sanctaidd o'r Seintiau.

Ffynnon Gwenfrewi yn Nhreffynnon. Yn ôl y chwedl, roedd Gwenfrewi yn ddynes ifanc yn y seithfed ganrif a gafodd ei dienyddio gan ddyn y gwrthododd ei briodi. Cafodd ei phen ei adfer yn wyrthiol i weddill ei chorff a daeth Gwenfrewi'n Santes. Ac yn y man y disgynnodd ei phen ar y ddaear, ymddangosodd ffynnon yn wyrthiol hefyd. Hon yw un o'r cyrchfannau hynaf i bererinion yn Ewrop. Maen nhw wedi bod yn dod yma ers mil a phedwar cant o flynyddoedd. Mae chwe deg mil o bobl y flwyddyn yn dod yma o hyd. Yn yr un modd ag y bu Gwenfrewi farw, a chael bywyd newydd gwyrthiol, mae cleifion heddiw yn ymdrochi yn nŵr y ffynnon yn y gobaith o gael iachâd. Gofalwraig y safle pan o'n i'n ffilmio oedd Lolita L'Aiguille, ddaeth yno o Lundain yn 1996 am nad oedd gobaith meddygol i'w chyflwr, sef gwendid yn yr esgyrn. Mae'n honni iddi gael iachâd ar unwaith yn y ffynnon. Siom i ni oedd gweld mai dim ond un dyn oedd yn ymdrochi yn y ffynnon, ond wedyn daeth teulu cyfan o bymtheg o bobl. Trafaelwyr Gwyddelig. I mewn â nhw i'r dŵr oerllyd yn eu dillad, a gwelsom dair cenhedlaeth o'r un teulu yn gorymdeithio o gwmpas y pwll, dan arweiniad y fam-gu oedd yn darllen y rosari. Eu gweddïau gwlyb yn dyst i'r ffydd mewn gwyrthiau Cristnogol o hyd.

Ac fe aethom i Ethiopia annwyl. Dros dridiau, cafodd tref fechan Kulubi yn nwyrain y wlad ei boddi gan ugain mil o bobl yn tyrru i eglwys Sant Gabriel. Welais i erioed y fath gasgliad o gleifion a thlodion – o'r dall i'r gwahanglwyfus – na chwaith y fath anhrefn ddynol wrth i gopi o Arch y Cyfamod gael ei gario o gwmpas yr eglwys. Daeth y pererinion hyn i ofyn i'r Sant am wyrth. Gabriel yw'r angel a dorrodd y newyddion i'r Forwyn Fair y byddai'n rhoi genedigaeth i Iesu. Yn ystod y dathlu yn Kulubi felly cafodd mil o fabanod eu bedyddio, oedd yn olygfa odidog. Does dim gwobrau am ddyfalu pa enw gafodd y rhan fwyaf ohonyn nhw y diwrnod hwnnw!

Ond wn i ddim beth i'w wneud o Assisi, diolch i'r offeiriad ifanc wnaeth gyfweliad inni am Ffransis, un o Seintiau mwyaf Cristnogaeth. Yn Assisi y cafodd Ffransis ei eni yn y ddeuddegfed ganrif ac roedd yn cyflawni gwyrthiau. Unwaith, wrth iddo ail-greu golygfa'r preseb adeg y Nadolig yn eglwys Greccio, honnodd dyn lleol iddo weld cerflun o'r Iesu, oedd ym mreichiau Ffransis, yn troi'n faban byw. Flwyddyn wedyn, wrth weddïo yn y mynyddoedd yn La Verna, cafodd Ffransis brofiad dwyfol. Mewn fflach o olau, fe ymddangosodd seraffim o'i flaen – angel â chwech o adenydd. Crist wedi ei groeshoelio oedd yr angel, wedi ei lapio yn yr adenydd. Fe ymddangosodd clwyfau ar ddwylo a thraed Ffransis, tebyg i glwyfau Crist ar y groes – y stigmata. Gwelwyd y clwyfau dwyfol fel arwydd gan Dduw iddo fyw'n union fel roedd Iesu wedi byw.

Roedd dehongliad yr offeiriad o'r stori yn ddiddorol. Ar gamera, dwedodd ei bod yn anodd gwybod a oedd y stori am y baban yn wir, ond y wir wyrth oedd Ffransis yn newid calonnau a meddyliau pobl... ac roedd yr hyn ddwedodd *oddi ar* y camera yn fwy diddorol fyth. Ei farn am y stigmata oedd bod Ffransis wedi mynd â chyfaill agos gydag ef i'r mynyddoedd, ynghyd â morthwyl a hoelion, ac wedi gorchymyn i'w ffrind wneud y job. Er ei fod yn offeiriad oedd wedi cysegru ei fywyd i ddilyn ôl traed Ffransis, doedd ei amheuaeth am wirionedd llythrennol y gwyrthiau yn amlwg ddim yn ei boeni. Ac mae hi'n anodd i nifer o Gristnogion pybyr gredu rhai o'r straeon am wyrthiau sy'n aml yn swnio fel chwedlau tylwyth teg.

Ychydig iawn o wybodaeth a gawn ni yn y Beibl am ble y byddwn ni'n mynd ar ôl marw. Daw rhai o'r delweddau mwyaf brawychus o uffern o ddinas Fflorens yn yr Eidal, diolch i ddychymyg byw un o awduron y drydedd ganrif ar ddeg, Dante Alighieri. Ysgrifennodd gerdd o'r enw 'The Divine Comedy', rhyw fath o *backpacker's guide* Cristnogol i'r 'ochr arall'. Cafodd effaith bellgyrhaeddol ac fel llyfr sydd wedi bod yn boblogaidd am saith canrif mae wedi ysbrydoli llu o arlunwyr, gan gynnwys Giorgio Vasari a Federico Zuccari. Rhwng 1572 ac 1579 fe baention nhw un o'r campweithiau mwyaf rhyfeddol yn y byd, y tu mewn i'r *cupola* yn Eglwys Gadeiriol Fflorens, y Duomo. O sefyll dano gallwch weld llun 43,000 o droedfeddi sgwâr sy'n bennaf yn dangos pechodau'n cael eu cosbi. Mae modd cael golwg agosach arno trwy ddringo grisiau i'r *cupola* ei hun, os gallwch chi ddiodde'r uchder.

O lawr yr eglwys mae goleuadau trydan yn dangos y llun yn ei holl ogoniant, ond shwt fasai pobl yn ei weld yn glir yn yr unfed ganrif ar bymtheg? Dyna ofynnais i Ganon yr Eglwys, Timothy Verdon. Esboniodd i ganhwyllau gael eu gosod ar olwynion pren yn y waliau. Y broblem oedd bod mwg y canhwyllau wedi troi'r llun yn gwbl ddu ar ôl dim ond ugain mlynedd. Roedd effeithiau'r mwg ar luniau'r Eglwys yn Rhufain yn cael eu glanhau'n rheolaidd, ond doedd y Fatican ddim yn fodlon gwario'r arian i wneud hynny yn Fflorens. Dim ond am ugain mlynedd felly y cafodd pobl weld llun y Duomo. Am ganrifoedd roedd wedi ei guddio dan lwch du'r canhwyllau. Penderfynwyd ei lanhau yn llwyr yn nawdegau'r ganrif ddiwethaf ac adferwyd y llun i'w gyflwr gwreiddiol. Un noson, wedi i'r gwaith gael ei gwblhau, daeth deg mil o bobl i'w weld yn cael ei ddadorchuddio yn ei holl ogoniant – am y tro cyntaf ers bron i bedwar can mlynedd. Rhyfeddol.

Fe wnaeth Dante hefyd ddisgrifio dau le arall y gallai'r enaid fynd iddyn nhw wedi marwolaeth, sef limbo a phurdan. Allech chi ddim cael eich achub, yn ôl yr Eglwys, heb gael eich bedyddio. Ond beth am y rhai oedd heb eu bedyddio, nad oeddynt yn bobl ddrwg chwaith? Beth ddaeth o bobl dda cyn Cristnogaeth, o Abraham a Moses i Socrates, a beth oedd yn digwydd i blant oedd yn marw cyn cael eu bedyddio?

Ateb yr Eglwys i hyn i gyd oedd y syniad o limbo, rhyw fath o lecyn cyfforddus ond ansicr rhwng y Nefoedd ac Uffern. Ac yng nghyngor yr Eglwys yn Fflorens yn 1439, daeth y syniad o burdan (*purgatory*) yn rhan swyddogol o'r credo. Os oedd eich enaid chi'n dda ac eto ddim yn berffaith, roeddech chi'n mynd i burdan gyntaf i gael eich puro. Roedd Dante'n gweld y lle fel rhyw fath o *gym* lle'r oedd eneidiau'n ymarfer ac yn cael eu haddysgu, a'u hyfforddi ar gyfer cymundeb llawn gyda Duw yn y nefoedd. Ac roedd yr eneidiau ym mhurdan yn methu helpu eu hunain – roedd rhaid iddyn nhw ddibynnu ar y byw i weddïo'n arbennig ar eu rhan. A chyhoeddwyd bod 'na ffordd arall o'u helpu nhw – sef cynnig aberth wrth yr allor – oedd yn golygu... ie... ARIAN!

Ac un ffordd o dalu oedd y maddeuebau, yr *indulgences*. Roedd maddeueb yn gwarantu y byddai dedfryd eich anwylyd ym mhurdan yn cael ei lleihau yn ôl yr arian y byddech chi'n ei dalu. Roedd y pris yn dibynnu ar y pechod oedd wedi ei gyflawni. Y diwinydd Elfed ap Nefydd Roberts fu'n esbonio wrthym, 'A buan iawn y sylweddolodd yr eglwys, wrth gwrs, fod hon yn ffynhonnell incwm i'w meithrin a'i datblygu. Bydde'n rhaid i'r Pab gyhoeddi maddeueb, a datgan at beth roedd yr arian yn mynd. Ac wrth gwrs yr achos mawr yn y cyfnod hwnnw oedd ailadeiladu San Pedr yn Rhufain. Wedi dweud hynny, mi roedd cyfran helaeth o'r arian yn mynd i goffrau'r Pab ei hun, oherwydd mi roedd Pabau y cyfnod, Pabau y Dadeni Dysg, yn gwario'n helaeth, ac o ganlyniad oeddan nhw mewn dyledion byth a hefyd, ac felly roedd llawer iawn o'r arian yn mynd i goffrau arweinwyr eglwysig.'

Ddechrau'r unfed ganrif ar bymtheg roedd yr Eglwys yn anfon gwerthwyr fel Johann Tetzel ar draws Ewrop i werthu maddeuebau. Mynach o'r Almaen oedd Tetzel, 'Pregethwr huawdl,' yn ôl Elfed, 'ac uchafbwynt perorasiwn ei bregeth oedd hyn – y funud mae'r darn arian yn disgyn i'r blwch casglu, mae enaid eich anwylyn yn neidio allan o burdan. Fe roddodd hwn hwb mawr iawn i'r fasnach, fel roedd miloedd o bobl yn tyrru, a llawer ohonyn nhw wrth gwrs yn bobl dlawd anllythrennog, yn rhoi eu harian prin gan gredu eu bod nhw'n helpu i achub eneidiau eu teuluoedd o burdan.'

Ond y fasnach broffidiol hon oedd un o'r rhesymau yr holltwyd yr Eglwys Gatholig. Yn 1517 daeth Tetzel i Wittenberg, cartref mynach Catholig o'r enw Martin Luther. Cafodd hwnnw ei arswydo gan y maddeuebau. Casglodd 95 o bwyntiau yn cwestiynu eu dilysrwydd ac fe hoeliodd gopi ar ddrws yr Eglwys yn Wittenberg. Sbardunodd hyn drafodaeth a arweiniodd yn y diwedd at ddiwygiad Cristnogol. Fyddai dim lle i limbo na phurdan yng Nghhristnogaeth y Protestaniaid.

I Luther roedd yr Eglwys Gatholig Rufeinig wedi ymbellhau oddi wrth y Duw Cristnogol. Credai fod y pwyslais ar arian ac adeiladau, cwlt y seintiau a hierarchiaeth yr offeiriaid, yn anghywir. Yn y Beibl daeth ar draws geiriau Paul, 'Y cyfiawn a fydd byw trwy ffydd'. Hynny yw, yr unig beth oedd yn angenrheidiol oedd ffydd yn nhrugaredd Duw. Yn y Beibl roedd yr awdurdod, nid yn y Pab. Roedd Duw wedi ei glymu wrth ffurfiau a seremonïau mawreddog.

I'r Protestaniaid radical y peth pwysicaf oedd y Beibl. Doedd dim lle i unrhyw beth allai demtio'r llygad i grwydro oddi wrth Y Gair yn yr ysgrythurau. Mi ges gyfweliad gyda'r Athro Densil Morgan o Brifysgol Bangor, yng nghapel Cildwrn, Llangefni, capel Christmas Evans. 'Petaech chi'n mynd i eglwys y plwyf,' meddai, 'y peth cynta fyddech chi'n gweld yw allor. Ac ar yr allor, aberth y groes. Y traddodiad Catholig, gweledig. Petaech chi'n dod mewn i gapel, fel y capel hwn, y peth cynta 'da chi'n gweld ydy pulpud mawr. Yr unig beth sy'n apelio at y llygad yw y pulpud, ac ar hwnnw, llyfr... y Beibl. Nawr, mae 'na symboliaeth amlwg yn y fan honno. Yn union fel mae symboliaeth Catholigiaeth yn apelio i'r llygad, mae symboliaeth Protestaniaeth, yn ei fwyaf pur, mewn Piwritaniaeth, mewn ymneilltuaeth, yn canoli ar yr hyn 'da chi'n *clywed.*'

Bwriad Luther oedd naddu Cristnogaeth i'r bôn. Ac er bod 'na le i offeiriaid o hyd, ei syniad mwyaf chwyldroadol oedd bod pawb yn offeiriad o fath – bod pob unigolyn yn gallu dehongli gair Duw, a byw yn ôl y gair hwnnw. Yng nghapel Bethesda'r Fro, Sain Tathan, dwedodd yr Athro Wyn James o Brifysgol Caerdydd wrth y rhaglen, 'mewn un ystyr, galle gwasanaeth fynd ymlaen mewn eglwys Babyddol heb fod 'na gynulleidfa o gwbl... ro'dd offeiriad yn cyfryngu dros y bobl. Ond mewn traddodiad Protestannaidd, ma'r holl gynulleidfa i fod i gyfrannu yn yr addoliad.'

Synnwyr cyffredin yw hyn i mi – yr un peth â'r rhan fwyaf o ddiwygiadau'r Protestaniaid, ac eithrio un. Cafodd Luther ac un o sylfaenwyr eraill yr Eglwys newydd, y syniad newydd, radical nad oedd Duw yn bwriadu i bawb gael eu hachub. Yr enw ar hyn oedd rhagarfaethiad, ac Elfed ap Nefydd esboniodd y peth yn y gyfres. 'Roedd rhagarfaethiad, a rhagarfaethiad dwbwl. Rhagarfaethiad dwbwl yw dweud ei fod O nid yn unig wedi rhagarfaethu rhai i fywyd tragwyddol, ond Ei fod wedi rhagarfaethu eraill i gosbedigaeth dragwyddol. Atyniad yr athrawiaeth i'r diwygwyr, ac yn enwedig i Calfin, oedd ei bod hi'n rhoi'r pwyslais i gyd ar y ffaith bod ein hiachawdwriaeth ni i'w phriodoli i Dduw. Duw sy'n ein galw ni, ein hethol ni a'n hachub ni. Mae'r cwbl yn dod o ras Duw, does dim byd fedrwn ni wneud i ennill ein hiachawdwriaeth, nac i haeddu iachawdwriaeth.' Diolch byth, mae'r rhan fwyaf o eglwysi diwygiedig y byd wedi hen gefnu ar elfennau mwyaf eithafol y nonsens hwn bod Duw ei hun wedi dewis rhai ohonom i gael ein damnio i uffern o'n genedigaeth.

I mi, prif gyfraniad y Diwygiad Protestannaidd oedd cael gwared ar rai o arferion mwyaf llwgwr yr Eglwys Gatholig Rufeinig. Ond dim ond yn ddiweddar y daeth rhai o elfennau gwirion yr Eglwys honno i ben. Yn Ebrill 2007 cyhoeddodd y Pab Benedict XVI na fyddai eneidiau plant oedd heb eu bedyddio bellach yn mynd i limbo, ond yn hytrach yn syth i'r nefoedd. 'Just like that,' chwedl Tommy Cooper.

Mynwent Glasnevin yn Nulyn. Lleoliad y profiad mwyaf cofiadwy a theimladwy a gefais yn ystod ffilmio'r gyfres hon. Mae miliwn o bobl wedi eu claddu yma, gan gynnwys nifer o arwyr mawr Iwerddon – Parnell, O'Connell, Collins a de Valera. Daethom yma i ffilmio beddau plant yn rhan 'swyddogol' y fynwent – ond roedd gwir stori'r lle mewn cornel i'r dde o'r brif fynedfa. Yr enw ar y llecyn hwn yw'r 'Angels Plot'. Roedd yr Eglwys Gatholig yn gwrthod gadael i blant oedd yn cael eu geni'n farw gael eu claddu ar dir cysegredig am eu bod nhw heb gael eu bedyddio. Roedd y babanod yn cael eu claddu gan eu rhieni yn nhywyllwch y nos, mewn cloddiau a ffosydd wrth ymyl mynwentydd. Glasnevin oedd un o'r ychydig fynwentydd oedd yn darparu llecyn ar dir cysegredig i fabanod o'r fath, a chredir bod cyrff 50,000 o fabanod yma mewn beddau torfol – a does dim cerrig coffa. Roedd hyn yn digwydd hyd at y saithdegau. Byddai ysbytai Dulyn yn gwrthod gadael i'r mamau weld cyrff eu plant a'r unig gydnabyddiaeth ohonyn nhw oedd bil am fynd â nhw i Glasnevin. Mae'n anodd dychmygu'r lle yn ddim byd mwy na thomen sbwriel i eneidiau annheilwng yng ngolwg yr Eglwys Gatholig.

Yn 2005 cafodd y cornel hwn o'r fynwent ei adfer fel gardd goffa i'r holl fabanod hyn. Fe'i hagorwyd yn swyddogol gan Arlywydd Iwerddon, Mary McAleese, yng nghwmni deg mil o rieni a pherthnasau. Yno hefyd roedd fy nghyd-gyflwynydd, Christy Kenneally. Christy oedd awdur cerdd sydd wedi ei naddu ar garreg sy'n sefyll rhwng dau angel yn yr ardd goffa. Ar y diwrnod y buom yn ffilmio sefais wrth ei hochr i ddarllen y gerdd, a daeth dagrau i'm llygaid. Dagrau o dristwch, ie, ond cywilydd hefyd am rai o'r troseddau yn erbyn dynoliaeth y bu rhai o fy nghyd-Gristnogion yn gyfrifol amdanyn nhw.

I did not die young
I lived my span of life
Within your body
And within your love
There are many
Who have lived long lives
And have not been loved as me
If you would honour me
Then speak my name
And number me among your family
If you would honour me
Then strive to live in love
For in that love, I live
Never ever doubt
That we will meet again
Until that happy day
I will grow with God
And wait for you.

Súil Eile a'r
pilipala

UN O RYFEDDODAU'R Gymru fodern yw'r ffordd y cychwynnodd yr ymgyrch dros yr iaith yn y chwedegau. Do, fe wnaeth hinsawdd heriol y cyfnod, yr ymateb i foddi Tryweryn a buddugoliaeth Gwynfor yng Nghaerfyrddin chwarae eu rhan yn adfywiad yr iaith, ond y man cychwyn go iawn oedd darlith Saunders Lewis yn 1962 pan fynnodd mai'r unig ffordd i achub y Gymraeg oedd trwy ddulliau chwyldro. Ac mewn sawl ffordd fe gafwyd y chwyldro hwnnw. Ond erbyn heddiw, dros hanner canrif ers y ddarlith, mentraf awgrymu bod angen newid cyfeiriad sylfaenol os yw'r Gymraeg i oroesi.

Yn y byd gwleidyddol mae hi bron yn drosedd i ailfeddwl, i newid barn ar rywbeth. Gwawd yw'r ymateb i unrhyw un sy'n gwneud datganiad sy'n anghyson â'r hyn a ddywedodd ddegawdau ynghynt. Ond mi ddylai ailfeddwl gael ei ystyried yn gryfder hefyd. Mewn byd sy'n newid mor gyflym, rhaid i bawb ail-asesu yn gyson ddaliadau sydd wedi eu seilio mewn cyfnod gwahanol a dan amgylchiadau gwahanol.

Mae hanes y Gymraeg ers araith Saunders yn rhyfeddol. Yn raddol, a diolch yn bennaf i aberth diflino criw bach o selogion Cymdeithas yr Iaith, mae wedi cyrraedd statws sydd bron yn gyfartal â'r Saesneg, ac wedi ehangu ei phresenoldeb ym meysydd addysg a darlledu – dau faes allweddol i'w pharhad. Ond mae angen edrych ar un garreg filltir yn ystod y broses hon sydd heb gael y gydnabyddiaeth mae'n ei haeddu, trobwynt sy'n cynnig gwersi defnyddiol am y ffordd ymlaen heddiw.

Dwi'n cyfeirio at yr hyn ddigwyddodd ym Mhlas Maenan,

Llanrwst ar 15 Ebrill, 1980. Yr achlysur oedd araith gan Nicholas Edwards, Ysgrifennydd Gwladol Cymru ar y pryd, gerbron dirprwyaeth o gynghorwyr sir Gwynedd. Teitl yr araith oedd 'Polisi'r Llywodraeth ar gyfer yr Iaith Gymraeg'. Go brin bod disgwyliadau'r gynulleidfa Gymraeg hon yn uchel. Wedi'r cyfan, dyma'r llywodraeth oedd newydd dorri ei haddewid i sefydlu sianel deledu Gymraeg. Beth bynnag oedd y gwir resymau dros y newid polisi, dwi'n ddigon sicr yn fy meddwl fy hunan beth oedd un ohonyn nhw, sef pryder gwirioneddol y gallai alltudio'r Gymraeg i un sianel fod yn niweidiol iddi. Dyna'r neges glir a gefais mewn sawl sgwrs dros y blynyddoedd gyda Nick Edwards, a'i is-weinidog, Wyn Roberts. Er mor eang y consensws yng Nghymru o blaid un sianel, roedd pryderon nifer fawr o Gymry Cymraeg yn eu poeni. Unwaith, yn ôl Nick Edwards, mewn trafodaeth ar hyn mewn cyfarfod yn y Swyddfa Gymreig yng Nghaerdydd, roedd hyd yn oed rhai o'r uwch weision sifil Cymraeg oedd yn bresennol yn amheus a fyddai un sianel yn llesol i'r Gymraeg. Dwi'n eithaf sicr nad oedd Wyn Roberts chwaith yn hollol saff pa gynllun oedd orau i'r Gymraeg. Dim rhyfedd felly nad oedd yn broblem i'r Ysgrifennydd Cartref ar y pryd, Willie Whitelaw, dorri addewid y Torïaid. Yn wyneb y negeseuon cymysg gan ei Weinidogion Cymreig ac eraill yng Nghymru, onid oedd yn well chwarae'n saff a chadw'r drefn oedd yn bodoli eisoes? Pan ddaeth yr amser i wneud tro pedol arall a sefydlu'r Sianel wedi'r cyfan, fe ddwedodd yr Ysgrifennydd Cartref Willie Whitelaw ei hun wrtha i fod y llywodraeth wedi dod i sylweddoli nad oedd bellach 'yn cynrychioli barn y mwyafrif rhesymol yng Nghymru ar fater y Sianel'. Ie, a bygythiad Gwynfor Evans i ymprydio i farwolaeth mae'n siŵr, ond wnaeth e ddim sôn am hynny.

Fe gynhaliwyd cyfarfod Plas Maenan cyn cyhoeddi'r tro pedol ar y sianel. Roedd digon o le i amau y byddai 'na fwy o newyddion drwg o safbwynt y Gymraeg dan law llywodraeth y 'Conservative and Unionist Party', dan arweiniad Prif Weinidog oedd eisoes yn bygwth sbaddu pob corff cyhoeddus yn ariannol, ac o enau Gweinidog Cymreig oedd wedi magu llond ceg o farblis wrth siarad ei unig iaith – Saesneg – yn ysgol breifat Westminster yn Llundain.

Ond nid felly y bu. Y peth cyntaf wnaeth Nick Edwards yn ei araith oedd esbonio pam fod y Gymraeg – er nad oedd yn ei siarad – mor agos i'w galon, trwy olrhain ei achau a chyfraniad ei gyndeidiau i ddiogelu'r iaith. Soniodd am hen, hen ewythrod iddo oedd yn ficeri plwyf, gan gyfeirio'n arbennig at un ohonynt, Henry Thomas, a weithiodd yn galed i adfer y Gymraeg yn yr Eglwys yng Nghymru fel ficer Caernarfon ac wedyn deon Bangor. Aeth ymlaen i ddweud na allai gredu 'y gellid caniatáu i'r iaith hon, a gydnabyddir fel rhan o etifeddiaeth amhrisiadwy Ewrop yn ogystal â Phrydain, farw'. O ddod i adnabod y dyn yn well yn y blynyddoedd wedi hynny, dwi'n credu bod ei ymrwymiad i'r Gymraeg yn gwbl ddiffuant, ac yn Llanrwst aeth ati i brofi hynny i gynghorwyr Gwynedd.

Un o'i benderfyniadau cyntaf ar ôl dod yn Ysgrifennydd Cymru oedd gofyn i Wyn Roberts ymgynghori â chyrff cenedlaethol i ganfod y ffyrdd gorau i'r llywodraeth gefnogi'r iaith – yr ymgynghoriad cyntaf o'i fath. Mewn ychydig llai na blwyddyn roedd y gwaith wedi ei gwblhau, a Nick a Wyn wedi llunio'u hymateb a'u strategaeth a fyddai'n sail i bolisi iaith llywodraethau ceidwadol dros gyfnod o ddeunaw mlynedd. Rhan bwysig o'r ymateb oedd cynnydd sylweddol mewn gwario cyhoeddus ar yr iaith. Byddai'r gwario hwnnw ym mlwyddyn gyntaf y llywodraeth newydd yn cael ei *ddyblu* o hanner miliwn i filiwn, *yn ogystal â* hanner miliwn i gyfarfod costau ychwanegol awdurdodau lleol wrth ddarparu addysg Gymraeg. Roedd yr elfen honno yn rhan o ddeddf addysg oedd newydd fod gerbron y Senedd. *Teirgwaith* yn fwy felly na gwariant y llywodraeth Lafur flaenorol ar yr iaith, a hynny mewn cyfnod o gynilo llym. A byddai Cyllideb y Swyddfa Gymreig yn 'cynnwys eitem bendant ar gyfer cefnogi'r iaith Gymraeg. Golyga hyn y bydd i gymorth o'r fath am y tro cyntaf le clir a diamwys yng nghynlluniau gwario'r Llywodraeth'.

AM Y TRO CYNTAF! Mae'n anodd credu ein bod ni wedi gorfod aros am lywodraeth Geidwadol, ddwy flynedd ar bymtheg wedi darlith Saunders, cyn bod gwariant llywodraeth ar y Gymraeg hyd yn oed yn cael pennawd swyddogol yn y rhaglen gwario cyhoeddus.

Roedd y cynnydd mewn gwario yn agos at yr hyn y gofynnwyd amdano mewn adroddiad gan Gyngor yr Iaith yn 1978. Adroddiad a bwysleisiodd bwysigrwydd addysg yn y frwydr i achub yr iaith. A byddai blaenoriaethau gwario'r llywodraeth yn adlewyrchu hynny. Byddai'r Mudiad Ysgolion Meithrin felly yn derbyn can mil o bunnoedd ychwanegol. Cyfeiriwyd at hyn gan gyn-Gadeirydd Bwrdd yr Iaith, John Elfed Jones, mewn cyfweliad ar gyfer portread o Nick Edwards a wnes i yn 2004. O ran pwysigrwydd trwytho plant bach yn yr iaith, meddai John, 'mi oedd o wedi ei dallt hi'.

Yn y gorllewin a'r gogledd, i'r Torïaid mae'r diolch bod y Gymraeg uwchben y Saesneg ar arwyddion ffyrdd. Oherwydd yn yr araith hon hefyd y cyhoeddwyd y byddai cynghorau sir Cymru yn cael penderfynu pa iaith ddylai ddod gyntaf yn eu hardaloedd nhw.

Pam rydw i'n rhoi cymant o bwys ar yr araith? Dwi'n cymryd bod y darllenydd wedi casglu na fûm yn Dori erioed, ond fe fûm yn newyddiadurwr gwrthrychol ac o'r safbwynt hwnnw dwi'n teimlo'n gryf nad yw'r 'maniffesto' a gafodd ei amlinellu yn Llanrwst wedi cael digon o sylw gan haneswyr a mudiadau iaith. Am y tro cyntaf yn hanes y Gymraeg cafwyd tystiolaeth fod llywodraeth wedi dadansoddi ei rôl yn y broses o'i diogelu, wedi llunio strategaeth gynhwysfawr, glir a phendant yn sgil hynny, ac wedi ei gweithredu ar frys. Go brin eu bod wedi cael pob agwedd o'r ymarferiad hwnnw'n gywir, ond mae'n ddigon teg i ddisgrifio'r araith hon fel carreg filltir yn hanes y Gymraeg.

Mae yna reswm arall pam ei bod yn werth darllen yr araith gyfan. Roedd yna resymeg ddiddorol yn y ffordd y penderfynwyd dosbarthu'r arian ychwanegol. Pwysleisiodd Nick nad oedd modd achub iaith trwy ddeddfwriaeth. Rôl llywodraeth oedd 'cefnogi', nid 'cyfarwyddo' na 'gorfodi'. Ac yn ei ragarweiniad i fersiwn ysgrifenedig yr araith, fe ddywedodd hyn:

Pan gyfarfu'r Cyngor (Cyngor yr Iaith) â'r cyhoedd yn Nolgellau, dywedir wrthyf fod y Cadeirydd, Mr Ben Jones, wedi gofyn i ŵr ifanc yn y gynulleidfa beth yn ei farn ef oedd dyfodol yr iaith. Daeth yr ateb parod i'r perwyl na allai ef, y gŵr ifanc, ragweld y dyfodol, ond gwyddai y byddai ef ei hun yn y dyfodol hwnnw yn siarad Cymraeg. Gwnaeth hyn argraff ddofn arnaf, oherwydd credaf mai dyma'r allwedd i ddyfodol yr iaith Gymraeg. Tra bydd pobl am siarad yr iaith, bydd llywodraethau'n ymateb gyda'r modd i'w chefnogi a rhoi nerth iddi.

Roedd hyn yn gyson â chasgliad yr ymgynghoriad fod cyfraniad y mudiadau gwirfoddol yn allweddol i barhad yr iaith. Dyna'r rheswm y cafodd yr Urdd a'r Eisteddfod Genedlaethol ran sylweddol o'r arian newydd. Aeth grant yr Eisteddfod i fyny o saith deg mil y flwyddyn i gant ac ugain. Roedd bwriad hefyd i gefnogi'r ymdrech i droi Nant Gwrtheyrn yn ganolfan iaith. Egwyddor y Toríaid oedd cefnogi cynlluniau oedd yn profi eu bod yn llesol i'r Gymraeg – a chynlluniau oedd yn profi ein dymuniad ni ein hunain i'r iaith ffynnu.

Ar un adeg mi es ati i gael ymateb ymgyrchwyr iaith i'r uchod. Y dyfarniad oedd mai polisïau economaidd oedd y dylanwad pwysicaf ar iechyd iaith bellach, ac yn arbennig yr angen i greu gwaith yn yr ardaloedd Cymraeg a sicrhau cartrefi rhad i bobl leol – a bod y Toríaid yn hynny o beth wedi methu. Er bod 'na wirionedd yn hyn, mae'n mynd â ni i faes a dadl wahanol i flaenoriaethau gwario cyhoeddus a pholisïau penodol i hyrwyddo'r iaith mewn meysydd fel addysg a darlledu. Wela i ddim pam nad oes lle i ganmol polisïau yn y meysydd hyn lle mae canmoliaeth yn haeddiannol. Ac fe osododd araith Nick yn Llanrwst seiliau cadarn a llwyddiannus i gymorth penodol gan lywodraeth i'r Gymraeg, sy'n parhau hyd heddiw.

Tan yn gymharol ddiweddar roedd fy agwedd i at ddiogelu'r Gymraeg yn ddigon tebyg i agwedd fy nghyd-Gymry Cymraeg, gwladgarol. Y flaenoriaeth, yn sgil araith Saunders, sefydlu Cymdeithas yr Iaith, a.y.b., oedd sicrhau bod gennym ni fel Cymry Cymraeg yr un hawliau â'r di-Gymraeg. Rhoddwyd y pwyslais felly ar ein gallu ni i fyw ein bywydau gymaint â phosib trwy gyfrwng y Gymraeg, ar ennill mwy o hawliau i ni fel lleiafrif o fewn ein gwlad ein hunain. A thros gyfnod o amser fe fuom yn ddigon llwyddiannus. Yn raddol enillwyd un frwydr ar ôl y llall, o arwyddion ffyrdd (i raddau helaeth) i'r cwricwlwm ysgol, i ffurflenni dwyieithog, i sianel deledu, i'r twll Cymraeg yn y wal. Ni chafwyd cydraddoldeb llwyr, ond fe wnaethom yn eithaf da – er ein lles ni.

Dyna'r unig ffordd, hwyrach, i ymladd ymgyrch iaith, o leiaf yng nghyfnod cyntaf y frwydr fawr. Ac mae'r frwydr fawr bellach yn hanner cant oed. Ond erbyn heddiw hefyd, fe wyddom fod y Gymraeg yn parhau i golli tir. Yng Nghyfrifiad 2011 roedd gostyngiad eto yn nifer y siaradwyr Cymraeg ac yn nifer yr ardaloedd lle'r oedd mwyafrif y boblogaeth yn siarad yr iaith. Hyd yn oed petai 'na gyflogaeth lawn a thoreth o swyddi yn yr ardaloedd Cymraeg, does dim sicrwydd y byddai'n ddigon i atal y dirywiad yn y tymor hir. Ddylem ni fod yn chwilio i gyfeiriad arall am ateb? Ydy'r amser wedi dod inni feddwl llai amdanom *ni* a mwy amdanyn *nhw*?

Y *nhw*, wrth gwrs, yw'r di-Gymraeg. Hwyrach ein bod ni, wrth ymladd dros hawliau'r iaith, wedi cymryd yn ganiataol y byddai'r di-Gymraeg yn gweld ei gwerth ac yn ei harddel. Dyw hynny ddim wedi digwydd i'r graddau sydd eu hangen. Does gen i ddim byd ond edmygedd o'r unigolion hynny sy'n gweithio'n galed mewn dosbarthiadau dysgu – yn wirfoddol, yn amlach na pheidio, a braf yw gweld ffrwyth eu gwaith yng nghystadleuaeth Dysgwr y Flwyddyn. Mae S4C wedi gwneud ei rhan hefyd gyda chyfresi wedi eu hanelu'n benodol at ddysgwyr. Does dim bai ar neb fod y niferoedd yn rhy fychan i wneud gwahaniaeth i'r darlun mawr o ddirywiad.

Ac mae'n rhaid inni nawr ail-asesu hefyd rôl ehangach S4C a Radio Cymru yn y darlun mawr hwnnw. Dyna'r casgliad y deuthum iddo wrth fynd i weithio i S4C fel comisiynydd yn 2010. Gwn fod amheuon am werth ffigyrau gwylio anwadal i raglenni unigol, ond gwn hefyd eu bod nhw'n amhrisiadwy fel llinyn mesur o dueddiadau gwylio dros gyfnod hir. Cefais siom a sioc o sylweddoli bod hyd yn oed rhai o raglenni mwyaf poblogaidd S4C wedi colli tua hanner eu cynulleidfa ers sefydlu'r Sianel. A doedd 60% o Gymry *Cymraeg* bellach ddim yn ei gwylio. Wrth gwrs mae yna resymau am hyn y tu hwnt i reolaeth unrhyw un, ac yn arbennig y cynnydd aruthrol yn nifer y sianeli teledu, a'r mudo o'r bocs yn y gornel i dabledi, ffonau symudol, a.y.b. Roedd dyfodiad teledu digidol yn chwyldro go iawn, ond fuodd e ddim yn garedig i'r Gymraeg hyd yn hyn. Cymaint yw'r pryder bellach am y cwymp yn ffigurau gwylio S4C nes bod y sianel yn eu diystyru'n llwyr, gan fynnu ei bod yn rhy gostus i'w cyfrif yn iawn, ac y dylid mesur llwyddiant y gwasanaeth mewn ffyrdd llawer mwy dibynadwy, fel *Twitter*. Ac erbyn hyn y ddadl yw bod y sianel yn gwasanaethu'r gwylwyr a'r iaith mewn ffyrdd eraill beth bynnag, megis creu swyddi cynhyrchu mewn ardaloedd Cymraeg.

Does dim modd dianc rhag y dirywiad brawychus hwn. Ydy hyn yn brawf o fethiant? Neu oes wir dim ots bellach faint sy'n gwylio cyn belled â bod rhywun yn rhywle yn gallu gwylio yn y Gymraeg?

Pan gychwynnodd y Sianel fe godwyd y cwestiwn ai ei phwrpas oedd achub yr iaith. Dwi'n meddwl mai'r Prif Weithredwr cyntaf, Owen Edwards, a ddwedodd nad dyna oedd ei *phwrpas* hi, ond os dyna fyddai canlyniad ei sefydlu, gorau oll. Ro'n innau'n arfer cytuno â hynny. Am fod gennym hawl i wasanaeth o'r fath, a dyna fe. Am fod 'da ni hawl i gael cymaint â phosib o wasanaethau bywyd trwy gyfrwng y Gymraeg. Roedd yn agwedd naturiol a rhesymol mewn cyfnod pan oedd y Gymraeg mor israddol i'r Saesneg.

Ond erbyn meddwl, wrth gwrs fod y Sianel hefyd yn arf i'w ddefnyddio i ddiogelu'r iaith, oherwydd y dylanwad aruthrol sydd gan deledu a dulliau eraill o gyfathrebu ar ein diwylliant a'n bywyd yn gyffredinol. Pe bai hi ddim felly go brin y byddai Gwynfor Evans wedi bygwth ymprydio i farwolaeth er mwyn ei sefydlu.

Tra o'n i'n gweithio i S4C cefais y pleser o gael trafodaethau hir a manwl gyda swyddogion y Sianel Deledu Wyddeleg, TG4 – unwaith yn eu pencadlys ger Galway ac unwaith yng

Nghaerdydd. Cefais fy narbwyllo bod rhinweddau mawr yn agwedd TG4 tuag at yr iaith Wyddeleg. Wrth gwrs, mae perygl bob amser o gymharu dwy iaith leiafrifol mewn dwy wlad wahanol, ond gall fod yn ysbrydoliaeth hefyd.

Yn 1999 cafodd y Sianel Wyddeleg ei hail-lansio. Newidiwyd yr enw o TnaG i TG4. Ond roedd y newid pwysicaf yn athroniaeth y Sianel, a'r diffiniad o'i phrif bwrpas. Ie, hon fyddai Sianel yr iaith Wyddeleg o hyd. Ond byddai hefyd yn sianel *Wyddelig*, ar gyfer Iwerddon gyfan. Hwyrach fod defnyddio'u geiriau eu hunain yn gwneud y sefyllfa'n gliriach: 'we went from a niche Irish channel only to a mainstream channel with Irish language programmes... we became a mainstream channel for a niche audience'. Wrth lansio a hyrwyddo, y ddelwedd gafodd ei defnyddio oedd lindys yn troi'n bilipala, ei hadenydd yn sgubo ar agor i groesawu pawb yn Iwerddon i'w mynwes.

Wrth gwrs roedd oblygiadau mawr i'r hyn a welwyd ar y sgrin. Fel yn achos S4C tan yn gymharol ddiweddar, mae rhaglenni Saesneg ar TG4 hefyd. Ac er bod saith awr y dydd o raglenni yn cael eu darlledu yn yr Wyddeleg, dy'n nhw ddim mewn un 'bloc', i osgoi'r argraff o *ghetto* ieithyddol. Yn hytrach, fe weithredir amserlen 'hamoc' lle'r mae rhaglenni'r ddwy iaith yn cael eu cymysgu blith draphlith. Mae'r sianel felly yn ceisio sicrhau ei bod yn cael ei gweld fel sianel *Wyddelig* yn hytrach na sianel *Wyddeleg* yn unig. Y ddelwedd gaiff ei meithrin yw sianel 'instrinsically Irish', sy'n hyrwyddo 'national resonance'. Mae ymdrech hefyd i gynnig arlwy sy'n 'wahanol' i'r sianeli eraill. Mae'r pwyslais ar chwaraeon, cerddoriaeth a rhaglenni dogfen. Slogan y Sianel yw *Súil Eile* (ynganiad – Siwlele), ac ystyr hynny yw 'llygaid eraill'. Mae hefyd yn golygu 'golwg arall' neu olwg wahanol. Mae'r polisi is-deitlau yn unol â'r athroniaeth hon. Does dim un rhaglen Wyddeleg ei hiaith yn cael ei darlledu heb is-deitlau Saesneg. A does dim modd gwasgu botwm i'w dileu! A dyna ni felly, yr unig sianel yn Iwerddon sy'n darlledu yn yr Wyddeleg, ond sydd hefyd yn mynd allan o'i ffordd i fod yn sianel genedlaethol, gynhwysol sy'n apelio at bawb. Ydy hyn yn bosib? Ydy'r sianel yn llwyddiant – a chwestiwn pwysicach o'n safbwynt ni fel Cymry Cymraeg, ydy'r sianel yn llesol i'r iaith Wyddeleg?

Mae tua miliwn a hanner o Wyddelod yn deall rhywfaint o'r Wyddeleg, rhyw hanner miliwn yn ei defnyddio rywfaint bob dydd, rhyw 120,000 yn ei defnyddio'n rheolaidd, ond dim ond rhyw 45–50,000 sy'n ei siarad yn gwbl rugl fel iaith gyntaf. Dyna'r ffigyrau a gefais gan TG4, ac mae un gwahaniaeth mawr â Chymru. Mae cyrhaeddiad yr iaith o ran y nifer sydd â rhyw grap arni yn uwch yn Iwerddon, ond y nifer sy'n ei siarad fel iaith naturiol bob dydd dipyn yn llai nag yng Nghymru. Mae'r Gwyddelod felly yn ei chael hi'n haws i lithro o un iaith i'r llall mewn gwlad sydd, er enghraifft, heb wasanaeth bancio yn yr Wyddeleg. Ond er bod niferoedd craidd yr Wyddeleg yn llai na'r Gymraeg, dywedwyd wrthyf fod ffigyrau gwylio TG4 rywbeth yn debyg i S4C, a bod cyrhaeddiad dyddiol y sianel yn 780,000. Dyw hyn ddim yn golygu bod tröedigaeth fawr ar droed yn Iwerddon o blaid yr iaith. Ond o ran cyfraniad sianel deledu i'r patrwm ieithyddol, mae'n ymddangos i mi yn sefyllfa iachach nag yng Nghymru, ac yn blatfform llawer mwy agored a chroesawgar i ddenu pobl at yr iaith.

Pan gyhoeddwyd cwtogi dwfn ar gyllideb S4C yn 2010 roedd ffigyrau arolwg barn a gyhoeddwyd gan *Y Byd ar Bedwar* yn ymddangos yn galonogol. Ymysg y di-Gymraeg a holwyd roedd mwyafrif o ddau i un o blaid diogelu'r iaith ac o blaid yr egwyddor o sianel deledu Gymraeg. A hynny er waetha'r mewnlifiad cynyddol o Loegr i Gymru, a'r cyhoeddusrwydd negyddol a gafwyd yn aml yn y wasg, am y 'teledu drutaf yn y byd'. Ond erbyn meddwl, mae'n haws i'r di-Gymraeg fynegi cefnogaeth i S4C erbyn heddiw, a hynny am fod darlledu Cymraeg bellach yn chwarae rhan gymaint yn llai yn eu bywydau. Does dim Cymraeg i amharu ar arlwy Saesneg y sianeli eraill – oedd yn destun cymaint o gwyno yn y dyddiau cyn y Sianel. Yn yr un modd ag y mae'r Sianel wedi'n galluogi ni i fwynhau teledu trwy gyfrwng y Gymraeg yn unig os y'n ni'n dewis, mae wedi rhoi'r cyfle i eraill ei hosgoi yn llwyr. Un o effeithiau sefydlu sianel deledu Gymraeg felly fu ynysu'r iaith rhag yr union bobl yr y'n ni eu hangen heddiw er mwyn ei gwarchod. Gallwn anghytuno o hyd â gwrthwynebiad yr Athro Jac L Williams i sefydlu'r Sianel. Ond allwn ni ddim gwawdio bellach ei rybudd mai'r canlyniad fyddai diffodd y Gymraeg ar ormod o aelwydydd trwy Gymru, oherwydd dyna'n union sydd wedi digwydd – ac ar ormod o aelwydydd Cymraeg hefyd.

Faswn i ddim mor ffôl ag awgrymu y dylai S4C fabwysiadu patrwm darlledu'r sianel Wyddeleg. Ond does dim amheuaeth fod angen dos o athroniaeth eu pilipala a'u *Súil Eile* arnom. Mae'n rhaid i'r cenhadu ymysg y di-Gymraeg fod yn flaenoriaeth. Byddai selogion y Gymraeg yn gwingo wrth feddwl am y syniad o is-deitlau Saesneg gorfodol ar raglenni Cymraeg. Ond beth petai modd i Gymry Cymraeg wasgu botwm i gael eu gwared nhw, yn hytrach na disgwyl i'r di-Gymraeg wasgu botwm i'w *cael* nhw? Byddai'n wahaniaeth seicolegol mawr o ran denu cynulleidfa newydd. Ac os nad yw hyn yn dderbyniol, pam na ddylai fod yn bosib yn yr oes ddigidol hon i gael ail sianel gyfan wedi ei chysegru i ddarlledu rhaglenni Cymraeg ag is-deitlau Saesneg? Beth bynnag yw'r ateb gorau, mae'n amlwg erbyn hyn fod gorfodi'r di-Gymraeg i wneud yr ymdrech o *chwilio* am is-deitlau yn aneffeithiol.

A byddai gwasanaeth newydd i'r di-Gymraeg yn ateb rhwystredigaeth fawr arall i ddarlledwyr o'r dechrau, sef y methiant i rannu cyfoeth ein diwylliant gyda phobl sydd ddim yn siarad yr iaith. Do, bu cynnydd yn y rhaglenni a wneir 'gefn wrth gefn', sef fersiynau Saesneg o raglenni Cymraeg. Mae deunydd *Y Byd ar Bedwar* bellach yn cael ei ddefnyddio ar gyfer rhifynnau o raglen materion cyfoes Saesneg ITV Cymru, *Wales This Week*, ac mae dramâu fel *Y Gwyll* yn cael eu ffilmio yn y ddwy iaith. Mae hyn i'w groesawu o safbwynt gwell defnydd o dalentau Cymraeg, ond does fawr ddim lles i'r iaith. Mae'n bryd inni sicrhau marchnad ehangach, a mynediad haws i raglenni Cymraeg wedi eu his-deitlo i'r Saesneg. Fe wyddom am lwyddiant dramâu Sgandinafaidd ym Mhrydain, sy'n golygu bod hyd yn oed y Saeson yn gallu mwynhau rhaglenni mewn ieithoedd dierth sydd wedi eu his-deitlo. Yn hytrach na

Seisnigeiddio'n hunain ar eu cyfer, pam na allwn ni farchnata'r Gymraeg yn yr un modd?

Bydd rhai yn dadlau mai buan y bydd y ddadl hon yn amherthnasol wrth i deledu ildio'n llwyr i'r we. Ydy, mae teledu'n colli tir i lwyfannau eraill, ond mae 'na dipyn o amser eto cyn ei dranc terfynol, cyn i sianeli teledu, ac amserlenni, ac oriau brig a.y.b. fynd yn amherthnasol. A chofier nad yw unrhyw lwyfan ddim ond cystal â'i gynnwys. Yr her fydd sicrhau bod y cynnwys hwnnw mor effeithiol ag sy'n bosib o ran denu pobl at yr iaith.

Ac ym mha ffordd mae polisïau Nick Edwards a Wyn Roberts yn berthnasol i hyn? Yn y modd mae egwyddor y polisïau hynny *ar ein cyfer ni* yr un mor bwysig o ran diddori'r di-Gymraeg yn yr iaith. Yr egwyddor honno oedd cefnogi'r gweithgareddau oedd yn brawf o'n dymuniad ni i warchod y Gymraeg. Mae gwir angen creu yr un dymuniad ymysg y rhai sy ddim yn ei siarad, a hynny trwy agwedd fwy cynhwysol tuag atyn nhw. Dyw eu hatgoffa bod is-deitlau a chyfieithiadau 'ar gael' iddyn nhw ddim yn ddigon. Rhaid cael gwared â'r wal seicolegol fod yn rhaid iddyn *nhw* wneud yr ymdrech i gael mynediad i'r iaith. Rhaid ei gwneud hi'n haws iddyn nhw fwynhau cyfoeth ein diwylliant yn naturiol. Dyna'r ffordd i hogi eu dymuniad nhw hefyd i arddel y Gymraeg. Wnân nhw ddim ei dysgu hi fel arall.

Hefyd o'r Lolfa:

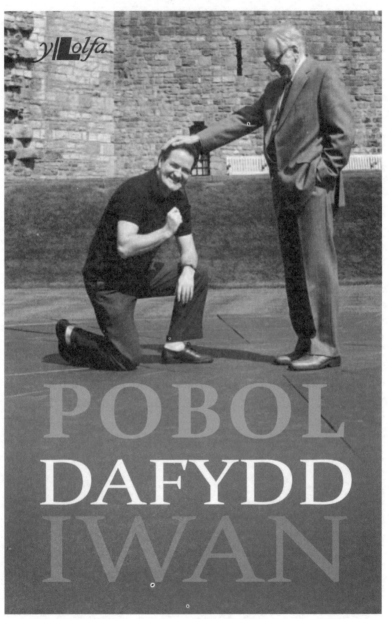

POBOL
DAFYDD
IWAN

£9.99